캘리포니아 주

오 리 건

유레카

멘도시노

산타 로사

네퍼

리노
타호 레이크

네 바 다

스톡턴

요세미티
국립공원

산호세

산타크루즈

머스드

빅서

프레즈노

비숍

킹스 캐니언,
세코이아
국립공원

데스밸리
국립공원

베이커즈필드

산타바바라

바스토우

로스앤젤레스

애너하임

팜스프링

태 평 양

샌디에이고

애 리 조 나

멕 시 코

존 뮤어 트레일

걷는자의 꿈, 존 뮤어 트레일

걷는 자의 꿈, 존뮤어 트레일

신영철 글 | 이겸 사진

은행나무

저자의 글

당신은 소름이 돋을 만큼 멋진 풍경을 본 적이 있는가? 그동안 상상했던 진정한 자연은 이런 것이라는 듯 한 치의 허구조차 없는 완벽한 풍경. 그것이 바로 존 뮤어 트레일이다. 세계 3대 트레일이라는 전문가들의 격찬과 산길의 일부인 요세미티 계곡이 세계문화유산에 등재된 곳이라는 잣대는 그리 중요한 게 아니다. 그런 간단한 평가로 존 뮤어 트레일의 위대함을 설명할 수는 없다.

존 뮤어 트레일은 미국 캘리포니아 주 시에라네바다 산맥에 위치하고 있다. 요세미티 계곡에서 미국 본토 최고봉인 휘트니 봉에 이르는 장장 358킬로미터의 산길. 이곳에서는 곰과 사슴, 그리고 빙하시대에서 살아남은 세코이아 거목과 지천으로 빛나는 호수가 주인이다. 자연히 이곳을 찾는 사람들은 손님이 된다.

10년 전쯤 미국에 머물렀던 적이 있다. 한국에서 산을 좋아하던 이들 가운데 미국 교민이 되어서도 변함없이 산행을 즐기는 이들이 있어 그들을 따라 주말마다 산으로 향했다. 그때 존 뮤어 트레일을 처음 만났다. 서울에서 대구를 넘어 거의 부산까지 걸어가야 할 정도의 긴 거리를 한 번에 종주할 시간도, 체력도 없었기에 3박 4일씩 고작 두 구간을 걸었다. 전체 트레일에 비하면 극히 일부만 접했을 뿐이다. 그때 받았던 충격이란!

아무리 미국 땅이 넓다지만 세계에서 손꼽히는 '문명국' 미국에 이런 비경이 펼쳐져 있고, 야성과 원시성이 존재하는 산길이 있다는 점이 믿어지지 않았다. 야영지에서 어슬렁거리던 곰 때문에 잠을 설치던 밤, 그때의 놀라움은 귀국해서도 잊을 수 없었다. 잊기는커녕 어쩌다 아름다운 풍경 이야기만 나오면 기꺼이 존 뮤어 트레일 예찬론자가 되었다. 당신들이 본 히말라야나 알프스, 그 어떤 산도 시에라네바다의 산과 비교하지 말라, 시에라네바다 산맥의 보석, 존 뮤어 트레일에는 당신들이 상상하는 것 이상의 모습이 존재한다고 말이다.

틈만 나면 떠들어댄 나의 몽유도원도를 대부분 한 귀로 흘려들었으나, 그 말을 귀담아 들었던 사람도 있었다. 산 사진을 주로 찍는 사진작가 이겸과 산을 그리는 여류화가 김미란이었다. 감성이 넘치는 예술가답게 그들은 내 말을 듣고 나처럼 존 뮤어 트레일 종주를 열망했다. 존 뮤어 트레일은 홀로 가기에는 힘든 곳이다. 무엇보다 식량과 잠을 잘 텐트 등 장비 수송이 문제였다. 모든 것은 등짐으로 해결해야 했으므로 아무래도 혼자 하는 것은 무리. 문득 비틀즈의 멤버였던 존 레넌의 부인 오노 요코의 말이 떠올랐다. "혼자 꾸는 꿈은 꿈으로 그치지만, 함께 꾸는 꿈은 현실이 된다." 10년간 홀로 꾸어온 꿈. 이제 그녀의 말대로 나에게도 동료가 생겼으니 꿈을 이룰 때가 된 것이다.

힘들었다. 괴롭고 고통스러웠다. 작열하는 태양과 해발 3,000미터를 넘나드는 높이에서 오는 고소증, 그리고 배고픔. 그래도 우리는 미친 사람들처럼 올랐다. 사실 모두 미쳤는지도 모른다. 언제면 이 힘든 길이 끝날까? 탈출할 방법도 없다. 되돌아가거나 전진하는 것만이 우리가 선택할 수 있는 유일한 길이었다. 그러나 포기할 수 없었던 건 이 고개 너머 또 어떤 풍경이 우리를 기다리고 있을까 하는 호기심 때문이었다. 우리의 여정은 이 두 가지의 끊임없는 싸움이었다. 고갈된 체력과 상상할 수 없는 풍경 중 누가 이기는가.

그건 환각제 역할을 했다. 그리고 새로운 풍경은 단 한 번도 우리를 실망시킨 적이 없었다. 천상의 야영지에서는 흡사 무중력 상태에 있는 것처럼 이상한 기분을 느낄 때도 있었다. 그저 꿈 하나를 좇아 치밀한 준비도 없이 지옥과 천국을 오간 초보자들의 존 뮤어 트레일 종주.

이제 지구별 곳곳에 한국인의 발길이 닿지 않는 곳은 없다. 등산 인구 천만 시대를 맞아 좀 더 자극적인 오지를 찾아 알프스 산록을 걷거나 히말라야를 즐기는 트래킹이 새로운 트렌드로 자리 잡았다. 때맞춰 한국과 미국은 비자 면제 협정이 발효되어 이제 무비자 입국이 시작되었다. 야성이 살아 숨 쉬는, 꿈의 산길 존 뮤어 트레일이 성큼 눈앞에 다가온 것이다. 꿈은 꾸는 자의 것이다. 그 꿈을 당장 시작하거나 진행형으로 남겨 두는 것은 독자의 몫이겠지만 존 뮤어 트레일을 꿈꾸는 사람들을 위하여 이 책은 기획되었다.

혼자만의 오랜 꿈을 함께 이루어 준 동료 이겸, 김미란, 특히 밤마다 옆에서 화물열차처럼 코를 골았던 오랜 친구 하워드에게 고마움을 전한다. 백만 명의 사람들을 감동시키는 것보다 하워드 단 한 명을 감동시키는 것이 더 어려울지 모른다는 생각에 좌절도 했었다. 그러나 우리의 꿈은 그의 인도가 없었다면 불가능했다. 존 뮤어 트레일 경험자다운 길 안내와 곰처럼 엄청난 체력으로 무거운 배낭을 져주지 않았다면 우리의 종주는 불가능했을 것이니까.

책을 묶기까지 정성을 쏟은 은행나무 출판사와 여러분들에게 감사를 전한다.

CONTENTS

저자의 글 ★ 10

00 요세미티 캠핑장에서 ★ 17
01 해피아일스에서 머스드 갈림길까지 ★ 33
02 머스드 갈림길에서 캐시드럴 레이크까지 ★ 62
03 캐시드럴 레이크에서 투올룸 메도까지 ★ 77
04 투올룸 메도에서 도나휴 패스까지 ★ 94
05 도나휴 패스에서 로살리 레이크까지 ★ 107
06 로살리 레이크에서 어퍼 크레이터 메도까지 ★ 132
07 어퍼 크레이터 메도에서 버지니아 레이크까지 ★ 153
08 버지니아 레이크에서 퀘일 메도까지 ★ 170
09 퀘일 메도에서 뮤어 랜치까지 ★ 190
10 뮤어 랜치에서 에볼루션 레이크까지 ★ 212
11 에볼루션 레이크에서 스타 캠프까지 ★ 222
12 스타 캠프에서 펠리세이드 레이크까지 ★ 244
13 펠리세이드 레이크에서 달러 레이크까지 ★ 258
14 달러 레이크에서 틴데일 크릭까지 ★ 278
15 틴데일 크릭에서 기타 레이크까지 ★ 295
16 기타 레이크에서 휘트니 포털까지 ★ 308

글쓴이의 에필로그 세상에서 가장 아름다운 산길 ★ 328
찍은이의 에필로그 또 다른 길을 꿈꾸는 자의 질문 ★ 332

Tips for Hikers ★ 336

걷는자에게 주어진 선택은 두 가지뿐이다. 앞으로 걸어가느냐, 뒤로 돌아가느냐.
길 위에 선 자에게 쉼표는 있으나 마침표는 없다.

00

요세미티 캠핑장에서

"으으으, 고, 곰이다! 곰이야!"

날카로운 여자의 비명소리. 김미란이 분명했다. 번데기처럼 침낭 속에 웅크린 채 꿈길을 헤매고 있던 나는 후다닥 자리에서 일어났다. 칠흑 같은 밤이었는데 텐트 천을 뚫고 헤드램프 불빛이 어른거렸다. 머리맡에 둔 헤드램프를 찾았지만 마음만 급하고 손에 잡히질 않는다. 김미란의 비명에도 코를 골며 자고 있던 하워드의 머리를 더듬거리자 그가 투덜댄다.

"어어? 왜 그래? 잠 좀 자자."

"야, 이 녀석아, 지금 밖에 곰이 왔어."

기특하게도 그 말에 하워드가 벌떡 일어나 헤드램프를 켰다. 덕분에 내 램프를 찾았고 우린 곧장 텐트 밖으로 뛰쳐나갔다. 캄캄한 어둠 속에서 김미란의 랜턴이 한 지점을 비추고 있었다. 우리 텐트에서 십여 미터 떨어진 곳에 있는 철제 곰통이었다.

"저기, 저기! 곰통 옆에 곰이 있어요!"

곰의 검은 윤곽이 달빛에 일렁이는 듯싶더니 램프에 비친 두 눈이 야광처럼 파랗게 빛났다. 소름이 쫙 끼쳤다. 뒤이어 합세한 이겸까지 모두 고함을 치고, 코펠 뚜껑을 두드리고, 불빛을 집중적으로 비춰도 곰은 좀처럼 물러나지 않았다.

깊은 밤 요세미티 캠프장 구석에서 때 아닌 난타 공연이 시작되었다. 그런 소란에도 곰은 말 그대로 '곰같이' 곰통 곁에서 어기적거릴 뿐이다. 이곳의 곰은 인간이 자신을 해치지 않는다는 걸 알고 있는 모양이다. 건너편 캠핑카에서 잠자던 백인들도, 우리 뒤편에서 야영하던 멕시칸들도 난데없는 소란에 밖으로 나왔다.

헤드램프 불빛이 약해 어둠 속의 곰을 확실하게 분간할 수는 없었다. 그렇다고 용감하게 가까이 접근할 수도 없는 노릇. 곰은 철제 곰통을 흔들며 계속 시끄러운 소리를 만들고 있었다. 우리가 상자 안에 넣어 둔 음식 냄새를 맡고 온 것이 틀림없다.

옳거니! 곰 진압 스프레이가 있었지. 거기에 생각이 미치자마자 다시 텐트로 돌아가 입구에 놓아두었던 스프레이를 찾아냈다. 이럴 때가 닥치면 누구나 사용할 수 있게 텐트 문 옆에 놓아둔 것이다. LA의 등산장비점에서 무려 50달러나 주고 산 것인데, 당시 하워드는 그런 건 살 필요 없다고 뜯어말렸다. 하지만 집채만 한 흑곰을 직접 보니 하워드의 말을 듣지 않길 잘했다는 생각이 들었다. 스프레이는 최루가스 같은 화학물질이 아니라 고춧가루, 후춧가루를 이용해 만든 맵고 짠 농축액이다. 액체를 곰의 코에 뿌리면 녀석은 세상에서 최악의 냄새를 맡게 되고, 결국 눈물, 콧물을 흘리며 도망친다는 매우 간단한 원리였다. 매뉴얼에 사정거리는 7미터, 분사시간은 5초 정도며 사용할 때는 바람을 등져야 한다고 쓰여 있었다. 만약 맞바람이라면 곰보다 사람이 더욱 고통스러울 거라는 친절한 설명도 함께. 사실 가격을 생각하면 엄청나게 비싼 고춧가루 액이었다. 스프레이의 안전장치를 벗겨내는데 손이 덜덜 떨렸다.

"도망친다! 저기 곰이 간다."

하워드가 불빛으로 검은 물체를 비추며 소리쳤다. 불빛에 드러난 곰은 아랫배가 불룩 나온 술꾼처럼 뚱뚱했는데, 도망친다는 하워드의 말은 틀렸다. 뛰기는커녕 어슬렁거리는 게 숫제 양반걸음이다. 곰은 곰통을 끝내 열지 못했다. 그 속의 식량을 털렸다면 우리가 오랫동안 꿈꿔 온 이번 산행은 그야말로 하룻밤 꿈으로 끝났을 것이다. 곰은 동면할 때 발바닥만 빨며 견딘다지만 그런 재주가 없는 우리는 하릴없이 하산해야 할 테니 말이다. 상자의 잠금장치가 곰의 머리로는 풀기 어려운 수수께끼였을까? 누구나 간단히 열 수 있는 상자를 곰은 열지 못했다. 사람들이 깨어나고 불빛이 많아지니 포기한 건지는 몰라도 검은 그림자가 흐르듯 곰은 어둠 속으로 사라져 갔다. 하워드에게 처음 곰 이야기를 들었을 때, 겁 없이 떠올린 웅담이며 발바닥 요리 같은 생각은 실제 곰을 보곤 싹 사라졌다.

"요세미티 입성 환영인사치곤 확실하네. 그런데 왜 겁도 없이 혼자 나와 있어요?"

곰 스프레이 안전장치 고리를 걸며 미란에게 물었다.

"화장실 갔다 오던 중이었어요. 뭔가 달그락거리는 소리가 계속 들려서 불을 비춰봤는데, 아휴, 글쎄 시커먼 곰이 있잖아요."

시간을 보니 새벽 3시였다. 한바탕 소동이 끝나자 사람들은 제각각 돌아가 다시 잠을 청했다. 캠핑장은 다시 정적 속으로 빠져 들었다. 우리도 싸한 공기를 피해 보송한 침낭 속으로 파고들었다. 그러나 이미 잠들기는 틀렸다. 곰이 다시 오지 않는다는 보장은 없으니까.

요세미티에 더 이상 인디언은 남아 있지 않지만 곰과 사슴, 새들은 여전히 이 아름다운 산을 지키고 있다.

영어권은 물론 우리나라에 이르기까지 전 세계적으로 달력 사진으로 가장 많이 등장하는 장소가 바로 요세미티다. 세계문화유산으로 등록될 만큼 뛰어난 비경을 자랑하는 이곳은 유명 관광지답게 캠핑시설이 훌륭했다. 화장지가 걸린 화장실은 물론 야영지마다 피크닉 테이블과 장작을 피워 고기를 굽는 그릴까지 완비되어 있다. 때문에 시즌이면 캠핑지마다 초만원을 이룬다. 이런 곳을 곰이 어슬렁대다니. 하워드는 자신이 소속한 LA 거주 재미교포 산악회를 통해 웬만해선 허가받기 힘들다는 이 캠핑지를 미리 확보해 놓았다. 그 팀은 이틀날 하프 돔까지 오르는 당일 산행을 기획하고 있었는데, 그곳까지는 우리와 같은 코스였다.

존 뮤어 트레일을 종주하려면 강화 플라스틱으로 만든 곰통bear canister 지참이 허가의 필수조건이다. 그걸 입산 허가증 받을 때 알았다. 몇 개나 있나? 네 명이 다섯 개 가지고 간다. 주의사항 잘 읽었나? 물론. 법 지켜라. 알았다. 레인저가 묻고 하워드가 대답하는 사이 사무실을 살펴보니 거기에서도 곰통을 빌려주거나 팔았다. '당신들은 손님이다. 이곳은 곰의 나라다. 손님으로서 예의를 지켜라. 곰에게 먹이를 주면 5천불의 벌금을 부과할 수도 있다.'는 경고 문구도 보인다. 보지도 못한 곰인데 너무 강조하는 거 아닌가 싶어 슬며시 웃음이 나온다. "곰이 훔쳐 먹은 것도 먹이를 준 것으로 판단하는가?" 이렇게 묻고 싶은 걸 꾹 참았다. 사실 어느 누가 그렇게 간이 커서 애완동물처럼 곰에게 먹이를 줄까? 그러나 참아야 했다. 곰은 웅담 때문에 죽고, 사람은 혀 때문에 죽는다는 말이 생각나서다. 한국과는 달리 이곳 공원 레인저들은 사법권이 있고 트집 잡히면 퇴장당한다고 하워드가 이미 겁을 주었다. 그렇다곤 해도 다들 너무 곰, 곰 하니 곰이 사람으로부터 보호받아야 할 대상처럼 느껴졌다. 그런데 직접 목격하고 나니 생각이 확 바뀌었다. 곰은 절대 애완동물이 아니라는 사실이 실감난 것이다. 한국에서 존 뮤어 트레일에 대한 자료를 찾다가 곰이 많다는 사실을 알고, 곰 관련 정보에 귀를 기울인 탓이다.

우연히 텔레비전을 보다가 곰과 관련된 방송을 보게 되었다. 모 프로그램에서 곰에 대한 실험을 했는데, 어린 시절 들었던 "곰을 만나면 죽은 척 해라."라는 말이 사실인가에 대한 것이었다. 그때 나는 그걸 보지 말았어야 했다. 모르는 게 약이니까. 그나마 다행인 것은 팀 중에 나를 제외한 다른 사람들은 그걸 보지 않았다는 점이다.

첫 번째 실험은 마네킹에 사람 냄새가 밴 옷을 입혀 세워 놓은 것이었다. 곰은 일단 주위를 돌며 킁킁 냄새를 맡다가 갑자기 강력한 라이트 훅을 날렸다. 날카로운 발톱에 옷은 찢겨지고 마네킹은 뒤로 넘어졌다. 곰은 넘어진 마네킹을 덥석 물었다. 살기가 뚝뚝 떨어지는 야수의 눈빛이었다. 곰이 목을 문 채 고개를 미친 듯 좌우로 흔들어 대니 마네킹이 산산히 부서졌다.

두 번째가 중요했다. 이번엔 우화가 들려준 대로 바닥에 누워 죽은 척하기. 격리된 우리에서 풀려 나온 곰은 처음엔 의뭉스럽게도 누워있는 마네킹을 외면하는 척 딴청을 부렸다. 그러다 슬그머니 다가가 냄새를 맡는가 싶더니, 갑자기 앞발로 마네킹 배를 찢고 올라타 무지막지한 공격을 퍼부었다. 불쌍한 마네킹은 순식간에 산산조각이 났다. 그러나 자비심이라고는 눈곱만큼도 없는 곰은 동강난 마네킹을 향하여 광란의 공격을 계속 펼쳤다. 결국 죽은 척하면 살 수 있다는 우화의 교훈은 죽은 척하면 곰이 확실하게 죽여 준다는 슬픈 교훈으로 수정되어야 했다.

한번 곰에 대한 생각이 들기 시작하자 꼬리에 꼬리를 물며 곰에 대한 이야기들이 떠올랐다. 이번에는 일본작가 키무라 모리다케가 쓴 실화소설 〈통곡의 골짜기〉였다. 순전히 곰 이야기라는 이유로 일부러 찾아 읽은 책이었다. 홋카이도 산골 마을에서 곰의 습격으로 여러 사람이 죽거나 다치는 사고가 났다. 결국 사냥꾼들이 이 잔인한 살인 곰을 찾아내어 사살했다. 해체한 곰의 위에서 소화되지 못한 사람의 뼈와 손가락이 무수히 나왔다고 작가는 친절하게 설명하고 있었다. 그런 사건이 가끔 일어나는 홋카이도 관광청에서도 '죽은 척하는 것은 잘못 알려진 상식'이라고 발표했다는 점도 쓰여 있었다.

 요세미티라는 이름 자체가 곰을 뜻하는 인디언 말이라는 데 생각이 미치자 의식이 더욱 또렷해졌다. 게다가 앞으로 보름 넘게 저 야생 곰들과 인적 드문 숲에서 동거해야 한다고 생각하니 저절로 한숨이 나왔다.

 요세미티를 예찬한 글은 무수히 많다. 그럼에도 인간의 글이나 말로 요세미티의 풍경을 묘사한다는 건 불가능한 일이다. 존 뮤어 트레일의 출발지인 요세미티는 첫 풍경부터 사람의 시선을 압도한다. 단 한 개의 바위가 2,000미터 이상 높이 솟아올라 만들어진 거대한 화강암 산, 북한산 높이보다 더 깊이 파인 계곡, 바이산에 칙칙 길진 부수한 폭포들……. 그야말로 "와!" 소리가 절로 날 정도의 장관이다.

 따뜻한 공기가 흐르는 세코이아 숲과 계곡을 만든 건 역설적이게도 차가운 빙하다. 약 1백만 년 전 빙하의 침식으로 인해 화강암 절벽과 U자형의 계곡이 형성되었고, 이어 빙하가 녹기 시작하면서 수천 개가 넘는 호수와 폭포, 계곡이 만들어졌다. 제일 낮은 해발 671미터에서 제일 높은 3,998미터까지 이르는 빙하는 단단한 화강암을 깎고, 다듬어 가며 지상 최고의 조각물들을 이곳에 만들어 놓았다. 이런 놀라운 풍경 때문에 요세미티는 옐로스톤에 이어 1890년 미국의 두 번째 국립공원이 되었다. 또 아름다운 자연경관을 인정받아 1984년에는 유네스코 자연유산에 지정되기에 이른다. 빙하의 침식으로 이런 절경이 만들어졌다는 것을 최초로 밝혀낸 사람이 바로 우리가 걸으려는 트레일 이름의 주인공인 존 뮤어다.

요세미티 공원의 연대를 기술한 책에 따르면 요세미티 계곡의 탐방 역사는 1833년까지 거슬러 올라간다. 당시 기병대 대위였던 조셉 워커 탐험대가 그해 10월 시에라네바다 산맥을 횡단했다. 백인으로서는 최초의 기록이다. 그들이 요세미티 계곡을 지났다고 하는데, 당시의 루트를 지금 정확하게 알 수는 없다. 오히려 이 기록에서 눈여겨볼 부분은 인디언과의 만남을 기록한 부분이다. "산 속에서 인디언들이 지나간 흔적을 보지 않는 날이 하루도 없다. 많을 때에는 수백 명씩 보였다." 워커는 이렇게 기록했다. 이를 통해 알 수 있는 것은 시에라네바다 산맥이나 요세미티 계곡에 많은 인디언들이 살고 있었다는 점이다. 고고학자들의 연구에 따르면 처음 요세미티에 거주한 사람들은 10,000년 전 거주한 아메리칸 인디언으로 추정한다. 그중에서 가장 최근까지 이곳에 산 부족은 아와니다 Ahwahneedhee족이다. 그들은 요세미티 계곡을 '하품하는 입place of gaping mouth'으로 불렀다. 그런데 그 많던 인디언들은 지금 어디에 있을까?

요세미티의 들머리라 할 수 있는 와우나 터널을 지나면 바로 전망대가 나타난다. 요세미티 계곡이 한눈에 들어오는 이곳에서 바라보면 요세미티 계곡은 정말 거대한 입을 벌리고 있는 것처럼 보인다. 특히 계곡 곳곳에 엘 캐피탄이나 하프 돔 같은 화강암 침봉이 송곳니처럼 삐죽삐죽 솟아

나는 자연인가? 답을 구하고자 한다면 달팽이처럼 걷는 것이 첫 시작.

있어 '하품하는 입'이라는 이름을 실감나게 한다.

요세미티 공원의 총 면적은 자그마치 3,079평방킬로미터로 제주도보다 두 배 가까이 넓다. 마치 들판처럼 광활한 계곡의 바닥 한가운데로는 맑은 머세드 강이 흐르고 있다. 물 맑고 숲 좋고 야생 동물 많은 이곳에 아와니다 인디언이 살고 있었던 것이다. 그런데 그들은 이곳에서 사라졌다. 그 배경에는 백인들의 서부개척사가 맞물려 있지만 그들의 쇠락을 가속화시킨 이유는 황금이다. 간단하게 '그 배경에는 황금이 있지' 라고 슬쩍 넘어가기에는 그 사연이 너무 절절하고 골이 깊다. 황금은 오직 인간에게만 비극의 시발점이 된다. 이곳에 우글거린다는 곰은 조금도 관심 없는 황금이 말이다.

1849년 10월, 골드러시 전성기에 금광을 찾던 두 명의 백인이 이곳을 방문했다. 이것을 요세미티 계곡의 첫 발견이라고 주장하는 사람도 있다. 어떤 자료에서는 아와니다 인디언을 소탕한 1851년 제임스 사베지$^{James\ D.\ Savage}$ 소령이 요세미티를 처음 발견했다고 주장한다. 그러나 사실 '발견'은 틀린 말이다. 대단한 오만이다. 7천만 명의 인디언이 살고 있던 멀쩡한 북미 대륙을 콜럼버스가 발견했다는 주장과 상통한다. 결국 그것은 유럽인들의 시각인 것이다. 멀쩡히 잘 살고 있는 우리 땅에 이방인들이 찾아와 새로운 땅을 발견했다고 하면 얼마나 기가 막힐 노릇인가.

"백인들은 헤아릴 수 없이 많은 약속을 했다. 그러나 지킨 것은 단 하나다. 우리의 땅을 먹는다고 약속했고, 우리의 땅을 먹었다."

이는 〈나를 운디드니에 묻어주오〉라는 책의 한 구절로 '늑대와 함께 춤을' 이라는 영화에 나오는 인디언 수우족의 추장 '붉은 구름' 의 말이다. "미국 서부 개척사를 뒤집으면 인디언 멸망사가 된다."는 저자의 말처럼 이 책은 아메리칸 인디언이 자신들의 땅에서 어떻게 소멸되어 갔는지를 다룬 책이다. 책의 교정을 보던 사람은 같은 백인이지만 인디언에 대한 무자비한 살인과 폭력에 한없는 부끄러움과 분노를 느꼈다고 했다. 문명을 자랑하는 인간으로서 스스로 느끼는 좌절과 슬픔을 견딜 수 없어 일을 하다 말고 여러 차례 술을 마셨다고 쓰고 있다.

　인디언의 핏자국 위에 세워진 거대한 나라 미국의 초기 역사를 읽으며 나 역시 몸서리를 친 기억이 있다. 서부개척시대에 '매니페스트 데스티니 Manifest Destiny' 라는 말이 백인들 사이에 유행했다. '명백한 운명'으로 번역되는 이 말은 미국 언론에서 처음 지어낸 말이다. 그 어원은 '번성하라, 그리고 다스려라.' 라는 성경 말씀에 닿아있다. 예수를 믿는 백인들에게 하나님이 아메리카라는 신천지를 주었다는 말이다. 이것이 자신들의 명백한 운명이기에 서부개척시대에 저항하는 인디언을 말살시킬 권리가 주어졌다는 것. 이 말은 영토 확장을 정당화하는 구호이자 백인 이민자들의 서부개척 이데올로기였다. 자료에 따르면 가축을 해치는 곰과 인디언을 동격으로 보고 포상금을 준 역사도 있다.

　백인들의 이주 초기에는 인디언과 사이가 좋았다는 신화 같은 이야기가 전해오는데, 그건 사실과 다르다. 미합중국은 '소탕과 식민'을 기본정책으로 삼고 일관되게 인디언을 학살했기 때문이다. 먹고 살 농업과 목축을 위하여 땅이 있어야 한다. 땅을 빼앗아야 했기 때문에 야만인이자 자신들의 종교와 다른 애니미즘을 믿는 원주민 인디언은 없어져야 할 존재였던 것이다. 인디언 대신 그 땅의 주인이 된 이주민은 아프리카에서 잡거나 사온 노예를 부려 일을 시켰다. 그런 사례와 증거는 이미 너무나 많아 미국 정부도 그걸 부정하지는 않는다.

　그 많던 인디언들은 다 어디로 갔을까? 세금 때문이라면 무덤까지도 따라간다는 족집게 미국 세무서 발표에 따르면 이제 광활한 미국 땅 전역에 150만 명이 채 안 되는 인디언만 남았다. 그들이 점점 줄어든 이유는 소위 '추장의 편지'로 잘 알려진 시애틀의 글에서 알 수 있다.

우리가 걷는 시에라네바다 산맥 끝자락에 워싱턴 주가 있다. 동부에 있는 수도 워싱턴과는 이름만 같을 뿐 이곳은 서부에 있는 주다. 이곳의 최대 도시인 시애틀이란 이름도 인디언 추장을 가리킨다. 요세미티가 금을 찾아 나타난 광부들의 탐사로 주목 받을 때인 1854년, 지금의 워싱턴 주에 살고 있던 스쿼미시Suquamish 부족의 시애틀 추장은 미합중국의 수장인 프랭클린 피어스 대통령의 편지를 받는다. 그는 영토 확장주의자이기도 했는데, 피어스 대통령이 시애틀 추장에게 보낸 편지는 인디언들이 대대로 살아온 그들의 땅을 사겠다는 것이었다. 시애틀은 그 편지에 다음과 같은 답장을 보낸다.

"워싱턴의 대추장(미국 대통령)이 우리의 땅을 사고 싶다는 요청을 해 왔습니다. 대추장은 또한 우정과 친선의 말을 우리에게 보냈습니다. 이런 인사는 매우 고마운 일입니다. 그리고 두렵기도 합니다. 왜냐하면 그가 대가로서 우리의 우정을 별로 필요로 하지 않는다는 것을 알기 때문입니다. 그러나 우리는 그대의 제의를 고려해 보겠습니다. 만일 우리가 그렇게 하지 않는다면 백인들은 총을 가지고 와서 우리를 죽이고 우리의 땅을 빼앗아 갈 것임을 알기 때문입니다."

시애틀은 정확하게 앞으로 전개될 사태를 읽고 있었다. 그가 특별히 남들보다 지혜로워서 그런 것이 아니다. 인디언들에게 선택의 여지가 없는 당근과 채찍의 사례를 충분히 목격했기 때문이다. 이미 미국은 멕시코의 땅인 텍사스와 캘리포니아를 그런 식으로 합병했다. 그 땅이 필요하니 쉬운 말로 "얻어터지고 빼앗길래? 아님 모양새 좋게 푼돈이라도 받고 줄래?" 하는 식이었다. 시애틀의 편지는 계속 이어진다.

"어떻게 미국의 대추장은 하늘을, 땅의 따사로움을 사고팔 수가 있습니까? 그러한 생각은 우리에게는 매우 생소합니다. 더욱이 우리는 신선한 공기나 반짝이는 물을 소유하고 있지도 않습니다. 그런데 어떻게 그대는 그것들을 우리에게서 살 수 있겠습니까? 이 땅의 구석구석은 모두 신성합니다. 저 빛나는 솔잎이며 해변의 모래, 어둠침침한 숲 속의 안개와 노래하는 온갖 벌레들은 우리의 추억과 경험 속에서 모두 성스러운 것들입니다. 나무줄기 속의 수액은 우리의 추억을 안고 흐릅니다."

개인의 소유권이 존재하지 않았던 인디언 공동체의 문화에서 땅을 사고판다는 개념은 도무지 이해할 수 없는 일. 하긴 미국만 나쁘다고 말할 수는 없다. 어차피 우리 세계는 약육강식의 논리로 이루어져 있지 않은가? 시애틀은 얻어터지고 빼앗기는 것보다 파는 쪽으로 방향을 잡았다.

"우리가 땅을 판다면 기억하십시오. 공기가 우리에게 얼마나 소중한지. 공기는 모든 목숨 있는 것들에게 정신을 나눠줍니다. 우리 할아버지에게 첫숨을 쉬게 해준 바람은 할아버지의 마지막 숨을 거둬갔습니다. 바람은 우리 아이들에게도 생명의 정신을 불어넣어 줍니다. 그러니 우리가 땅을 팔거든 이 땅을 신성하게 세속에서 분리시켜야 합니다. 사람들이 찾아가서 꽃향기로 달콤해진 바람을 음미할 수 있는 곳으로 남도록 하십시오."

우리가 준 뮤어 트레일을 길으며 찬미할 자연의 아름다움과 영속성을 시애틀은 감동적으로 서술하고 있다. 그리고 그는 편지에서 자신의 부족이 아닌 인류에게 곧 도래할 환경의 핵심을 짚었다.

"우리가 아이들에게 가르친 것을 당신도 당신의 아이들에게 가르칠 건가요? 땅이 우리의 어머니라는 것을? 땅에 나쁜 일이 생기면 땅의 자녀들에게도 똑같은 일이 생긴다는 것을."

놀라운 예언이다. 지구라고 하는 행성에서 자연과 사람의 조화가 지금처럼 엄중하게 요구되는 때는 없었다. 수억 년 동안 잡힌 밸런스가 무너져가는 지금, 이 부조화가 인류의 멸종을 가져올지도 모른다고 뒤늦게 참회하고 있다.

시애틀은 대지야말로 인간의 어머니라는 충고를 끝으로 편지를 맺는다.
"갓난아이가 엄마의 심장 박동 소리를 사랑하듯 우리는 이 땅을 사랑합니다. 그러니 우리가 땅을 팔면 우리가 그러했듯이 땅을 사랑해주기 바랍니다. 우리가 그러했듯 땅을 보살피십시오. 모든 아이들을 위해 땅을 보존하고 사랑해 주십시오. 신이 우리를 사랑하듯."

인디언 추장 시애틀의 편지는 다시 읽어도 감동적이다. 시애틀의 절규는 소위 문명인이라는 우리에게 부끄러움이 무엇인가를 느끼게 해준 날카로운 채찍 소리임에 분명하다. 또한 시애틀은 환경 문제로 위기에 빠질 지구의 앞날을 예언하는 소름 끼치는 직관을 보여 주고 있는 것이다. 시애틀의 충고 때문인지는 모르나 미국은 시에라네바다 산맥의 일부분을 야성이 숨 쉬는 거대한 공원으로 만들어 놓았다. 그러나 이 멋진 자연과 더불어 살았던 인디언의 눈물겨운 슬픈 역사를 떠올릴 때면 공연히 화가 나는 것은 어쩔 수 없다.

만일 백인이 이곳에서 발견했다고 주장하는 것이 요세미티 땅이 아니라 세상에서 가장 아름다운 풍경을 발견했다는 뜻이라면 충분히 납득할 수 있다. 새하얀 화강암과 세코이아 숲, 맑고 푸른 머세드 강과 시원한 폭포를 오브제로 조물주는 거친 사막의 산맥 속에 천국을 만들어 놓았다. 캘리포니아 시에라네바다 산맥 깊숙한 곳에 그야말로 무엇을 상상하든 그 이상이 되는 아름다운 풍경이 숨어 있는 것이다.

이처럼 아무리 그 아름다움을 반복해서 이야기해도 모자란 요세미티는 우리가 가야할 존 뮤어 트레일의 종착점이자 출발점이다. 남쪽 반대편에 위치한 미국 최고봉인 휘트니 봉부터 여행을 시작한다면 북쪽에 자리한 요세미티가 골인 지점이 되는 것이다. 이곳에 금을 찾으려는 광부들이 몰려들기 시작하고, 그들은 요세미티 골짜기에서 인디언과 함께 거주했다. 사람들은 동물을 대량으로 포획하고 삼림을 함부로 벌채했다. 당연히 모든 사물에 정령이 있다고 믿는 아와니 인디언과 부딪칠 수밖에 없었다. 두 문명의 충돌이었다. 인디언을 야만인이라고 본 광부들은 원주민이었던 그들을 사살하거나 부녀자를 폭행하기에 이르렀다. 당연히 인디언들의 보복이 이어지고 백인들이 죽자 미 정부는 군대를 파견한다. 사베지 소령이 이끄는 200명의 마리포사 기병대였다. 현재 요세미티를 관할하는 마리포사 시에서 출동한 기병대는 인디언들을 무차별 살상하고 잡은 포로들을 후레즈노의 인디언 보호구역으로 데리고 갔다. 당시 젊은 군의관 한 명이 아름다운 계곡을 가리키며 인디언에게 물었다.

"이 아름다운 골짜기 이름이 뭔가?"

"요세미티."

요세미티라는 대답한 것은 '곰' 이란 말이었다.

말이 통할 리 없던 인디언은 얼굴 희안 백인의 질문을 "서기에 무엇이 있냐?"는 물음으로 생각했던 듯하다. 아니면 숲 속에 사냥감이 있느냐는 물음으로 해석했을 수도 있다. 어쨌든 이곳은 곰을 뜻하는 요세미티라는 인디언의 말에서 이름 붙었다. 인디언은 사라지고 없으나 곰의 후손들은 지금까지도 살아남았다. 그중 한 마리를 우리는 꼭두새벽에 직접 조우한 것이다.

01

해피아일스에서 머스드 갈림길까지

깜박 졸다 버너의 쉿쉿 소리에 잠에서 깨었다. 어느새 밝아진 주위로 청명한 새소리마저 들려왔다. 날이 밝자 요세미티가 아무리 넓어도 계곡이라는 걸 실감하게 된다. 우리가 하룻밤 묵은 캠핑장의 사방은 하늘로 치솟은 화강암 절벽으로 에워싸여 있었다. 기계로 섬세하게 다듬은 듯 보이는 저것들이 모두 자연의 솜씨라니 다시 한 번 감탄하게 된다.

그건 그렇고 우리가 가져온 버너의 소음이 장난이 아니다. 아직 잠들어 있을 주변 텐트의 사람들에게 폐가 되지는 않을지 걱정될 만큼 버너는 시끄러운 소리를 낸다.

"하워드 소리를 좀 줄일 수 없어? 사람들 다 깨겠다."

"괜찮아. 합법적인 일이라면 남 눈치 볼 필요가 없어. 이곳은 미국이야. 동방예의지국이 아니라 서방개인주의 땅이잖아. 상관없어. 이게 MSR 드래곤 플라이 버너야. 화력이 최고라고 하기에 돈 좀 투자했지."

그 녀석 화력이 최고로 좋은지는 확인할 바 없으나 목소리 큰 것만큼은 최고가 틀림없었다. 하긴 오늘만 넘기면 이제부터는 우리끼리 야영을 하게 될 테니 시끄러운 게 그리 문제될 건 없다. 밥을 지어 한국에서 준비해 온 멸치 볶음, 소고기 장조림에 LA 한인 타운에서 산 김치와 김을 곁들인 푸짐한 상차림. 아낌없이 배불리 먹었다. 여행은 새로운 세상을 보는 호기심과 함께 먹는 것 또한 큰 즐거움이다. 끼니마다 이렇게 맛있게 먹을 수 있다면 우리의 행정은 그야말로 소풍이겠지.

우리 일행은 모두 4명이었다. 촉망받는 젊은 사진작가 이겸과 개인전을 통하여 화단에서 재능을 인정받은 여류화가 김미란, 그리고 LA에서 합류한 나의 오랜 친구 재미교포 하워드가 함께였다. 처음 내가 존 뮤어 트레일을 접한 것 역시 하워드 덕분이다. 업무 때문에 미국에 거주할 때 하워드를 따라 처음 이곳에 왔었다. 그리고 그때 받은 감격은 귀국한 뒤로도 잊을 수 없었다.

존 뮤어 트레일에 대한 나의 끝없는 극찬은 히말라야라든가 오지 트레일을 많이 찾았던 내 경력과 맞물려 제법 설득력이 있었던 모양이다. 내 이야기에 매료당해 화가와 사진작가가 따라나선 것이다. 똑같은 아름다운 풍경을 보아도 각각 다른 형태의 미술로 표현할 수 있는 두 사람이 함께 여행에 참여한 것은 나에게도 유익한 일이었다. 각각 다른 예술을 하는 두 사람의 다른 시선을 공유할 수 있는 좋은 기회였기 때문이다.

우리의 여행지인 존 뮤어 트레일은 이곳의 놀라운 가치를 평생 강조한 존 뮤어의 이름을 딴 산길로 미국 캘리포니아 서부의 시에라네바다 산맥에 위치한다. 요세미티 계곡에서 미 본토 최고봉인 휘트니 봉[Mt. Whitney, 4,418미터]까지 358킬로미터의 때묻지 않은, 말 그대로 세계 최고의 비경을 자랑하는 길이다. 상상조차 할 수 없는 아름다움을 시에라네바다 산맥은 지니고 있다. 호수와 계곡과 절벽이 늘어서 있고, 그 속살을 헤집으며 트레일이 이어진다. 하루 평균 18킬로미터씩 걸으면 약 20일이 소요되는데, 우리는 하루 20킬로미터를 주행 거리로 잡았다. 별다른 일이 없다면 18일이 걸릴 것이다. 3,500미터에서 4,200미터의 높이를 넘나드는 고개를 넘어야 하지만 이미 올라선 고도는 그리 많이 내려가지 않는 능선 길의 연속이기에 그 높이를 다 오르는 것은 아니라는 것이 하워드의 설명이다. 하워드가 여행의 일정과 계획을 짠 것은 그가 이미 존 뮤어 트레일 전 구간을 종주한 경험이 있기 때문이다. 하지만 각각 구간 별로 나누어 산행한 것이므로 쉬지 않고 한 번에 끝내는 종주에 나선 것은 그도 이번이 처음이었다. 그렇다 하더라도 곳곳의 산길이 기억에 박혀있는 경험자인 하워드는 우리의 든든한 기둥임에 틀림없었다.

출발하기 위해 짐을 다 꾸리자 배낭 무게가 상당히 묵직하다. 하워드는 곰통 두 개를 포함하여 텐트와 기타 장비 등 많은 짐을 넣은 덕분에 배낭이 자신의 아랫배보다 더 뚱뚱해졌다. 그가 속한 산악회원들도 출발 준비를 끝내고 모두 한자리에 모였다.

트레일 출발을 알리는 지점인 해피아일스 Happy Isels를 향해 가는데 녹각이 근사하게 자란 수사슴 한 마리가 당당하게 앞서 걷고 있다. 사진을 찍는 우리쯤은 안중에도 없다는 듯 고개를 높이 들고 걷는 모습이 조금 거만하게 보일 정도. 요세미티를 포함한 국립공원에서는 사냥이 금지되어 있다. 그걸 곰도 알고 사슴도 아는 모양이다.

조용히 흐르는 머세드 강도 새벽잠에서 깨어나고 있었다. 물소리 하나 들리지 않는 고요하고 유장한 흐름에 밝아지는 푸른 하늘이 담겨 있다. 강도 숲도 모든 게 평화로운 아침이었다. 트레일 입구인 해피아일스 표지

홀로 가는 길이 풍요로운 것은 숲과 함께 걷기 때문이다.

판에 '마운튼 휘트니까지 358킬로미터'라는 글이 뚜렷하다.

"아차, 미란 씨, GPS 켰어요?"

이정표 앞에서 기념사진을 찍고 출발하려다 깜짝 놀란 내가 김미란을 돌아보며 물었다.

"그럼요. 일어나자마자 전원부터 넣어 놓은 걸요."

우리는 한국에서 위성항법 장치인 GPS를 가지고 왔다. 우주에 떠 있는 인공위성과 자동으로 교신하여 우리가 걷는 속도는 물론 고도, 위도, 경도까지 스스로 기록하는 기특한 기기였다. 그 자료는 소중한 정보가 될 터였다. 물론 처음 보는 그것의 복잡한 매뉴얼을 이해할 수는 없었다. 우리 팀 중에서 그 기계를 어깨 너머 한번이라도 본 사람이 김미란뿐이었기에 자연스레 GPS는 그녀의 손으로 넘어갔다.

드디어 17박 18일 대장정의 첫발을 떼었다. 이제 시작이다. 머세드 강을 따라 난 트레일에서는 폭포처럼 쏟아지는 물길이 잘 보인다. 이곳에는 바위 침봉 사이로 쏟아지는 폭포가 많은데, 가장 유명한 곳은 어제 보았던 요세미티 폭포다. 무려 780미터나 되는 높이로 베네수엘라에 있는 979미터의 엔젤 폭포에 이어 세계에서 두 번째로 긴 것이다. 이 외에도 네바다, 버널, 일리오이트, 브리달 베일 폭포 등이 있고, 사람이 접근할 수 없는 광대한 시에라네바다 산 속까지 합치면 폭포의 숫자는 엄청나게 불어난다. 급류를 횡단하는 다리를 건너며 제일 먼저 본 것은 버널 폭포였다. 인디언 말로 영혼을 적시는 폭포라던가. 신명나게 쏟아지는 물줄기는 여인의 하얀 치마처럼 펄럭였다.

산을 오르는 트레일은 완만하게 잘 정비되어 있다. 한국처럼 급경사를 이루는 등산로가 아니다. 가파른 길도 지그재그로 나있고, 소위 스위치백이라고 일컫는 산길을 가로지르는 산행은 허용되지 않는다. 고도를 높이며 바라 본 요세미티는 온통 바위 세상이다. 잎이 뾰족한 전나무와 세코이아 숲과 함께 어우러진 뾰족한 봉우리들이 한눈에 든다. 이윽고 네바다 폭포가 거대한 물줄기를 떨어트리고 있는 조망터에 도착했다. 폭포 뒤로 하얀 화강암봉과 삶은 계란을 길게 반으로 갈라놓은 것처럼 생긴 하프 돔 Half Dome이 우뚝 서 있다. 거대한 크기에서부터 보는 이를 압도한다.

그렇게 만난 네바다 폭포는 직선으로 떨어지는 물줄기의 우렁찬 소리만큼 장관이었다. 트레일은 그 폭포 위쪽을 횡단하여 연결되어 있다. 폭포로 유입되기 전 수심 깊은 머세드 강은 폭풍 전의 고요라는 말처럼 짐

물은 산을 깎아 바위를 만들고, 그 산은 모래가 된다.
네바다 폭포의 야망은 쉼이 없다.

짓 조용히 흐르고 있다. 그러나 엄청난 수량이 몰리는 폭포 입구에서는 돌연 악마의 입처럼 바뀐다. 물길의 힘으로 하얀 화강암에 기묘한 조각을 만들어 놓았는데, 그것을 훑으며 물은 맹렬한 에너지로 바뀌어 폭포가 되고 있었다. 폭포 바로 곁까지 철책을 만들어 놓아 담이 큰 사람은 바로 곁에서 구경할 수 있다.

어느새 떠오른 아침 햇살이 벌써 따갑다. 팀원들은 사진을 찍느라 여념이 없었지만, 나는 넘어진 붉은 소나무 고사목에 앉아 여유롭게 풍경을 감상했다. 나는 카메라도 없었다. 전문 사진작가가 있으니 굳이 내가 찍어 무엇하랴는 마음도 있었거니와 그 작은 것도 짐이 될 것 같아 아예 빼버렸다. 이미 고도가 상당한 곳에 오른 터라 요세미티 계곡이 한눈에 들어왔다. 정말 대단한 풍경이다. 그런 느낌은 다른 사람들도 같았는지 내 쪽으로 다가와 앉으며 한마디씩 한다.

"정말 굉장한데요. 이건 완전히 이발소 그림 같아요."

이겸의 말을 받아 카메라를 가방에 챙겨 넣던 김미란도 거들었다.

"종합선물세트네요. 세상 좋은 것만 골라 놓은."

표현이 재미있다. 이발소 그림이라는 건 세상의 온갖 좋은 것을 동원하여 상상력으로 그려 놓은 값싼 그림을 말하는 거고, 그게 이렇게 눈앞에 존재한다는 사실이 종합세트겠다. 그런데 그런 은유를 이해하지 못한 하워드가 불쑥 끼어들었다.

"한참 미국산 쇠고기는 광우병 걸린다고 못 먹는다는 나라에서 이발소마다 요세미티 그림을 걸어 놓나?"

"그런 말이 아니고 경치가 좋다는 거야. 말뜻 좀 잘 알아들어라. 공연히 광우병 걸린 것처럼 동문서답 말고."

"그래, 나는 미국 쇠고기 엄청 먹어 좀 미쳤으니 조심해라."

능청스러운 하워드의 대꾸에 웃음이 나왔다. 힘든 산행에 이런 말싸움과 농담은 힘을 줄 것이 틀림없다. 앞으로도 하워드에게 자주 시비를 걸어야겠다는 생각이 들었는데, 그건 결과적으로 엄청난 착각이었다. 시비를 건 만큼 내 배낭 무게가 점점 늘어났으니까.

머세드 강을 따라 한동안 산길이 이어졌다. 조금 전에 본 네바다 폭포의 역동적인 낙수는 본래 자신의 모습이 아니라는 듯 강은 잔잔히 흐르고 있다. 물속에 가라앉은 덩치 큰 나무들이 선명하게 보일 정도로 맑은 강은 제법 수심이 깊어 보인다. 강가에는 숲이 우거져 있다. 햇살은 상당히 뜨거워졌으나 숲에서 풍기는 피톤치드의 향기가 투명한 공기에 잔뜩 묻어 있었다.

'리틀 요세미티'라 불리는 분지가 나타나기에 우리는 강물을 정수하여 물통마다 가득 채웠다. 이곳을 지나면 물이 없기 때문이다. 본격적인 오르막이 시작되는데 무거운 배낭 때문인지 김미란이 힘겨워한다. 우리는 그녀가 지치지 않도록 나무 그늘에서 한동안 쉬었다. 그녀가 배낭을 벗는 걸 거들며 하워드가 말을 건넸다.

"처음엔 다 힘들어요. 한 2, 3일 고생 좀 할 겁니다. 적응하면 한결 쉬워지지요."

거기까지만 하고 말을 끝냈으면 좋으련만 이어진 뒷말이 문제였다.

"너무 걱정하지 말아요. 남자들이 3명이나 있는데."

그렇게 말해 놓고 하워드는 나를 보고 낄낄 웃는다. 그 웃음은 분명 불길한 징조였다. 이겸은 초보자이므로 짐을 나눌 형편이 안 될 것이고, 하워드는 더 넣을 공간이 없을 만큼 짐을 많이 지었다. 그렇다면 그 짐을 나눌 남자는 분명 나란 뜻이겠지.

본격적으로 산길에 들어서니 다람쥐가 부지런히 도토리를 나르고 먼 바위에서는 간밤에 내려간 체온을 덥히려는지 마모트들이 삼삼오오 모여 앉아 있다. 참 평화로운 풍경이다.

이제 요세미티는 시야에서 완전히 사라졌고, 산길은 하프 돔을 향하여 꾸준히 지그재그로 오르고 있다. 세코이아 숲을 지나는데 넘어진 나무들이 여기저기 많이 보였다. 산길을 막아 선 나무들을 보행자를 위해 잘라 놓은 것. 단면을 볼 때마다 나이테를 세려했지만 나무가 너무 큰데다가 나이테가 하도 촘촘해 매번 포기하고 말았다.

한참을 걷다보니 드디어 하프 돔과 존 뮤어 트레일로 나뉘는 갈림길이 나타났다.

"여기에 배낭을 벗어 놓고 물통과 카메라만 가지고 가자. 어차피 우리는 하프 돔에 올라갔다가 다시 이리로 내려 올 거니까."

"혹시 누가 가져가는 거 아냐?"

조금 불안한 마음이 들어 하워드에게 물었다.

"그런 걱정은 설악산 같은 데서나 해. 여기는 훔쳐갈 사람도 없어."

공연히 물었다가 무안해졌다. 우리는 하워드의 말대로 산길에서 조금 벗어난 곳에 배낭을 벗어 놓고 가벼운 몸으로 출발했다. 배낭을 벗으니 한결 살 것 같았다. 트레일엔 우리 말고도 많은 외국인들이 보였는데, 그들도 하프 돔을 오르고 있었다.

"야, 하워드. 존 뮤어 트레일은 허가 받기 힘들고 하루 100명밖에 입장 안 시켜 준다더니 이 많은 인간들은 대체 뭐야?"

"이 사람들은 하프 돔까지만 가는 거야. 지금 방학이라 사람들이 많이 몰랐나 봐. 요세미티에서 당일 산행은 따로 허가 받을 필요가 없어. 오히려 캠프장 허가 받기가 힘들지."

　캠프장 예약부터 장비와 이곳까지 오는 차량 수배까지 꼼꼼하게 챙긴 하워드가 고마웠는데, 문득 재미있는 사실을 하나 발견했다. 하워드는 김미란이 쉬면 함께 쉬고, 길을 나서면 꼭 뒤를 따라 나선다는 점이었다. 하워드는 그녀를 아주 극진하게 보살폈다. 저 녀석이 미국에 오래 살아 레이디 퍼스트 습관이 몸에 밴 걸까? 아니면 김미란의 체력이 걱정되어 챙기는 것일까. 하긴 한 명이라도 퍼지면 그걸로 우리 계획은 끝이다. 그 사람 혼자 내려 보낼 수는 없는 일이니까. 어찌되었던 하워드는 여러 모로 든든하다. 우리 중에 가장 체력도 좋고, 또 경험자 아닌가.

　빈 몸인데도 능선에 오르기까지 제법 힘이 들었다. 머리가 조금 어질어질하다. 고도계의 수치가 2,500미터를 가리키고 있다. 갑자기 고도를 올린 탓에 경미한 고소증이 올 만도 하다. 겨우 능선에 올라서니 왼쪽으로 하프 돔이 햇살 속에 우뚝 솟아있다. 아래쪽으로는 거대한 계곡과 숲이 한눈에 들어온다. 눈에 드는 산은 온통 바위투성이였으나 계곡엔 어김없이 숲이 들어차 있었다. 이곳이 산은 깔끔하게 화강암 한 덩어리로 만들어진 듯하다. 하프 돔 역시 거대한 한 개의 바위로 이루어져 있다. 그곳을 오르려면 먼저 전위봉을 올라야 했다. 하프 돔의 동생처럼 보이는 전위봉을 오르는 길도 만만치 않았다. 가파른 돌길이었는데 커다란 바위를 깎아 만든 계단을 타고 넘거나 돌아가야 했다.

　몸은 힘들다며 여기가 지옥이냐고 아우성인데, 눈에 비치는 세상은 그야말로 천국이다. 쉬어가며 도착한 전위봉 정상은 평탄하고 넓었다. 위에서 쉬고 있는 사람들도 제법 많은 모습. 하프 돔을 오르는 사람들이거나

하프 돔 정상을 밟기 위해 외줄을 타고 오른다. 한낮의 복사열로 인해 멀미가 날 정도.

포기한 사람들이다. 전위봉에선 엄청난 크기의 하프 돔이 빤히 보였다. 하프 돔 정상까지 쇠줄이 두 줄로 박혀 있었고, 그걸 잡고 일렬로 오르는 사람들이 흡사 개미떼처럼 보인다.

우리도 쇠줄로 다가섰다. 곁에 장갑이 많이 놓여 있다. 쇠줄을 잡고 오를 때 손을 보호하라는 공원의 배려였다. 하프 돔을 오르는 암벽 길은 결코 만만치 않다. 멀리서 볼 때는 둥근 바가지를 반으로 딱 잘라 놓은 것처럼 한쪽은 단애의 절벽이고 우리가 오르는 쪽은 완만한 오름길처럼 보였는데 그게 아니었다. 직접 다가서보니 바로 코앞에 바위가 서있는 것처럼 경사각이 가팔랐다. 그래도 여기까지 와서 포기할 수는 없는 노릇. 언제 다시 이곳에 올지 알 수 없는 상황 아닌가. 하프 돔 정상이 요세미티 국립공원을 한눈에 볼 수 있는 가장 좋은 터라는데 그곳을 포기할 수는 없다. 몸을 달래가며 쇠줄에 매달려 한 마리 개미가 되었다. 한 걸음 한 걸음 오를수록 다리 사이로 아득한 높이감이 느껴진다. 쇠줄을 잡은 손에 자동적으로 힘이 들어간다.

그늘 한 점 없는 알 바위를 30여분쯤 올랐을까. 정상부에 다다르자 마지막 부분은 경사도가 그래도 제법 얕아졌다. 한여름이년 기온이 40도 가까이 올라간다는 하프 돔 정상이다. 땀을 뻘뻘 흘리며 쇠줄 클라이밍을 한 끝에 우리는 해발 2,695미터 하프 돔 정상에 섰다. 정상은 의외로 넓고 펑퍼짐한 광장이다. 축구장 서너 배 크기는 될 정도. 아래에서 올려다 볼 때는 하프 돔 정상부가 이렇게 넓은지 미처 몰랐다.

하늘에는 구름 한 점 없는 날씨. 파란 하늘에 사막의 태양이 폭력 같은 열기를 쏟고 있지만 고도가 높아 그런지 선선했다. 역시 잘 올라왔다. 그동안 하프 돔에 가려 있던 요세미티 계곡이 광활한 시공 속에 한눈에 들어온다. 이 꿀맛 같은 보답에 그 고생을 하는가보다.

차를 타고 요세미티로 오면서 지나쳤던 티오가 길$^{Tioga\ Road}$과 오름스테이트 포인트$^{Olmsted\ Piont}$ 전망대도 아스라이 보인다. 그 길을 우린 차로 횡단했지만 굉장한 풍경이었다. 그 길을 다녀온 사람들이 너무 아름답고 장엄한 길이라고 극찬을 했기에 반신반의했는데 그 말은 절대 과장이 아니었다. 그 길은 해발고도가 높고 험한 길이어서 눈이 녹은 여름철에만 열린다. 거울처럼 잔잔한 타나야 호수를 지나 만나는 오름스테이트 전망대에서는 이 계곡을 만든 빙하의 잔해를 볼 수 있었다. 빙하가 쓸고 가다 남겨 놓은 큰 바윗돌이 마치 거인들이 가지고 놀던 공기 돌처럼 암반 위에 무수히 서 있었다. 공기 돌 하나가 설악산 흔들바위만 하니 말 다했지 않을까. 그러니 인간이 아무리 잘났다 한들 자연의 위대함을 넘을 수는 없는 모양이다.

그곳에는 눈 아래 내려다보이는 요세미티 계곡을 축소해 놓은 동판 부조도 있었다. 눈앞에 바로 보이는 하프 돔과 엘 캐피탄 바위산도 부조 속에 있었다. 실물로 눈앞에 보이는 계곡과 산을 부조와 대조해 보는 뷰포인트였다.

우리는 하프 돔을 포위하듯 빙 돌며 바라만 보다가 드디어 정상에 선 것이다. 반대편으로 우리가 거쳐 가야 할 시에라네바다 산맥 연봉이 겹겹이 늘어서 있었다. 우리는 한동안 그 자리에 앉아 혼이라도 빠진 듯 믿기지 않는 풍경을 즐겼다.

하프 돔 정상의 요세미티 쪽은 깎아지른 절벽이었는데 한 곳에 모자챙처럼 툭 튀어 나온 부분이 있었다. 그런데 갑자기 그쪽에서 헬멧이 하나 불쑥 올라오더니 뒤이어 한사람이 더 올라왔다. 90도에 가까운 절벽을 올

하프 돔 정상에 서면 빙하의 이동으로 형성된 굽이치는 계곡을 한눈에 담을 수 있다.

라 온 클라이머들이었다. 그제야 하프 돔은 전 세계적으로 유명한 클라이밍 도전지라는 말이 실감났고, 그 아득한 곳을 말 그대로 기어오른 그들이 위대해 보였다. 클라이머들이 올라 온 오버행 부분을 다이빙보드라고 부른다는데, 재미있는 이름이다. 실제로 단속의 눈을 피해 거기서 패러글라이딩으로 뛰어 내리는 사람도 가끔 있다고 하니 말이다.

"그만 내려가자. 이곳에는 곰도 곰이지만 다람쥐도 무시 못해. 음식 냄새만 나면 툭 튀어 나온 앞니로 뭐든 물어뜯어 놓으니까. 배낭이 걱정이다."

이겸의 사진기가 쉴 새 없이 찰칵거리고 있는 상황, 아예 화강암반에 누워 주변 경치 감상에 도끼자루 썩는지 모르는 나, 다른 세계로 정신을 보냈는지 말없이 풍광에 빠져든 김미란에게 하워드는 은근히 겁을 준다. 그 말이 사실인지 따지기 전에 그냥 믿어야 한다. 하워드는 경험자이니까. 정상에는 산정노숙을 하려는 사람이 많았다. 하지만 우리는 이제 시작이니 갈 길이 멀다. 결국 서둘러 하산하기 시작했다. 돌아 내려오면서도 정상의 노숙자들이 참 부러웠다. 하늘이 성큼 가까운 이곳에서 보름달 등불을 밝혀 놓고 하룻밤을 보낸다는 것은 얼마나 즐거운 일인가.

다시 돌아 온 갈림길에 놓인 배낭은 다행히 무사했다. 그러나 우리는 이곳에서 중대한 결정을 내려야 했다. 오전 내내 걸어오면서 느꼈던 문제, 즉 배낭 무게를 줄여야 했다. 하루 산행으로 이렇게 힘들다면 획기적으로 배낭 무게를 줄여야 한다. 우리 딴에는 최대한 무게를 줄인 것이지만 더 줄여야 하는 상황. 우리의 적은 바로 등짐이라는 데 모두 동의했다. 이제 시작인데 벌써 이렇게 부담스럽다면 우리가 갈 길은 끔찍한 공포의 길이 될 것이 분명했다.

하워드의 산악회 사람들이 하산할 지금이 짐을 내려 보낼 적기였다. 제일 먼저 꺼내 놓은 것이 김미란이 홀로 잔 텐트였다. 어쩔 수 없이 김미란의 호사는 하룻밤으로 끝, 오늘 저녁부터는 남녀불문 합숙이다. 이겸의 중형 예비 카메라와 기타 부속품들, 여분의 옷가지와 쌀까지. 쌀의 무게 역시 장난이 아니었다. 최소한의 쌀만 남기고 퇴출시키고 나니 밥의 좋은 친구인 온갖 반찬 역시 함께 떠나야 했다. 아침에 그토록 맛있게 먹었던 밑반찬은 그 먼 태평양을 건너와 맛만 보여주고 사라졌다. 여분으로 챙긴 치약에 우아하게 즐기려는 책 몇 권까지 소소한 것들 모두 골라내었다. 이겸은 직업병이 도져 카메라 퇴출에 서운한듯했으나 내가 느낀 상실감에 비할 게 못되었다. 내가 놓친 것은 바로 하워드의 눈치를 보며 여기까지 힘들게 지고 온 소주. 그림 같은 야영지에서 모닥불 피워 놓고 한 잔 하겠다는 꿈은 그렇게 여지없이 무너졌다. 차라리 지금 몽땅 마셔 버릴까? 순간 그런 생각이 스쳤으나 아직도 갈 길이 먼 상황에서 그럴 수는 없는 노릇. 아쉽지만 이별을 고해야 한다.

다 정리하고 보니 내려 보낼 짐이 제법 많았다. 바다 건너 온 음식 종류는 하산팀들이 먹어야한다. 그 대신 우리는 7들로부터 5리디짜리 빈 플라스틱 생수통 하나를 받았다. 이것 한 통만 정수한 물로 채워두면 식사는 물론 설거지까지 할 수 있었다. 빈 통은 찌그러뜨려 배낭에 넣으면 그만이었다. 다만 계곡에서 물을 채워 오려면 그 무게가 만만치 않아 힘이 들었는데 슬프게도 그 담당은 내 차지가 되었다.

종주를 하는 여행자들에게는 식량이 무척 큰 짐이다. 전문가 하워드의 기획대로 식단을 만들었는데, 우리 4명이 먹어 치울 식량은 무려 200끼 이상이었다. 우리는 라면 위주로 식단을 짰다. 곰통에 넣지 않으면 백발백중 곰에게 식량을 털린다고 하는데 굶고 산행을 하는 재주가 없는 담에야 개인당 하나씩 곰통 지참은 필수다. 그 부피와 무게가 결코 만만치 않다. 식량을 곰통에 다 넣을 수도 없어 우리는 요세미티로 오면서 두 군데 포인트에 식량을 분산시켜 놓기로 했다. 그리고 하워드는 이미 한 달 전 트레일의 중간 지점인 뮤어 랜치에 두 버킷의 식량을 우편으로 보내 놓았다. 걷는 건 중노동에 가까웠고 식량은 충분하지 않았지만 굶지 않으려면 식량을 아껴야 했다.

하산 길을 서두르는 산악회 사람들과 헤어지고 나니 이젠 우리만 남았다. 우리는 호젓한 소나무 숲길을 걷기 시작했다. 붉은빛을 띠는 춘향목처럼 늘씬하게 자란 송진 향이 퍽 좋다. 하프 돔의 많은 사람들은 어디로 갔는지 존 뮤어 트레일에는 이제 한 사람도 볼 수 없다. 숲을 벗어나니 오름길이 시작되었다. 이곳도 암벽이 지천이다. 하프 돔이 낮은 봉우리처럼 보이는 높은 능선에 올랐다. 하프 돔으로 이어지는 능선 너머 티오가 길 쪽 산군이 다시 보였다. 거북이 등처럼 기하학적 문양이 새겨진 능선의 바위 그늘에서 배낭을 벗었다.

"바로 저 능선에 있는 오룸스테이트 포인트 너머 서북쪽으로 있는 게 헤츠헤치 계곡이야. 그 유명한 댐도 있고. 계곡에 가봤는데, 개인적으로는 그 댐만 없다면 요세미티 계곡보다 더 아름다울 거라고 생각해."

"어? 그래? 그 말 많았던 댐이 건설된 곳이 저기란 말이지?"

하워드의 말에 나는 일어서서 그쪽을 바라보았으나 아쉽게도 댐은 보이지 않았다. 헤츠헤치 계곡의 댐은 20세기 초 큰 논란거리였다. 마치 한국의 동강 댐처럼. 다른 점은 동강 댐은 취소되었고 이곳에서는 댐이 만들어졌다는 것이다.

"지금 헤츠헤치 댐을 철거하여 옛 원형을 찾자는 움직임이 아주 활발해. 내 생각엔 조만간 댐은 해체될 거야. 거의 확실해. 그때 또 와라. 함께 계곡을 답사하면 좋을 거야."

하워드의 말을 들으며 우리가 걷고 있는 트레일의 주인공 존 뮤어에 대한 생각이 다시 떠올랐다. 그는 당시 헤츠헤치 댐 건설에 반대하는 사람들을 모아 필사적으로 저항했다. 그런 반대에도 불구하고 천문학적 돈이 투자된 댐이 결국 건설되었는데 이제 와서 해체한다니. 존 뮤어의 심미안과 통찰력이 뒤늦게 증명되는 것인가?

***

존 뮤어는 이 시에라네바다 산맥의 경이로운 자연을 지켜낸 사람이다. 그는 자연보호주의자이자 60만 명이 가입한 세계 최대의 환경 단체 시에라클럽을 만들고 초대 회장을 지낸 사람이다. 그는 일찍이 우리가 걷는 이 산의 아름다움을 알고 '빛나는 산맥 The Range of Light'이라는 이름을 붙였다. 우리가 가고 있는 존 뮤어 트레일이 관통하는 시에라네바다 산맥에 이런 문학적 이름을 붙인 존 뮤어는 그런 감성으로 주옥같은 책을 많이 펴냈다. 빛의 산맥이라는 그 짧은 말보다 이곳을 정확히 소개하는 말은 없다. 그는 평생 헤츠헤치 댐이 가져올 환경파괴와 불이익을 주장했다.

한국 최고의 비경이라는 동강과 요세미티 계곡의 헤츠헤치 계곡은 닮았다. 여기서 닮았다는 말은 규모가 아니다. 크기와 넓이로 따진다면 청계천과 한강을 비교하는 셈일 테니까. 그렇다면 두 곳의 어떤 점이 닮았을까?

동강과 헤츠헤치 계곡은 둘 다 댐 논란에 온통 나라가 시끄러웠다는 점에서 닮았다. 동강 댐 건설의 계기가 된 것은 지난 1990년 대홍수였다. 지금도 영월 역전에 가보면 그 당시 범람하여 물에 잠긴 위치가 표시석으로 세워져있다. 표면적으로는 바로 그 물난리가 동강 댐 건설의 빌미가 되었고 팽창하는 수도권 맑은 물 공급은 부수적 떡 고물쯤 된다고 했다. 댐 건설을 주장할 당시 대통령은 노태우였다. 노태우 정부가 1991년, 거대한 동강 댐 건설을 지시하자 영월 지역의 여론은 두 패로 나뉘었다. 물을 채울 댐, 즉 큰 물밥그릇을 만들어 홍수를 예방하자는 쪽과 어리석은 물그릇 만들면 더 큰 재앙을 초래한다는 반대파였다. 영월 주민만 갈라선 게 아니었다. 수자원공사와 건교부가 지칭하는 공식 댐 건설 세력과 환경운동연합을 중심으로 한 반대 세력 양측의 논쟁은 한국을 흔들었다. 격렬한 논쟁은 정권이 바뀌어 김대중 대통령 집권기까지 이어졌고 찬반 논란으로 한층 더 시끄러워졌다. 이때 젊잖게 한 마디 거들고 나온 외국인이 있었다. 바로 시에라클럽의 국제담당 부회장인 미셜 페로. 1999년 김대중 대통령에게 편지를 보내온 것이다.

"빠른 시일 내 계획의 철회를 촉구한다. 이렇게 함으로 한국 정부와 김대중 대통령은 전 세계의 존경과 감사를 받을 것."

이런 말로 귀결되는 편지가 미셜 페로 개인의 것이라면 한국에서 반향이 있을 리 없다. 그러나 후광처럼 빛나는 그의 직함이 문제였다. 지구에는 수많은 환경단체가 있고 각기 제 목소리를 내고 있지만 미셜 페로가 재직하는 시에라클럽 만한 세계적 환경단체는 없다. 영월 댐 건설 중지로 존경을 받을 것이라는 말이 설득력을 갖는 건 그들의 경험에서 나온 말이기 때문이다. 공연히 쓸데없는 짓 말고, 돈 낭비 말고, 환경 파괴 말고, 손해 보는 짓 그만두라는 말이다. 그게 의심스러우면 자신들의 사례를 연구해 보라는 말이고 거기서 교훈을 얻으라는 훈수였다. 바로 기껏 만든 것을 다시 해체하자고 목청 돋우는 헤츠헤치 댐을 연구하라는 말이었다.

미셜 페로의 충고를 받아들인 것인지는 몰라도 1991년 발표한 댐 건설계획은 1997년 중장비가 동원된 상황에서 극적으로 멈추었다. 김대중 대통령이 직접 동강 댐 건설 백지화를 발표한 것이다. 이듬해 강원도는 이 지역을 자연 휴식지로 지정했고, 다시 이듬해엔 환경부가 이 유역을 자연생태계보전지역으로 확정지었다. 아예 '접근금지'라며 대못을 박아 개발 불능으로 법제화시킨 것이다. 물론 이런 대못은 현실적으로 언제든 뺄 수 있다는 것을 여러 사례를 통해 잘 알고 있다. 상황이 뒤집히면 그 동안의 성과는 도로 아미타불이 된다. 실제로 요즈음 우리나라에서는 동강 댐 건설 이야기가 다시 솔솔 나오고 있다. 이미 설계까지 끝났으니 파기만 하면 된다는 것이다. 사철 물 철철 넘치겠다, 양쪽 계곡이 협곡을 이루고 있겠다, 이런 천혜의 댐 건설 지역이 있을까.

미국도 그런 지형적 이점에 눈독들인 개발업자로부터 헤츠헤치 댐 건설이 기획되었다. 우리가 걷고 있는 요세미티 계곡 서북부에 자리한 헤츠헤치 계곡은 투올룸 강 Tuolumne River이 만드는 계곡이다. 아니, 존 뮤어의 이론에 따르면 요세미티처럼 빙하가 만든 계곡이다. 어찌 되었던 우리가 넘어야 할 도나휴 패스에서 발원한 투올룸 강의 맑은 물이 항상 흐르는 계곡이다. 함께 트레일을 걷는 길잡이 하워드의 말처럼 깎아지른 화강암 절벽과 산과 숲으로 둘러싸인 협곡은 요세미티보다 더 아름다웠다는 곳이다.

물 부족에 시달리는 샌프란시스코 시 당국도 댐 건설에 적극 찬성했다. 시에라네바다 산맥에서 황금이 발견된 후 기하급수적으로 인구가 불어나는 바람에 식수가 턱없이 부족한 상황이었기 때문이다. 이에 맞서 요세미

깊은 바위를 뚫지 못하는 나무의 여정은 짧다.

티를 보전하려는 자연보호주의자, 생태주의자, 학자, 문인, 언론인, 시민들이 연대하여 반대하고 나섰다. 바야흐로 세계 환경운동사에 기록된 대논쟁이 시작된 것이다. 개발론자들의 대척점에 앞장선 사람이 바로 존 뮤어였다. 이후 존 뮤어는 댐 건설 반대론자를 결속시켜 시에라클럽을 탄생시킨다.

국론이 팽팽하게 갈린 가운데 1913년 미합중국 상원은 댐 건설 지지파의 손을 들어줬다. 그리고 결국 댐 착공에 돌입한다. 물론 상원의 결정에도 시에라클럽 등 환경단체는 끊임없이 저항한다. 그러나 댐은 처음에 산출한 경비의 갑절이 넘는 돈을 소요하며 1934년 완공되었다. 50년 논쟁의 종지부를 찍은 것이다. 50년이면 인간이 100년을 산다고 해도 반평생이다. 그 긴 시간을 싸우다 패장이 된 친애하는 존 뮤어는 댐 건설에 대해 신랄한 비판을 퍼부었다.

"이 신성한 신전의 파괴자들, 황폐한 자본주의의 광신자들, 그대들은 그대들의 안목을 산신山神의 경지로 끌어올리는 대신 전지전능한 달러의 수준으로 끌어내렸다. 헤츠헤치 댐! 이 댐은 인간들의 이성을 수장시키는 물탱크일 뿐만 아니라, 어떠한 성스러운 사원도 지금까지 이룬 적이 없는 장벽을 인간의 마음속에 쌓게 될 것이다. 그리고 언젠간 반드시 후회할 날을 맞을 것이다."

그의 말이 맞았다. 지금 시에라클럽과 연대한 시민단체들은 헤츠헤치 계곡을 원래 모습으로 돌리려고 열을 내고 있다. 그리고 그 노력이 점차 결실을 맺어가고 있다. 의회도 부산하게 움직이고 있다. 2007년 의회를 통과한 700만 달러의 예산은 복원의 타당성에 대한 세부조사에 사용되었다. 환경뿐 아니라 경제적인 측면에서도 댐을 철거하는 게 옳다는 주장도

나왔다. 요세미티와 쌍둥이라고도 부르는 헤츠헤치 계곡을 복원하면 현재 연 400만 명에 이르는 관광객이 2배로 늘어난다는 것이다. 또한 샌프란시스코로 공급되는 물은 현존하는 댐 아래에서 터널을 만들어 요세미티 공원 밖의 말라버린 저수지로 우회시킴으로써 해결할 수 있다. 댐을 복원한 뒤 50년이 지나면 지금의 요세미티 계곡보다 더 자연적이고 아름다운 곳으로 복원될 것이라는 자세한 연구결과도 나와 있다.

이미 존 뮤어는 헤츠헤치 계곡을 보전해야 한다는 당위성을 직관적으로 알았던 것이다. 가공되지 않은 자연이 인간에게 주는 무형의 가치에 주목했던 존 뮤어. 물질만능적 가치관으로는 결코 세상이 존재할 수 없다는 것을 통찰한 그는 야생의 자연이 갖고 있는 심미적인 효용성뿐만 아니라 인간을 포함한 모든 생물 사이의 내재적 관계를 알고 있었다.

헤츠헤치 댐 하나를 짓는 데 무려 50년이 걸렸다. 열린 공간에서 건설의 타당성에 대한 토론과 검증을 거친 게 반세기나 된다는 점에 주목해야 한다. 그 긴 세월을 거쳐 논의했음에도 결국 그것은 옳은 선택이 아니었다는 뒤늦은 후회가 따르고 있다.

시에라 클럽의 국제담당 부회장인 미셸 페로는 그럼 점을 지적한 것이다. 일시적인 선동이나 분위기를 바탕으로 다수의 요구라는 미명하에 졸속으로 자연을 개조해서는 안 된다는 말이다. 5년도 아니고 50년 동안 토론하자고 하면 미친놈 소리 듣기 딱 알맞지만 그럼에도 우리는 헤츠헤치에서 배워야 한다. 우리와 비슷한 상황을 미리 겪었던 이들의 사례를 살펴보고, 앞서 간 사람들의 실패 경험에서 교훈을 얻는 것이 일단 저질러 놓고 나서 후회하며 더 많은 시간과 돈을 낭비하는 것보다 훨씬 경제적이지 않은가?

"하워드, 정말 댐 철거를 하긴 한다는 거야?"

미심쩍어 다시 그에게 물어 보았다. 간식으로 땅콩을 우물거리던 하워드가 씩 웃는다.

"당연하지! 철거해서 복원시켜 놓으면 헤츠헤치 계곡은 로또 당첨된 거나 마찬가지니까. 예전 금맥과 비교할 게 못돼! 금은 다 파면 끝이지만 이건 영원히 팔아먹을 상품인데, 미국 사람들이 가만히 있겠어? 당연히 부셔야지. 나부터 망치 들고 나서겠다."

환경과 생태계를 위하여 댐 철거는 나름대로 타당성이 있다고 생각했으나 하워드와는 접근과 결론 방법이 달랐다. 좌우간 이 녀석 뇌 구조는 모든 게 돈으로만 연결되어 있나.

***

숲은 언제나 이야기로 가득 차 있다. 살랑거리는 나뭇잎들과 이름 모를 꽃들의 갖가지 색깔도 자세히 살피면 세상을 향하여 이야기를 걸고 있는 것이 분명하다. 꽃이 속삭이는 소리를 들었는지 이겸과 김미란은 촬영에 열을 올린다. 그들은 전문가용 대형 카메라를 가지고 있다. 덩달아 하워드도 그들의 뒤를 좇아 열심이었는데, 내게는 그 모습이 우스꽝스럽게 보였다. 덩치 큰 하워드의 솥뚜껑만한 손에 어울리지 않게 작은 디지털카메라가 들려있는 까닭이다.

"하워드, 호박에 줄 긋는다고 수박되니? 그런 똑딱이로는 백날 찍어봐야 쓸데없는 사진 밖에 못 건져. 괜히 열 내지 마라. 배만 고파진다."

"웃기지 마. 이래봬도 천만 화소야. 메모리도 대용량이고."

"연필 많다고 공부 잘하는 건 아니지. 그런데 왜 이겸 뒤만 졸졸 따라다니니?"

"전문가가 찍는 곳에서 촬영하면 내 사진도 작품 되잖아. 좋은 사진 작품이 얼마나 비싸냐? 이곳을 찍은 안셀 애덤스 사진처럼. 이번 기회에 사진 찍는 법을 배워야겠다. 공짜니까. 찍어보고 재미있으면 까짓 하산해서 좋은 카메라 하나 사지 뭐."

그러고 보니 정말 하워드는 이겸이 피사체에 카메라를 들이밀면 꼭 그 뒤에서 같이 찍고 있다. 소위 전문가 안목을 똑같이 따라하는 폼이다. 그 모습이 하도 진지해 내가 소리 내어 웃고 있는데 이겸이 하워드를 보고 말했다.

"형, 안셀 애덤스 사진 한 점이 5억 6천만 원에 팔렸어요. 엄청나죠? 흑백 풍경사진이었는데 말이죠. 과연 대가에요."

흥미로운 이야기였다. 우리는 요세미티 빌리지에 있는 그의 기념관에도 간 적이 있다.

"안셀 애덤스는 훌륭한 사진은 미술보다 더 아름다울 수 있다는 것을 보여줬고, 사진을 예술분야로 이끄는 데 큰 공을 세웠던 사람이에요."

"그러니까 사진을 배우겠다는 거지. 안셀 애덤스도 뭐 태어날 때부터 사진가는 아니었잖아. 많이 찍어 놓으면 그중 하나쯤은 작품이 나오겠지. 안 그래?"

이겸의 말에 대꾸를 하면서도 하워드는 눈을 반짝이며 무엇인가 한 컷을 더 찍었다. 하워드는 마음만 먹으면 이겸이 소지한 값비싼 카메라쯤 열 개라도 살 재력이 있었다. 소위 백만장자 아닌가. 그 정도 부를 챙겼으면 놀기 좋은 미국에서 다른 취미를 가질 만도한데 기특하게도 하워드는

흙이 되어가는 나무의 냄새가 참으로 평온하다.

그 흔한 골프 한번 안치고 그저 산만 다닌다. 하긴 산을 다니는 것이 몸에도 좋고 경제적이기도 하니, 일석이조긴 하다.

다시 출발하여 걷는 트레일은 푸른 초원길로 이어졌다. 산길에서 우리는 자연스레 한 줄로 늘어서 걸음을 옮겼다. 그러다 보면 여럿이 길을 가는데도 혼자가 된다. 말을 하면 힘이 더 드니 길을 걸을 때는 침묵이 어울린다. 누구도 묵언을 강요하지는 않지만 그게 자연스럽다. 미친놈처럼 혼자 중얼거리며 걷는다면 모를까, 그렇지 않다면 어제도 또 내일도 우리가 걷는 산길은 묵상의 길이 될 것이다.

침묵은 묘하다. 말을 할 때는 느끼지 못했던 것들을 느끼게 된다. 소리 낼 때는 듣지 못했던 것을 듣게 된다. 조용히 길을 걸으면서 자신의 내면을 만나게 된다. 내 안의 자아와 소리 없는 깊은 대화를 나누게 된다. 이렇게 자연은 여유로운데 왜 그렇게 내 삶은 바쁘기만 했을까? 바쁘지 않으면 큰일이라도 난 듯 깨어있는 시간을 몰아붙이기만 했을까? 그렇게 바쁘게 살아 얻은 것이 과연 무엇인가? 그것이 내 삶에 그렇게 중요한 것인가? 얼마나 더 많은 것들을 잃고 난 후에 느림과 여유의 소중함을 알 수 있을까? 일부러 의식한 것도 아닌데, 숲길은 그런 새로운 물음을 스스로에게 던져준다. 우리에게 정말 필요한 것이 무엇인가를 깨닫게 해준다는 점에서 분명 산길 걷기는 영혼의 자양분을 얻는 여행이라 할 수 있다.

우리는 해거름까지 계속 걸었다. 숲은 조용했다. 자작나무 숲을 걷다가 발견한 작은 계곡에서 야영하기로 했다. 낙엽이 푹신한 곳에 텐트를 치니 좋은 저택이 부럽지 않다. 내 몫이 된 5리터 통에 물을 정수해왔다. 모닥불을 피우고 그 곁에 곰통을 의자 대신 깔고 둘러 앉아 저녁을 먹었다. 나뭇가지 사이로 별이 총총했다. 서부 영화에서 흔히 볼 수 있는 모닥불만 활활 타고 있는 그런 고즈넉한 밤이다. 식량이 든 곰통은 잠자리에서 100피트, 즉 30여 미터 이상 떨어진 곳에 놓으라는 경고대로 멀찍이 옮겨 놓고 잠자리에 들었다. 그때 텐트 밖에서 부스럭거리는 소리가 들렸다.

"하워드, 또 곰이 왔나 봐."

머리가 땅에 닿자마자 코를 골기 시작한 하워드를 흔들어 깨웠다.

"괜찮아. 그냥 자. 여기 곰은 사람을 잘 해치지 않아."

하워드는 간단히 대꾸하곤 번데기마냥 침낭 속에 웅크린 풍풍한 몸을 반대편으로 뒤집었다. 침착한 건지 너무 졸려서 정신 줄을 놓은 건지 걱정이 된다. 그때 또 밖에서 들리는 부스럭 부스럭 소리.

"야, 진짜 곰이 왔나 봐."

피곤해 하는 사람을 깨우려니 좀 미안했지만 다시 한 번 하워드를 흔들었다. 동시에 재빨리 곰 스프레이를 꺼내야겠다고 생각했다.

"괜찮다니까 그러네. 우리는 식량을 다 곰통에 넣었잖아. 그러니 걱정 말고 잠이나 자."

그때 김미란이 불안했는지 램프를 켰다. 텐트 안이 환해졌다. 내가 깨울 땐 짜증을 부리던 하워드가 슬며시 일어나 앉았다.

"어떤 이유에서든 곰이 사람을 해치면 그 곰은 죽게 되어 있어. 곰이 음식 냄새에 끌려 왔다가 사람을 해치면 레인저들은 그 곰은 찾아내어 죽이는 거지."

"그게 무슨 말이야? 여기에 살고 있는 곰이 모두 주민등록증이라도 있다는 거야?"

도저히 하워드의 말을 액면 그대로 믿을 수 없어 되물었다.

"그럼. 만약에 곰이 사람을 해쳤다 치자. 그런 경우 우리가 20불씩 낸 입산료에 보험료도 포함되어 있어서 보상을 받게 되는 거야. 작년에 이곳에서 야영하던 소년이 텐트 안에서 햄버거를 먹다 그냥 잠들었어. 음식 냄새를 맡은 곰이 나타났는데, 텐트를 찢고 소년을 물었어. 음식은 공통에 보관하라는 규칙을 안 지킨 거지. 그 곰은 사살되었고 다친 소년은 피해 보상으로 5만 불을 받았어. 물론 치료비와 2차 성형 수술비도 보험에서 해줬고. 그러니까 우리가 곰을 불러들이지 않는 것이 곰을 구하는 길인 거야. 알겠지? 이젠 잠 좀 자자."

하워드의 말을 어디까지 믿어야 할지 모르겠다. 또 이미 해코지를 당했는데 곰이 거기에 대한 처벌을 받는다는 게 우리에게 무슨 의미가 있을까.

"야, 죽어버린 후에 보상을 받은들 그게 무슨 소용이 있냐? 그리고 무슨 지문 채취라도 해서 범인을 잡는다는 거야?"

"곰은 각각 자신의 영역이 있어. 사고 친 곳의 곰이 100퍼센트 범인이야. 곰한테 범인이라고 하니까 좀 웃기지만, 어쨌든. 한번 사람을 해친 곰은 학습효과 때문에 재범할 가능성이 있어서 사냥꾼들을 풀어 제거하는 거지. 그리고 돈 받고 죽는 게 안 받고 죽는 것보다는 덜 억울하잖아. 이제 됐냐? 자자."

하워드는 째지게 하품을 했다. 돈 받고 죽는 게 덜 억울하다는 말이 하워드답기는 한데 뭔가 이상하다. 어느새 하워드는 또 코를 골고 있었다. 부스럭거리는 소리가 날 때마다 곰인가 싶어 불안한 마음을 감출 수 없었지만 하워드가 코를 골고 있으니 방법이 없다. 우리도 애써 밖의 소음을 무시하기로 했다. 지난 번 캠핑장에서 곰을 만났던 날처럼 길고 긴 밤이 되겠구나 생각했는데, 하루 종일 중노동을 한 탓인지 눕자마자 금방 잠이 들어 버렸다.

02
머스드 갈림길에서 캐시드럴 레이크까지

아침에 나는 소리를 냈던 주인공을 만났다. 갑자기 만난 것이다. 정수기를 들고 계곡으로 내려가던 길이었는데, 눈 앞 몇 미터 앞에 커다란 사슴이 나를 빤히 쳐다보고 있었다. 순한 눈망울이었지만 겁이 덜컥 난다. 뿔이 없는 걸 보니 암사슴이다. 나와 눈싸움을 하던 사슴이 슬그머니 숲으로 들어간다. 우리의 곰통이 그대로 있는 걸보면 간밤 부스럭 거리는 소음은 저 사슴이었던 게 분명하다.

간밤에는 좀 쌀쌀했으나 캘리포니아의 사막성 기후답게 습기가 낮은 상쾌한 아침이었다. 길도 평탄하니 힘이 들지 않았고 주변 경관에 취해 콧노래라도 나올 듯 즐거웠다. 나머지 구간도 쭉 이랬으면 좋겠다는 생각이 절로 든다. 자연스레 발걸음은 가볍고 등에 진 배낭도 거뜬하다. 작은 고개를 넘고 숲을 빠져나가니 드넓은 초원이 펼쳐졌다. 선라이즈 메도 Sunrise Meadow, 선라이즈 초원이다. 작은 호수도 군데군데 자리한 초원은 끝없이 펼쳐진 초록색 양탄자 같다. 언덕에서 바라 본 선라이즈 메도는 모심기가 끝난 우리나라의 한적한 평야를 생각나게 했다. 파란 하늘과 푸른

안녕? 네가 곰이 아니라서 더 반갑구나.

초원. 그것을 옹위하듯 좌우로 숲이 우거져 있고 뒤로는 아직 하얀 잔설이 남은 날카로운 침봉들이 서 있었다.

이겸이 트래킹 폴에 의지한 채 풍경을 바라보다 그에 한마디 했다.

"환장할 경치군요. 여러 나라를 돌아 다녔지만 이렇게 입맛에 맞춘 그림은 못 봤습니다."

"이건 예고편이야. 가다 보면 내 말이 무슨 말인 줄 알게 될 거야."

곁에 서 있던 하워드가 뿌듯한 표정을 지으며 말했다.

"고마워요, 형. 형이 좋아하는 돈을 왕창 주는 것보다 이 선물을 눈으로 보게 해 준 게 정말로 고마워요."

이겸도 반짝이는 농담을 곧잘 했다. 돈 이야기는 농담이겠으나 하워드에게 고맙다고 하는 말에는 진심이 깃들어 있었다.

"정말 나도 하워드 씨에게 고맙다는 말을 하고 싶네요."

김미란도 하워드에게 감사의 말을 전한다. 칭찬은 고래도 춤추게 한다더니 하워드가 그 짝이다. 나는 멋쩍게 웃고 있는 하워드의 모습이 웃겨 딴죽을 걸었다.

"여행은 누구나 할 수 있어. 오히려 그 여행을 누구와 하느냐에 따라 격이 달라지지. 그러니까 우리처럼 좋은 사람들과 여행을 하는 하워드가 고마워해야 하는 거 아냐?"

말 같지 않은 소리에 폭소가 터졌다. 웃음은 힘을 솟게 한다. 한 번의 웃음으로 우리는 다시 씩씩히 걸음을 옮길 힘을 얻었다.

한참 선라이즈 메도를 가로지르고 나자 그 끝에 엄지손가락처럼 생긴 봉우리가 나타났다. 정말 뽀족하게 엄지손가락을 세워 놓은 모습을 꼭 닮았다. 지도를 보니 역시나 산 이름이 콜롬비아 핑거 봉^{Mt. Columbia Finger}이다. 우리가 가는 트레일은 그 산의 옆구리를 돌아 이어진다. 우리가 소지한 지도는 총 13장의 얇은 종이를 코팅한 것으로 톰 해리슨^{Tom Harrison}에서 발행한 것이었다. 지도는 정확했다. 물론 우리가 GPS^{위성 항법장치}를 소지하고는 있으나 그 복잡한 것은 아침에 켜고 저녁에 끄는 것 외에는 별로 쓸 일이 없었다.

너른 초원 가운데 시내가 구불구불 이어지며 흐르고 있었는데, 물길이 거의 끝나가는 지점에서 말을 타고 건너오는 사람들을 만났다. 일행 중에

존 뮤어 트레일은 자연을 훼손하지 않는 범주에서 어느 누구에게나 누릴 수 있는 기회를 제공한다.

는 어린 소녀와 할아버지도 보인다. 밝은 미소와 함께 그들은 우리에게 손을 흔들어 인사를 건넸다. 여유롭게 자연을 즐기는 그들의 모습이 진정 행복해 보인다.

"1박 2일 동안 말 타고 이곳을 여행하면 1인당 600달러 정도 들어. 비싼 편이지. 멀쩡한 두 다리 놔두고 왜 돈 들여가며 저 짓을 할까? 도무지 이해할 수가 없어."

하워드는 혀를 끌끌 찼다. 돈이 아깝다는 말이겠다. 하워드 눈에는 말이 타는 게 아니라 혹 먹는 음식으로 보이는 건 아닌지 궁금했다.

원체 건장한 하워드를 제외하면 그 다음으로 내가 가장 체력이 튼튼한 듯싶다. 그렇다고 내가 걸음이 빨라 앞으로 나선 게 아니라 나머지 사람들이 늦었다. 사진을 찍느라 지체하는 이겸과 원래 걸음이 늦은 김미란, 그들을 보호하며 걷느라 함께 보조를 맞춘 하워드가 느린 것이다. 이겸의 사진에 쏟는 애착은 대단했다. 저래야 전문가 소리를 듣는가 싶을 정도. 그는 등에는 배낭을 메고 가슴 앞으로는 카메라 가방을 달고 있었는데 쉴 새 없이 렌즈를 바꾸며 촬영을 하고 있었다. 이런 저런 이유로 언제부터인가 내가 일행 중 제일 앞에서 걷기 시작한 것이다. 아침에 출발하기 전 미리 지도를 보고 그날 잠자리를 대충 결정했기에 먼저 간 김에 경치 좋고 근사한 야영지를 찾는 게 내 일이 되었다. 모닥불 장작을 마련하는 것과 물 당번 임무도 내 몫이었다.

드디어 초원이 끝나고 산길이 시작되었다. 일행들은 아직 보이지 않는다. 산길은 제법 가팔랐다. 설마 콜롬비아 핑거 봉 끝까지 오를 리는 없을 거라고 생각하며 계속 걸음을 재촉했다. 초원을 걸을 때와는 비교도 안 될 정도로 힘이 들었다. 결국 선라이즈 메도 전체가 보이는 곳까지 올랐는데, 손가락 봉 정상이 바로 눈앞에 서있었다. 고개 마루에서 열기를 식히며 지도를 보니 제법 높은 고도인데 고개로 표기되어 있지도 않다. 이곳도 분수령을 이루어야 고개로 치는 모양인데 앞으로 넘어야 할 9개의 고개는 대체 얼마나 높을까 은근히 걱정이 된다.

일행을 기다리느라 고개 마루의 그늘을 찾아 배낭에 달고 다니는 매트리스를 깔고 누웠다. 솔솔 불어오는 바람이 너무 시원해 양말도 벗고 아예 바지도 벗은 팬티 차림으로 낮잠이 들었다. 오가는 사람들이 없으니 가능한 일이다. 한국에서 이랬다면 미친놈 소리 들었겠지만 여기서는 참견하는 사람 하나 없으니, 뭐 어떠랴. 그렇게 잠을 자고 있는데, 주위에서 웃는 소리가 들려 단잠이 깨었다. 어느새 날 따라잡은 일행들이 나를 보며 웃고 있다. 깜빡 든 잠은 아주 맛있는 단잠이었다.

나무는 쓰러져 여행자의 길잡이가 되고, 숲의 거름이 되어간다.

힘들게 오른 덕분일까. 거기부터는 다시 비교적 평탄한 길이 이어졌다. 콜롬비아 핑거 봉 너머는 은근한 고원이라는 말이다. 한참을 가다가 잠시 쉬고 있는데 반가운 사람을 만났다. 아는 사람이라 반가운 것이 아니라 사람이니까 반가운 것이다. 그는 너절해진 옷차림을 한 백인이었다. 우리는 그런 옷차림이 부러웠다. 옷이 망가질수록 목적지가 가까운 법이니까. 그는 우리가 도달하려는 휘트니 봉에서 시작해 20일째 걸어오는 중이라고 했다. 그리고 조금 더 가면 펠리세이드 고개가 나타나는데 그 너머 호숫가에 기막힌 야영지가 있다고 알려주었다.

이 트레일에서는 하루에 채 열 명도 만나기 어렵다. 이것은 엄격한 입장 제한 때문이다. 시에라산맥의 눈이 녹기 시작하는 6월 하순에서 7월 중에 트레일이 개방된다. 그리고 눈이 오면 트레일은 닫힌다. 그러므로 여름 시즌이 되면 세계 각국에서 허가 신청이 폭주한다.

존 뮤어 트레일은 캘리포니아의 등뼈처럼 남북으로 길게 뻗어 있다. 북쪽 기점인 요세미티에서는 2월 15일 인터넷으로 예약을 시작하는데, 바로 당일에 제한 인원이 꽉 찬다는 것이다. 남쪽 기점인 휘트니 포털에서는 더욱 어렵다. 미국 본토 최고봉인 휘트니를 보호하려는 공원의 노력 때문에 입산 허가는 요세미티 쪽보다 더 까다롭고 인원도 제한적이다. 심지어 당일 입산도 허가를 받아야 한다.

우리는 북쪽에서 남쪽으로 가는 중이었다. 나중에 그것이 큰 도움이 되었다는 걸 알 수 있었다. 왜냐하면 남쪽으로 갈수록 더 높은 고개와 산이 나타나기 때문이다. 갑자기 고도를 올리면 고소증이 올 수 있다. 그러나 우리처럼 천천히 고도를 올리면 그런 염려는 없다.

다시 길은 산허리를 돌며 이어지고 있는데 계곡 건너편에 한문 산山

자 모양이 뚜렷한 산봉우리가 보인다. 아무리 보아도 상형문자 글씨인 산의 형태였다. 길에서 만났던 백인의 말이 맞았다. 고개를 넘고 나니 수채화처럼 아름다운 캐시드럴 레이크$^{Cathedral\ Lake}$, 캐시드럴 호수가 눈앞에 나타났다. 바라보기만 해도 아름다운 그곳이 오늘 우리가 묵을 자리였다. 이쯤 되면 별 몇 개로 품격을 분류하는 도시의 호텔 등급 따위는 가소롭기 그지없다. 호숫가에는 푸른 초원이 융단처럼 넓게 펼쳐져 있고 늘씬한 소나무 사이 멋진 바위도 많았다.

존 뮤어는 이 경이로운 산에 '빛의 산맥'이라는 이름을 붙였지만 나에게 그런 기회가 주어진다면 물의 산맥이라고 붙일 것 같다. 그만큼 이곳은 호수의 천국이다. 산길은 호수와 호수를 연결하고 있다. 그것뿐일까. 야생화 만발한 초원과 만년설이 남아 있는 4,000미터 이상의 산들이 모여 있는 곳이다. 어느 곳 하나라도 같은 곳이 있을 리 없었고 시간에 따라 호수 색감도 바뀌었다.

이곳에서는 어느 곳이건 텐트를 치는 장소가 우리의 합법적 숙소였다. 그리고 어느 곳에 천막을 세워도 꿈에 그리던 캠핑지였다. 10,000피트, 즉 3,000미터 이하에서는 모닥불도 합법이었다. 또한 땔감을 구하러 여기저기 헤맬 이유도 없었다. 천막 주변에 송진 향이 밴 죽은 나무들이 지천이었으니까. 다만 모기가 성가셨다. 우리는 얼굴에 뒤집어 쓸 수 있는 모기장을 준비했다. 텐트 역시 플라이를 벗기면 모기장이었다. 귀찮을 정도로 많은 모기는 그만큼 자연이 살아 있다는 증거도 되는 법. 스스로 위안하며 조금이나마 피를 덜 빨리기 위해 애썼다.

헌데 아까부터 꾸물거리던 하늘에서 빗방울이 떨어진다. 이럴 땐 배수로를 파야하는 축축한 땅보다 너럭바위에 텐트를 세우는 게 낫겠다 싶다.

순도 높은 공기로 인해 캐시드럴 레이크가 코앞에 있는 것처럼 느껴진다.

먼저 호숫가에 도착한 나는 뒤에 올 일행을 위하여 돌을 주어 평편한 바위 위로 올렸다. 바위엔 텐트 팩을 박을 수 없으니 돌로 지지대를 만들 심산이었다. 그리고 한편엔 모닥불 피울 화덕도 만들어 놓았다. 한참 만에 공사가 끝난 캠프 자리는 보기에 퍽 좋았다. 모닥불 피우며 고즈넉한 호수를 바라보며 먹는 저녁. 거기에 무게의 압박으로 인한 퇴출에서도 김미란의 고집으로 살아남은 커피로 후식까지 곁들이면 더없이 행복할 것 같았다. 나무도 잔뜩 주어다 놓았는데 도착한 하워드의 한마디에 내 상상은 물거품이 되고 말았다.

"야, 거긴 바람이 많이 불잖아. 저쪽 호숫가 큰 바위 그늘로 장소를 옮겨."

"그쪽은 비가 더 오면 땅이 질어질 것 같아서 이곳으로 정한 거야. 모닥불 피울 나무도 이렇게 준비해 놓았고."

나는 애절한 눈빛으로 하워드에게 말했다. 그러나 매정한 녀석은 대꾸도 없이 자신이 말한 곳으로 가 배낭을 풀고 주섬주섬 텐트를 꺼내고 있다. 이겸과 김미란도 야속하게 그쪽으로 간다. 순간 화가 났지만 참아야 한다고 스스로 다독거렸다. LA의 술집이나 식당에서 하워드와 마주 앉았다면 대뜸 욕부터 나왔을 텐데 이곳에서는 내가 참는 수밖에 없다. 그래, 참자. 참는 자에게 복이 있나니. 무안해진 나는 투덜거리며 그쪽으로 가서 천막 치는 걸 거들었다. 하워드도 은근히 고집이 있었다. 고집을 은근하다고 표현한 건 바락바락 대들며 자기 주장을 내세우는 고집은 아니지만, 결코 자신이 뱉은 말에서 물러나지 않는 걸 말하는 것이다.

캐시드럴 레이크는 크기가 아주 넓었는데, 거울처럼 잔잔한 수면은 날카로운 캐시드럴 피크와 에코 피크를 온전히 담고 있었다. 그 곁에 친 우리 텐트는 잘 그려진 그림 속 하나의 정물처럼 보였다.

하워드가 낚시를 들고 호숫가로 나섰다. 드디어 하워드가 배낭 곁에 달고 온 릴낚시가 그 진가를 발휘할 때가 온 것이다. 이 산속의 호수에는 송어가 무진장 많다고 했다. 송어 낚시를 위한 미끼로 우리는 노란색 야광 치즈도 준비했다. 잘하면 자연산 송어회는 물론 그 뼈로 끓인 매운탕 구경도 할 수 있다. 우리는 그런 기대로 응원도 할 겸 하워드 곁에 섰다. 그런데 시간이 가도 송어는 입질도 안한다. 여기 저기 던져 봐도 결과는 마찬가지. 간간이 내리는 비가 귀찮다는 듯이 하워드가 인상을 찌푸린다.

"이 호수에는 송어가 없나 봐."

"왜 없어? 저기도 있고 저쪽에도 헤엄치고 있는데."

하워드에게 한 방 먹일 기회를 잡은 나는 끈질기게 약을 올렸다.

"그건 조그맣잖아. 법에 의하면 15센티미터 이하는 잡을 수 없어."

"저 송어는 20센티미터도 넘겠는데. 아니, 30센티미터 가깝게 보인다. 그런데 낚시는 허가 없이 할 수 있는 거냐?"

내 말에 하워드가 픽 웃었다.

"야, 인마, 공짜가 어디 있어. 게다가 여기는 미국인데. 하루 낚시 허가는 5불이고 한 달은 35불이야."

"그럼 너도 허가를 받은 거야?"

"돈이 썩었냐? 귀찮게 그걸 왜 받아. 보는 사람도 없는데."

"무허가로 고기 잡다가 레인저에게 걸리면 퇴장이라는데, 너 혼자 퇴장이냐, 아님 우리 모두 아웃이냐?"

"에이, 이 호수는 유치원인가, 송어 씨알이 작아 안 되겠다."

내 물음에는 대답도 없이 하워드는 낚시를 걷어 텐트로 돌아갔다. 나는 그 등 뒤에 대고 소리를 질렀다.

"하워드, 여기 1미터가 넘는 송어들이 반상회 하는지 떼 지어 나왔다."

하워드를 놀린 대가로 그날 저녁 나는 바위 때문에 낮아진 텐트 구석으로 잠자리가 밀렸다. 밤중에 일어나다 이마를 부딪칠 정도로 낮은 자리였다. 그때쯤 나는 사태를 파악하고 하워드를 놀리거나 반항을 멈추어야 했다. 그런 생각을 못한 대가로 내 위치가 점점 고약해지고 있다는 걸 그때는 몰랐다.

간밤에는 후두둑거리며 텐트를 때리는 빗소리를 자장가 삼아 푹 잘 수 있었다. 텐트 속에서 듣는 빗소리는 언제나 포근한 느낌을 준다. 아침에 일어나 보니 다행히 날씨가 활짝 개었다. 오늘도 좋은 날씨 속에 산행을 계속할 수 있겠다.

비록 4명이 잠을 자지만 텐트는 그런대로 넓은 편이었고 누구나 할 것 없이 피곤했기 때문에 모두 숙면을 취했다. 그런데 그 생각은 나와 하워드만의 착각이었나 보다. 아침을 먹고 텐트를 걷을 때 이상한 것을 발견했다. 작은 코르크 마개처럼 생겼는데 아무래도 용도를 모르겠다.

"이게 뭐지? 하워드 네 것 아냐?"

"내 거 아닌데. 그런데 뭐가 이렇게 말랑말랑 해."

그때 이겸이 겸연쩍은 표정으로 그 코르크 마개를 받으며 말했다.

"이건 귀 마개예요. 형들 코골이 합창을 견디려면 이게 필요하다는 충고를 듣고 누나와 준비한 거예요."

코 고는 사람은 잠들면 막상 자신이 코를 고는지 모른다. 하워드의 그 우렁찬 소음에 견디다 못한 나는 그와 거꾸로 자고 있었는데 나 역시 코를 곤다는 것이었다. 그러니까 하워드와 나의 코 피리 합창에 나머지 두 명은 정신이 없을 수도 있었겠다. 그래도 그렇지, 어디 의리도 없이.

"이건 압수. 당신들 짐을 당나귀처럼 져주느라 오죽 힘들었으면 항문이 울 걸 코가 울었을까. 그런 생리적 현상에 불만 있으면 둘 다 더 고생해서 우리보다 먼저 잠들던가, 우리랑 같이 합창하라구."

내 말에 다들 빙글거리며 웃는다.

"자, 출발하자. 미란 씨는 GPS 확인하시고."

"잠깐, 아무래도 미란 씨가 며칠째 화장실을 못가는 모양이야. 내 마누라와 미국 횡단 여행을 한 적이 있었어. 차 가지고 말이야. 그때 내 마누라도 며칠간 큰 걸 못 보더라. 아무래도 여자라 민감해서 그런 모양이야."

내가 출발하자고 호기롭게 외쳤는데 하워드가 엉뚱한 말을 한다.

"네가 언제부터 김미란 변비까지 관리해 줬냐? 자식, 별걸 다 아네."

"한국 속담에 병자랑은 하는 거라면서? 당연히 우리가 걱정해 줘야지. 갈 길이 먼데 변비 걸리면 어떡해? 인풋이 있으면 아웃풋이 있어야 정상이지. 먹기만 하고 나오는 게 없다면 그건 큰일이야. 병원도 없는데."

김미란의 얼굴이 빨갛게 달아올랐다. 처음에는 농담인 줄 알았는데, 하워드의 말을 듣고 보니 정말 그렇다.

"미란 씨. 이곳은 세상에서 가장 훌륭한 오픈 화장실이잖아요. 그런데도 낯을 가리나 보네. 언제고 성공하면 즉시 엄지와 검지로 동그라미를 만들어 우리에게 알려주세요. 정말 걱정이 되어 그럽니다."

나는 말하면서도 터져 나오는 웃음을 참을 수 없었지만 안절부절못하는 그녀의 표정을 보니 웃을 수도 없었다.

"누나는 음식을 뱃속에서 완전 연소시키는 모양이에요. 나오는 게 없는 걸 보니."

이겸의 말에 결국 참고 있던 웃음이 터져 나왔다.

"미란 씨, 간식 들어 있는 잡주머니 이리 주세요."

"괜찮아요. 내 배낭이 제일 가벼운데요."

하워드는 굳이 괜찮다는 김미란의 배낭을 벗겨 뚜껑을 열었다. 그리고 잡주머니에 이어 옷 보따리까지 꺼내었는데 공연히 내가 불안해졌다. 걱정은 현실로 드러났다.

"이거 네가 넣어가라. 보다시피 내 배낭엔 더 들어 갈 공간이 없으니까."

아무렇지도 않게 하워드는 내게 그 뭉치를 건넸다. 어제 송어 낚시 때 놀려먹은 대가는 잠자리를 거쳐 짐으로 발전되었다. 이겸과 김미란이 지켜보는 가운데 그걸 거절할 자신도 없다. 그렇다고 가장 무거운 배낭을 진 하워드에게 넘길 상황도 아니다. 에라, 까짓 거 매야지. 그래도 내 체력이 더 좋지 않은가. 만약 김미란이 퍼진다면 이깟 보따리 안 받은 걸 평생 후회할 게 뻔하니까.

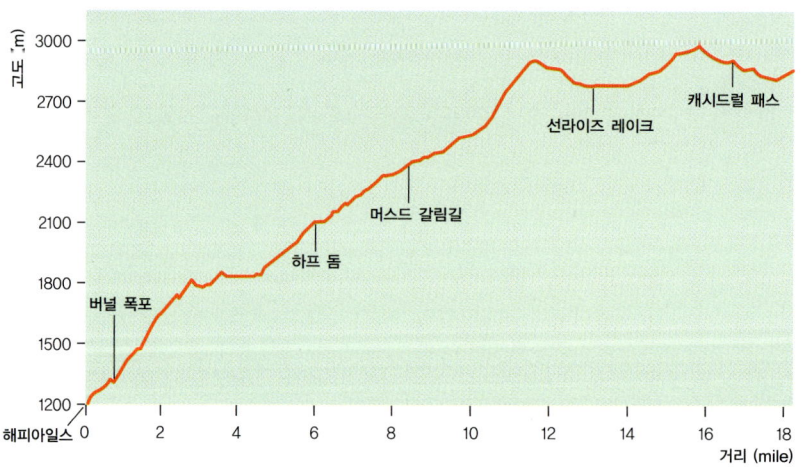

03

캐시드럴 레이크에서 투올룸 메도까지

캐시드럴 레이크에서 오늘의 목적지 투올룸 메도^{Tuolumne Meadow, 투올룸 초원}까지는 내리막길의 연속이었다. 오늘 걸을 거리는 10킬로미터 조금 넘는 길. 이 정도 거리가 어느새 전혀 부담되지 않는 걸 보면 밥 먹고 걷는 일상에 조금은 적응이 된 모양이다. 더 기분이 좋은 건 오늘 우리의 식량을 만날 수 있다는 점이다. 요세미티로 오면서 티오가 길을 횡단할 때 우리는 길 옆에 있는 투올룸 메도 레인저 사무실을 들렀다. 사무실에 볼일이 있는 게 아니고 그 주차장 곁에 있는 무인 철제 곰 상자에 우리 식량을 놓아두기 위해서다. 투올룸 메도에는 커다란 캠프사이드와 매점도 있다. 걷거나 야영할 때면 먹는 이야기가 우리의 주된 대화였다. 그중에서 빼놓을 수 없는 것이 시원한 맥주였다. 오늘은 그 소원을 푸는 날이다.

작은 언덕에 올라서니 발밑으로 푸른 투올룸 메도가 펼쳐져 있다. 내려가는 속도가 빨라졌다. 존 뮤어 트레일은 중간에 사람 사는 마을이나 횡단도로가 없어 탈출도 용이하지 않다. 이곳 투올룸 메도와 앞으로 만나야 할 레즈 메도가 유일하게 도로를 만날 수 있는 곳이다.

대지보다 깊은 하늘이 호수의 고요함에 잠긴다. 홀로 깨어 잠든 하늘을 즐기는 이의 호사를 무엇에 비할까?

호기심 많고 수줍은 마모트가 이따금 길동무를 자청한다.

    투올룸 메도가 나타나자 감회가 새롭다. 불과 며칠 전 헤어진 아스팔트가 그렇게 정겹다는 걸 그날 처음 알았다. 그곳에 도착하자마자 우리가 제일 먼저 한 일은 매점에서 맥주를 사는 일이었다. 한 박스에 맥주가 6병씩 담겨 있는데 금방 두 박스가 없어졌다. 행복했다. 산에서 부는 시원한 바람에 행복을 느낀다면 그건 그만큼 땀을 흘렸다는 증거다. 맥주 몇 병에 행복을 느낀다면 인생은 늘 즐거운 게 아닐까. 존 뮤어 산길이 그걸 우리에게 가르쳐주었다.
    레인저 스테이션의 철제 곰 상자에는 우리가 놔둔 식량봉지가 그대로 있었다. 그걸 꺼내고 보니 갑자기 부자가 된 기분이다. 식량을 찾고 이른 시간이지만 근처에 있는 캠프장을 찾아 하루를 접었다. 이 캠프장은 예약제가 아니라 먼저 찾아오는 사람들에서 우선권을 주는 곳이다. 텐트를 친 후 오후 한나절을 머리를 감고 빨래를 하며 달콤한 휴식을 취했다.

그날 저녁은 그 어느 때보다 푸짐했다. 찾은 식량 봉지에서 쌀을 꺼내 밥을 하고 매점에서 소시지를 사다 반찬을 만들어 성찬을 차렸다. 물론 반주로 맥주까지 동원된 최고의 만찬이었다. 다만 모닥불에 사용할 장작은 돈 주고 사야했다. 그것도 장작 몇 개에 10불이나 했다. 왜인지 술값은 괜찮지만 그건 아까웠다. 산속에서는 그 몇 배의 나무를 사용했어도 모두 무료였는데. 그렇게 투덜대면서도 결국 모닥불을 피우는 걸 보면 그새 모닥불 중독에 걸린 모양이다.

낮에 머리도 감고 저녁 배불리 먹고 모닥불 가에 맥주를 들고 앉으니 세상 부러운 게 없다.

"형, 캘리포니아를 부르는 애칭이 골든 스테이트이던데 옛날엔 금이 많이 난 모양이지요?"

이겸이 뜬금없이 하워드에게 금 이야기를 꺼냈다.

"지금도 많이 나와. 경제위기를 맞아 뉴욕타임스는 금값이 최근 온스당 1천 달러를 넘는 사상 최고치를 기록했다고 보도했지. 이 시에라네바다 계곡과 산으로 금을 찾아 사람들이 몰려들고 있다며 현대판 골드러시가 벌어지고 있다고 하더라."

그것은 보도를 통하여 나도 알고 있는 사실이었다. 뉴스는 한 발짝 더 나가 금속 탐지기나 사금 채취 기구 등 금을 찾는 장비를 파는 가게들도 호황이라고 했다. 국제 금값 상승으로 골드러시의 진원지 캘리포니아에 또다시 광풍 조짐이 일고 있다는 이야기였다. 캘리포니아의 시에라네바다 산맥 부근은 일명 골드벨트라고 불리기도 하는데, 이곳을 말할 때 금 이야기는 빼 놓을 수 없는 핵심이다.

***

시에라네바다 산맥은 미국의 백두대간으로 볼 수 있다. 한국의 태백산맥처럼 등뼈 역할을 하는 시에라네바다 산맥이 있는 캘리포니아 주의 애칭은 황금의 땅Golden State이다. 캘리포니아 주의 꽃 역시 황금과 잘 어울리는 양귀비 과의 골든 파피Golden Poppy다. 1850년 31번째로 미합중국에 가입했는데, 그 전까지는 인구가 적어 가입이 보류되었다. 그런데 굉장한 일이 벌어졌다. 황금이 발견된 것이다. 금을 찾아 일확천금을 꿈꾸는 사람들이 얼마나 많이 몰려들었으면 불과 2년 만에 연방에 가입되었을까. 1848년 시에라네바다 산의 서쪽 콜로마Coloma에서 황금이 발견된 후 꼭 2년이 지난 때였다. 황금이야 어느 곳에서도 발견될 수 있는 것이지만 이 발견은 이 땅의 역사를 바꿔 놓는 역할을 했다.

커다란 빵 한 덩이와 그만한 크기의 황금을 놔두면 시에라네바다 산 속에 우글거린다는 곰은 당연히 빵을 선택할 것이지만 인간은 달랐다. 거기에 인디언의 비극이 숨어 있고, 헤츠헤치 댐이 필요하게 되었으며, 나아가 미국의 번영이 잉태된 것이다. 또한 말 같지 않은 온갖 비극과 희극이 난무하던 시절이기도 했다.

"독자도 출판인도 모두 우리 곁을 떠나간다. 샌프란시스코에서 로스앤젤레스까지, 해안에서 시에라네바다 산맥까지 온 나라에 '금이다! 금이야!' 소리치는 경박한 소리가 울려 퍼지고 있다. 그러는 가운데 밭은 갈지도 않은 채 버려지고 집은 짓다 말고 방치되는 등 모든 것이 정지된 상태다. 오로지 삽과 곡괭이를 제작하는 일만 예외이다. 따라서 우리는 신문 출판을 중단하지 않을 수 없다."

이건 1848년 5월 29일자 샌프란시스코의 신문 '캘리포니아'에 실린 코미디 같은 신문사 폐업 소식이다. 골드러시라 불리는 황금광풍이 시작되는 순간이었다.

"샌프란시스코의 집들은 적어도 반은 버려졌다. 모든 것이 비어있는 것처럼 보인다. 공장의 소음도 사람의 발자국 소리도 없다. 시내는 온통 어둡고 쓸쓸하다. 모든 것이 헐벗고 단조로우며 죽은 듯하다. 사람들이 모두 황금을 찾아 떠났기 때문이다."

샌프란시스코에서 꽤 알려진 신문이었던 '스타'지의 기자는 그런 기사를 쓴 후 사표를 냈다. 그 기자 역시 금광을 찾아 떠났다. 그뿐일까. 전 세계에서 샌프란시스코로 몰려드는 인파는 대단했는데 이들 가운데 바다를 지키는 해군도 상당수 있었다. 전함에 승선했던 군인을 포함하여 4,000명에 이르는 해군이 탈영병이 되어 금을 찾아 떠났다. 관리할 사람이 없는 군함은 갯벌에 좌초되었다. 어느 마을에서는 주민들이 다 떠나고 보안관만 남았다. 10명의 죄수들이 있었기 때문이다. 하지만 보안관도 황금 소식에 귀를 닫을 수 없었다. 그는 감옥에 있는 죄수들과 협상을 벌려 자신을 위해 일정시간 금을 캐준다는 조건으로 그들과 함께 금을 찾아 길을 떠난다.

실제로 콜로마 강가의 모래에서는 매일 4만 달러의 사금이 채취되었다. 당시 1주일 봉급이 10달러에 불과하던 시절이다. 시에라네바다 산맥 여기저기서 금 발견 소식은 계속 터져 나왔다. 노다지의 소식을 듣고 달러가지 않는다면 그건 바보거나 황금 보기를 돌처럼 보는 도인이었겠다. 그해 여름이 지나기 전 미국 서해안의 거의 모든 사람들이 금광을 찾아 시에라네바다 산맥 인근으로 이동했다.

시작은 미약하나 끝은 창대하다는 비유대로 그 황금러시의 시발은 참으로 우연한 것이었다. 제임스 W. 마셜이란 제재소 직원이 어느 날 아침 자신이 근무하는 시골 콜로마 근방의 아메리칸 강가에 세운 제재소에서 물을 공장으로 끌어 오는 수로를 살펴보고 있었다. 그런데 수로의 밑바닥에서 처음 보는 노란 가루들이 보였다. 사금이었다.

보고를 받은 고용주는 그의 입을 막으려 했으나 세상에 비밀은 존재하지 않는다. 특히 황금은 더 그렇다. 금이 발견되었다! 기하급수적으로 소식이 퍼져 나갔다. 그리고 초기에 그 말을 믿은 사람들은 많은 사금을 캐내었다. 설마 그럴까 하며 반신반의 하던 의혹이 사라지자 가까운 캘리포니아 마을들이 며칠 사이에 텅 비게 된 것이다.

그 정도로도 당시에는 엄청난 인구 이동이었는데, 이것은 시작에 불과했다. 이제 황금을 발견했다는 소식은 미국을 떠나 전 세계로 퍼져나간다. 인터넷은커녕 모스 부호로 교신하던 시절인데도 황금에 대한 소식은 급속도로 세계에 알려진다. 유럽은 물론 멀리 고립되어 있던 호주와 남아메리카, 태평양 건너 중국인까지도 시에라네바다 산맥으로 몰려들기 시작했다.

당시 미국 서부와 동부 지역은 광활한 대륙답게 정보를 주고받는 일이 매우 느리고 힘들었다. 금이 발견된 것은 1848년 1월이었는데 그해 12월, 정부가 파견한 행정관 메이슨의 공식보고서가 나왔다. 300온스의 금 조각이 담긴 상자와 함께 정부보고서가 발표되자 이제 황금 열풍은 더 이상

의심의 여지가 없는 사실이 되었다.

당시 미합중국 포크 대통령은 한껏 목에 힘을 주고 대 국민 연설을 한다.

"캘리포니아를 멕시코로부터 취득할 때 우리는 귀금속 광맥들이 발견될 것을 이미 알고 있었다. 그러나 최근 황금이 발견된 것을 볼 때 이 광맥들이 예상했던 것보다 훨씬 풍부하고 광범위하게 널려 있다는 것을 확인할 수 있다. 이 지역에 매장된 풍부한 금에 대한 이야기는 놀라운 것이어서 보고서를 확인하지 않는다면 믿기 어려울 것이다."

대통령의 공식 발표가 있자 세계는 또 다시 흥분에 빠졌는데 특히 유럽은 더했다. 발표 이듬해인 1849년 미국으로 가기 위해 줄을 선 이민 행렬이 가파르게 증가했다. 입국하자마자 그들은 모두 서부를 향해 길을 나섰다.

그때 캘리포니아로 이동한 사람들을 포티나이너스$^{forty-niners}$로 불렀다. 그것이 우리가 서부영화에서 많이 보았던 그 시절 포장마차 서부 대이동 중 하나의 풍경이다. 황금을 찾아 동부에서 서부로 이르는 길은 유타와 네바다 사막과 데스벨리가 있는 모하비 사막을 관통하는 소위 캘리포니아 길이었다. 이 길은 악명이 높아서 폭염과 더위에 이따금 동물까지도 미치게 만드는 살인적인 고역의 길이었다. 그때 죽은 많은 사람들 때문에 데스벨리$^{Death\ Valley}$라는 이름을 얻었고 지금도 그렇게 불리고 있다.

황금 발견은 사실이지만 그때도 지금처럼 뻥튀기 뉴스가 있었다. 모든 언론에서는 듣기만 해도 황홀한 황금 괴담이 난무했다. 시에라네바다 산맥에는 황금으로 온통 뒤덮인 산이 있다는 믿지 못할 소식과 금광 갱도를 채운 공기에는 금가루가 가득해서 작업복을 털기만 해도 많은 양의 금을 얻을 수 있다는 만담 같은 소리가 사실로 횡행했다.

"샌프란시스코 사람들은 미쳐도 단단히 미쳤다. 파커 호텔은 연간 11만 달러에 방을 세놓았고, 판자로 만들어진 평범한 상점은 월 3,000달러에 임대되었다. 한 보따리의 낡은 신문을 짊어지고 도착한 어느 남자는 순식간에 신문을 1부당 10달러에 모두 팔아 치웠다. 어떤 사람은 못이 급한 목수에게 못 한 상자를 같은 무게의 금을 받고 교환하기도 했다."

당시 1주 주급이 불과 10불이었던 걸 감안하면 얼마나 놀라운 소식인가? 1849년 5월 15일자 파리의 잡지 '헌정'지는 "금광맥을 고갈시키려면 수세기와 수백만의 노동자들이 필요할 것"이라고 쓰고, 6월 8일자 '프레스'지는 "시에라네바다 산맥의 단 1평방미터도 금이 덮이지 않은 곳이 없다"며 공상소설 같은 기사를 실었다. 문제는 그런 기사를 사실로 안 사람들이 많았다는 것이다. 이렇게 되니 모두 황금을 찾아 미국으로 떠나자는 사람들의 열기를 누구도 막을 수가 없었다. 1849년에만 4만 명, 50년에 6만 명, 52년에 10만 명이 캘리포니아로 밀려들었다. 그들은 황금을 찾아 시에라네바다 산맥 전체를 파내려는 열의를 가지고 모여든 것이다.

사람들이 몰리자 채광 경쟁이 치열해졌고 사금이 고갈되자 사람들은 드디어 산으로 향했다. 금광의 원천을 찾아 산으로 발걸음을 옮긴 것이다. 사람들이 강가의 모래에서 금을 찾던 초보 단계에서 산으로 올라간 것은 금의 대부분이 땅속 수정 지반 속에서 발견되기 때문이다.

역사가들은 황금이 발견된 1848년을 '광란의 해'라고 말한다. 미국으로 황금을 찾아 떠난 사람들이 얼마나 많은지 실제로 유럽에는 심각한 경제위기가 닥쳤고 전역이 심한 몸살을 앓게 된다.

태평양을 건넌 중국인 포티나이너스들 역시 밀물처럼 캘리포니아로 향했다. 그러자 먼저 온 유럽 이주민들은 중국인들의 기를 꺾는 것이 필요하다고 생각하기에 이른다. 인해전술로 밀려온 중국인을 대상으로 범죄와 살인이 공공연히 자행되었지만 중국인들은 물러서지 않고 묵묵히 박해를 견뎌내었다. 그것이 지금 미국 내 차이나타운의 시작이다. 재미있는 사실이 하나 있는데, 중국인들은 서양인이 모르는 기술이 있었다. 금을 제련하는 데 사용하는 숯을 만드는 방법이었다. 지금도 시에라 산맥 곳곳에 남아있는 숯 가마터는 당시 황금을 찾아 이곳으로 온 중국인들의 작품이었다.

포티나이너스의 대이동은 독도 되고 약도 되었다. 불모지에 사람이 적어 미연방에 가입도 못했던 캘리포니아가 연방에 가입하게 되었고, 캘리포니아의 융성은 나아가서 미국 전체 번영의 기틀이 되었으니까. 그러나 빛이 있다면 그늘도 있다. 그 광풍의 시대는 인디언들에게는 시련의 시기였다. 밀려오는 백인들에게 땅을 빼앗기고 몰락의 길을 걷는 시대이기도 했다. 인디언들은 끊임없는 찾아오는 백인들 때문에 계속해서 더 오지로 들어가야 했다. 결국 이주한 장소도 파도처럼 밀려오는 백인들에게 빼앗기고 허울뿐인 인디언 보호구역으로 밀려나야 했다. 골드러시를 맞아 시에라네바다 산맥의 중심도시 샌프란시스코는 그때쯤 태평양의 파리로 불리며 인구가 급격히 늘었다. 그리고 번영을 누리는 근대적 도시로 발전하는데, 그곳의 심각한 물 부족으로 인해 앞서 언급한 헤츠헤치 댐 건설을 필요로 하게 된 것이다.

말도 잘 통하지 않는 인종들이 함께 모여 살다보면 당연히 살육과 온갖 비리가 판치게 된다. 그런 지옥과 같은 악다구니 속에서 황금을 찾아 나선 포티나이너스들은 과연 성공했을까? 그렇지 않다. 먹을 수 없는 황금은 부를 대표하지만 비극적이고 지독한 냄새가 따르기 마련이다. 그리고 마르지 않을 것 같은 금맥은 끝나게 되어 있었다. 극히 일부를 제외하고 대부분의 사람들은 성공하지 못했다. 틀림없이 많은 황금이 시에라네바다 산맥에 존재했으나 그 자원은 유한한 것이다. 전 세계에서 밀려든 사람들의 숫자에 비한다면 아무리 많은 황금도 턱없이 부족했을 게 뻔하다. 드디어 금 채굴이 점점 더 어려워지고 생산량이 감소하기 시작했다. 금 생산의 둔화는 여러 방면에 심각한 위기를 조장하게 된다. 황금광풍이 끝나가는 1854년, 300개의 기업이 파산하는데 그중에는 캘리포니아에서 가장 큰 은행도 끼어 있었다. 여전히 미련이 남은 사람들은 황금을 찾기 위해 더 깊고 험한 시에라네바다 산속으로 들어갔다. 요세미티에도 그런 광부가 찾아들었다. 1855년 이 계곡을 찾아 온 광부들 중 '런 클럭'이라는 사람이 있었다. 그는 금을 찾아 요세미티 계곡을 뒤지다 금보다 더 귀한 것을 발견한다. 바로 요세미티를 상징하는 세계에서 가장 큰 나무인 자이언트 세코이아의 숲이다. 지금의 마리포사 그로브 숲이다. 금이야 없어지거나 개인 장롱 속에 들어가지만 요세미티에서 자생하는 세코이아 숲은 캐내도 마르지 않는 금광 역할을 지금 톡톡히 하고 있다. 해마다 엄청난 사람들이 이를 보려고 밀려오니 말이다. 막상 숲을 발견한 런 클럭에게는 돈 한 푼 생기지 않는 쓸모없는 나무였을 뿐이지만.

***

내가 하워드를 만난 건 2000년 초였다. 당시 나는 미국에 있는 한국 신문사에 관계하며 양국을 오가고 있었다. LA 인근의 박물관과 기념관 순례를 끝내고 디즈니랜드라든가 유니버설 스튜디오 같은 놀이 공원도 지겨워졌을 때였다. 신문에서 소개한 산악회의 산행소식을 보고 전화를 걸었다. 사막의 도시 LA에 무슨 산이 있나 싶어 호기심이 들었던 것이다.

첫 산행에서 하워드를 만났는데 우리가 가는 곳은 이름도 이상한 '피루봉'이라는 산이었다. 5번 고속도로 곁 주차장에서 하워드가 나를 친절하게 맞아주었다. 나는 그의 차에 동승했다. 그는 우리가 가는 산 이름이 '데블스 겟어웨이Devil's Getaway'라는 별명을 가지고 있다고 했다. 지옥문쯤 되겠다. 조금은 뚱뚱해 보이는 몸집과 선한 웃음의 하워드를 보며 당시 나는 '이 친구 좀 뻥이 심하군, 그래.' 하고 생각했다. 하워드가 겁준 피루봉의 높이가 터무니없이 낮았기 때문이다. 아무리 사막에 솟은 산이라 해도 낮은 산인데 무슨 힘이 들겠나 싶었다. 참깨 백 바퀴 굴러도 호박 한 바퀴 구르는 것이 멀리 간다는 말대로 나는 한국의 여러 산을 무수히 오르내리지 않았던가.

하늘은 맑고 차 안은 에어컨으로 시원했다. 하워드와 나이를 맞춰보니 동갑이다. 결정적으로 그가 좋아진 것은 아이스박스에 잔뜩 채워 넣은 캔맥주 때문이었다. "차에서 맥주를 마시는 건 불법이지만 좋은 인연을 축하하기 위하여."라며 하워드는 종이로 캔을 둘둘 싸서 권했다. 그가 권한 맥주를 홀짝거리며 미지의 산행에 대한 기대로 기분이 좋아졌다.

고속도로에는 레저용 차량 뒤에 모터보트를 달고 다니는 차량이 많다. 별일이지 싶었다. 사막에 보트를 띄울 물이 어디 있다고 보트를 달고 가나 하는 생각이 들었다. 하도 별난 사람들이 많고, 그것을 개성이라는 이름으로 행하는 미국인들이지만 보트를 사막으로 끌고 가니 이상했다. 보트는 달리고 싶어 하고 바닷가는 멀고머니 도로라도 달리자. 그건가?

그런데 그게 아니었다. 황량한 사막 고갯길을 돌아 한참을 가니 신기루같이 호수가 나타났다. 피루 호수였다. 자연의 경이야 언제나 놀라운 일이지만 이 사막 가운데 푸른 물 넘실거리는 호수가 있다니. 물이라면 금방 증발해 버릴 것 같은 태양의 폭력 앞에 당당한 피루 호수가 신기루처럼 있었던 것이다.

드디어 주차장에 도착했고 쨍 소리가 날 것 같은 맑은 하늘 따가운 햇살 가운데 차에서 내렸다. 한낮의 사막열기가 후끈 코로 들이닥쳤다. 하늘처럼 파란 호수는 주변의 삭막한 풍경과는 달리 도드라져 흡사 환각처럼 보였다. 의아하게 생각했던 보트는 이곳에서 하얀 포말을 일으키며 신나게 달리고 있다.

초록이 없고 나무가 없어 원근감 때문에 그랬겠지만 피루산 정상이 바로 코앞에 보였다. 그러나 정상까지 대략 10킬로미터쯤 된다고 했다. 초입은 호수를 에돌아가는 길이었다. 자외선 차단 크림을 덕지덕지 바르고 챙 넓은 모자를 썼겠다, 가벼운 배낭에 냉장고에서 밤새 얼린 물 한 통 넣었겠다, 즐거운 산행길에 콧노래가 절로 나왔다. 그러나 한치 앞을 못 보는 게 인간이라는 말은 확실한 명언이다. 한치 앞을 헤아릴 수 있었다면 산행을 포기하는 지혜가 생겼을 테니까. 총 인원이 20여명이었는데 본격적 산행 들머리에서 그들은 힘도 못 써보고 스스로 중도 탈락해 버렸다. 하워드와 나만 빼놓고. 일행은 우리가 정상에 갔다 올 동안 호수 가에서 피크닉을 즐기고 있겠다고 했다.

그때라도 꿈을 깨야 했다. 그런데 하워드가 아무 말 없이 걷고 있는데 그를 배신할 수가 없었다. 본격적인 산길로 접어드니 희미하게 이어졌던 길이 아예 없어졌다. 하지만 그 까짓 길 같지도 않은 등산로 없어진들 무슨 대술까. 높은 산도 아니고 사방이 훤하게 보이는데 조난당할 염려도 없겠다. 그런데 항상 현실은 생각과 다르다.

우리나라의 나무와 풀은 부드럽다. 그런데 이곳 미국 풀은 반대다. 억세고 날카롭다. 그게 사막이라는 척박한 환경을 살아가는 나름대로의 진화 과정인지는 몰라도 길도 없는 황량한 민둥상을 덮은 바싹 마른 풀을 헤치며 걷는 건 여간 고역이 아니었다. 나무가 없으니 그늘도 없었다. 당연히 귀한 물이 금세 줄어들었다. 정상은 아까도 지척으로 보였는데 한참 오른 지금도 그랬다. 정상을 위하여 물을 남겨야 했다. 아니, 그보다 현명한 방법은 지금이라도 내가 지옥문을 향해 가고 있음을 눈치 채고 꽁지를 내리는 것이었다. 그러나 그러지 못했다. 아마 그때는 괜한 오기가 났을 것이다.

정상은 가깝고도 아득한데 아끼고 아끼던 물이 드디어 바닥났다. 정말 거기서 돌아서야 했다. 그러나 그럴 수는 없었다. 순전히 하워드 때문이다. 그는 지치지도 않고 계속 오르고 있었다. 그놈의 자존심이 뭔지. 울고 싶었지만 눈물도 물인지라 아까워서 울 수 없다는 심정이었다.

나중에 안 일이지만 하워드도 나 때문에 포기를 못했다고 한다. 내가 먼저 내려가자고 하지 않은 이상 베테랑이라 자부하는 자신이 그 말을 할 수는 없었다나. 우리는 당시 서로 뿔 맞대고 힘겨루기를 하는 황소처럼 서로를 견제하고 있었던 것이다. 만약 그때 누구라도 내려가자고 했다면 못 이긴 척 총알같이 물을 찾아 내려갔을 것이다.

하워드는 오랜 미국 산행 경력을 나타내듯 예비 물을 준비했다. 나를 약 올리듯 빈 물병을 배낭에 넣고 새 것을 꺼냈다. 나 역시 물에 대한 애타는 갈망이 있었지만 빈 병뿐. 물이 저절로 생겨날 리 없다. 고개만 돌리면 보이는 파랗게 넘실거리는 호수의 물이 더욱 미치게 만들었다. 그렇다고 하워드에게 물을 달랄 수는 없는 노릇. 자존심도 자존심이고, 내가 물을 마시면 내 목이 시원한 만큼 하워드에게는 고통이 될 것이다. 그런 잡다한 생각을 하며 느릿느릿 걷고 있는데 하워드의 말이 들렸다.

"사막의 산이라 힘들지? 물 좀 마셔."

무의식적으로 손이 나가려는 순간, 내 손은 생각과는 다르게 거절한다는 듯 좌우로 흔들렸다. 이놈의 자존심.

"당신 낙타야? 물도 안마시고 잘 걷네."

그래도 하워드는 너무했다. 체면 치레로 사양하는 건데 더 권했어야지. 삼세번이라는 말도 모르냔 말이다. YES와 NO가 분명한 미국생활을 오래한 탓일까. 한 번의 기회를 놓치고 나자 몸은 끊임없이 물을 달라며 아우성이다. 이건 숫제 고행이다. 이젠 침도 나오지 않는다. 혀는 입천장에 붙을 때마다 쩍쩍 달라붙는다. 정말 타는 목마름이었지만 씩씩하게 걷고 있는 하워드를 볼 때마다 오기가 치솟는다. 오냐, 내가 지나 봐라. 그래봐야 죽기밖에 더 하겠냐.

결국 오기가 이겼다. 피루봉 정상은 피라미드를 닮아 있었다. 삼각형의 정상에 앉아 하워드는 힘겹게 오르고 있는 나를 느긋하게 바라보고 있다. 지고 싶지 않다는 생각 하나로 정상에 섰다. 사막의 산이라 그런지 산꼭대기에 올랐어도 바람 한 점 불지 않았다.

"대단한데. 첫 산행을 물도 없이 성공하다니. 딱 내 체질이네."

이 말은 나를 함께 산을 오르는 친구로 생각하겠다는 칭찬이겠지. 그렇지만 그때는 그런 말이 귀에 들어 올 리 없었다. 정상을 찍자마자 냅다 산 아래로 뛰었다. 당시는 고행 끝에 도달한 정상에서의 감격, 희열, 어쩌고는 죄다 쓸모없는 것일 뿐 무조건 아래로 내려가야 했다. 한 발짝이라도 물에 가까워져야 했다. 하산한 후 정말 배가 볼록해지도록 물을 마시고 그늘에서 기절한 것처럼 잠을 잤는데 꿈결에 하워드가 나를 칭찬하는 말이 어렴풋이 들렸다.

"저 친구 완전히 낙타야, 낙타. 물도 없는데 악착스레 정상까지 따라 오더라고."

산행을 하면서 얼마나 몸이 탈수됐으면 물을 그렇게 먹었어도 그날은 소변도 나오지 않았다.

그 다음 주 하워드가 전화가 걸어 산행을 가자고 했을 때 승낙한 것은 옳은 선택이었다. 이후 나는 LA를 방문할 때마다 하워드와 함께 산을 탔다. 그렇게 가까워진 것이 존 뮤어 트레일까지 연결된 것이다.

04

투올룸 메도에서 도나휴 패스까지

    이튿날 우리의 목적지는 도나휴 패스Donohue Pass, 도나휴 고개를 넘어 야영하는 것이었다. 이 고개는 우리가 첫 번째로 넘어야 할 난관이다. 화장실을 갔다 오며 김미란이 드디어 엄지와 검지를 동그랗게 말아 우리에게 보인다. 우리는 박수를 쳤고 한참을 웃었다. 김미란의 변비가 해결된 것에 우리가 기뻐하는 것도 웃기지만, 아무리 약속이라지만 숙녀가 그걸 표시하다니. 이제 함께 먹고 자는 가족이 되어 간다는 증거일까?

    그렇게 웃고 출발한 투올룸 초원길은 그야말로 천상의 길이었다. 투올룸 강을 끼고 이어지며 초원을 가르는 트레일은 산속 풍경에 익숙한 우리에게 또 다른 선물이었다. 끝없이 이어질 것처럼 초록 풀 가득한 초원에는 맑은 시냇물이 구불거리며 흐르고 있고 물속에는 송어가 유유자적 헤엄치고 있는 게 들여다보였다. 낚시꾼 몇 명이 얕은 강물에 발을 담그고 서서 낚시를 하고 있다. 마치 영화 '흐르는 강물처럼'에서처럼 낚싯줄은 햇살에 반짝이는 포물선을 그리며 강 속으로 빨려 들어가고 있다.

    "요세미티보다 경치가 더 좋지? 이 강 이름이 투올룸인데 헤츠헤치 계

낚시를 즐기며 등산을 할 수 있다는 것 또한 색다른 매력이다. 식량의 무게를 줄이고 별미도 즐기는 일석이조.

곡으로 가고 있는 거야. 말 그대로 1급수지. 아주 유명한 계곡이야."

하워드의 말은 하나도 과장되지 않았다. 고요히 흐르는 강물은 어찌나 투명한지 헤엄치는 송어가 하늘을 나는 제트기 같다.

꽃이 만발한 초원을 만나자 약속이나 한듯 모두 카메라를 꺼내든다. 하양, 노랑, 빨강, 연분홍으로 피어난 야생화들은 그야말로 천국의 화원이었다. 원래 땅 속에 저런 색깔들이 숨어 있는 걸까? 수많은 꽃들은 어떻게 자신들의 색깔만 길어 올리는 것일까. 형형색색 꽃이 만발한 초원을 바라보는 것만으로도 피곤이 풀리는 듯하다. 투올룸 메도는 10여 킬로미터까지 이어졌고 옥빛 맑은 물 색깔은 수시로 바뀌었다. 눈부시게 푸르른 날이고 그렇게 푸른 강물이었다.

"어쩜 물색이 이래요? 내가 그림 그릴 때 즐겨 쓰는 에메랄드그린색이네요. 가끔 코발트블루로 바꾸기도 하고."

 강가 바위에는 마모트 몇 마리가 해바라기를 하고 있다. 눈에 보이는 모든 게 평화롭다. 맘 같아선 이곳에 텐트를 치고 며칠 묵었으면 좋겠다. 김미란이 강을 보며 감탄하는 모습을 지켜보던 하워드가 젊잖게 질문을 했다.

 "화가시니까 묻는데 동양화와 서양화의 차이는 뭡니까?"

 "자연이 다른 차이겠죠."

 "화투와 포커의 차이라는 말인가요?"

 "그럴 수도 있겠네요."

 이걸 질문이라고 하는 인간이나 대답하는 사람이나 닮은꼴이다. 두 사람의 대화를 듣다가 내가 나서 하워드에게 수작을 걸었다.

 "좀 쉬었다 가자. 경치도 좋고 꽤 걸었잖아. 죽기 살기로 걸으러 온 것도 아니니까."

 "안 돼! 도나휴 패스 넘기가 장난이 아니야, 계속 가야해. 해 떨어지기 전엔 고개를 넘어 가야하니까."

 김미란에게는 예술에 대한 부드러운 대화를 나누던 하워드는 내 말에는 더없이 차갑게 반대했다.

 "하워드, 우리가 텐트가 없냐, 식량이 없냐? 늦으면 여기서 자면 되지."

 "안 된다면 안 돼. 오늘 갈 길이 멀어. 그렇게 내키는 대로 쉬다가는 한 달이 넘어도 휘트니 산 그림자도 못 봐. 목표를 정했으면 도착해야지."

 재촉을 받고 엉거주춤 따라 나서기는 했지만 좀 야속했다. 산다는 건 끊임없이 발을 놀려야 하는 일이다. 마치 자전거를 타는 것처럼. 쉬면 넘어지고, 무너지는 게 자전거 아닌가. 이처럼 원하든 원하지 않던 끊임없이 페달을 밟는 것이 인생길. 하지만 우리는 그러한 날들을 잊고 마음의 평화를 찾아 떠나 온 것이 아닌가. 여기까지 와서도 매일매일 쫓기듯 바쁘게 움직여야 하다니! 그렇지만 그런 투덜거림은 속으로 삼킬 뿐 입 밖으로 꺼내지는 못했다. 그래봐야 하워드의 고집을 꺾지는 못할 테니.

결국 행복한 초원길도 끝나고 오후 들어 힘겨운 오르막이 시작되었다. 도나휴 패스를 넘어 야영하기로 했기에 조금 부담이 되었다. 잔잔하게 흐르는 강가를 떠나 고도를 올리는 길은 지그재그로 끝없이 이어졌다. 수목한계선을 지났는지 나무들도 없다. 밑에서 볼 때 막연하게 보이던 하얀 눈이 나타난다. 그리고 전혀 있을 것 같지 않은 호수가 또 나타난다. 높은 바위산에 잔설이 군데군데 남아 있었다. 산정에 겨우내 쌓인 눈이 녹아 초원을 가로지르는 냇물이 되는 것이다. 눈 녹은 물이 산 아래 커다란 호수를 만들고 그 물이 다시 아래로 흐르면서 푸른 초원을 형성한다. 그리고 유유자적 흐르는 물이 급경사를 만나면 그대로 폭포가 된다. 바윗길은 무척 힘은 들었지만 바라볼수록 환상적인 풍경이다. 바위가 겹겹 쌓여 있어 눈으로 대중해서는 도저히 길이 없을 것 같았지만 트레일은 교묘하게 이어져 있었다.

자주 쉬어가며 고개 정상에 도착했다. 도나휴 패스는 3,900미터가 넘는 높이였다. 뒤에 쳐진 일행들은 보이지도 않는다. 차가운 바람이 불었다. 투올룸 메도의 생기 넘치고 아름다웠던 풍경은 어디 가고 주변은 온통 쓸쓸하고 황량한 풍경이다. 고개 마루엔 '안셀 애덤스 윌더니스Ansel Adams Wilderness' 라는 팻말이 서 있다. 사진작가로 유명한 안셀 애덤스의 이름을 딴 지역이었다. 이제 요세미티 구역을 벗어나 황야의 땅으로 들어선다는 말이다. 바람을 피해 일행을 기다릴 겸 바위틈에 쭈그리고 앉았다.

산을 하나씩 넘을 때마다 주어지는 생경한 풍경은 매우 달콤했다. 유혹에 순응하며 기꺼이 탐한다.

혹성처럼 초록이라고는 찾을 수 없는 황량한 주변이 낯설다.

드디어 일행들이 올라왔다. 배낭을 벗으며 하워드가 끔찍한 이야기를 한다. 서부 개척시대 당시 이 눈 덮인 고개를 지나다 조난당한 사람들이 죽은 동료의 시체를 먹었다는 기록이 있다는 것이다. 앞으로도 고개 넘는 일이 제일 힘든 여정이라고 겁을 준다. 존 뮤어 트레일에는 9개의 높은 패스^{pass}, 즉 고개가 있다. 이제 처음이니까 아직 8개 남았다.

고개 마루를 지나자 반대편 산 아래 풍경이 보였는데 그곳 역시 반짝이는 호수가 무수히 박혀 있다. 당연히 울창한 숲도 있다. 일행은 모두 지쳐 보인다. 고개에서 내려서며 처음 만나는 개울가에서 야영을 하기로 했다. 그림처럼 소리죽여 흐르는 물을 만나 하루를 접는다.

세수를 하는데 물이 제법 차다. 그리고 어디서 나타났는지 모기들이 엄청 몰려든다. 이 트레일의 천국을 경험하려면 모기와의 싸움은 피할 수 없다는 하워드의 말이 맞는 것 같다. 그러나 막영지로서는 최상의 장소였다. 우리는 모기를 피해 모기장 텐트 안에서 식사를 했다. 산속에서 해는 빨리 지고, 모기는 기온이 내려가면 거짓말처럼 자취를 감추었다. 나는 충실한 대원답게 모닥불 장작을 많이 해왔다. 식사를 마친 우리는 모닥불 곁으로 나와 곰통을 의자 삼아 빙 둘러 앉았다.

금세 날이 어두워지고 무수한 별이 돋아나기 시작했다. 하늘 끝자락엔 아직 햇살의 잔상이 남아있다. 낮도 아니고 밤도 아닌 어스름의 시간. 이런 시간엔 세상의 모든 사물들이 그윽하고 친숙하게 보인다. 이윽고 어둠의 장막이 온 세상을 감쌌을 때 나는 별사이에 머물며 중력과 무중력 사이에 떠있는 기분이 들었다. 신비롭고 이상한 경험이었다. 도나휴 패스에는 아직 달이 뜨지 않았다. 그럼에도 세계는 고혹적인 별빛으로 훤했다.

바람은 끊임없이 밀리고 있었다. 바람결에 부르지 않아도 들리는 소리가 있는 듯했다. 그게 무슨 소리였을까. 혹 산이 내 영혼을 불러내려는 소리는 아니었을까. 그런 생각이 들게 만든 것은 밤하늘에 펼쳐진 별빛이었다. 촘촘히 박힌 별과 은하수가 얼굴 가까이 내려온 탓이다. 고요와 어둠 속에서 모두 말이 없다. 나는 철학자라도 된 듯 싶었고, 다른 사람들은 깊은 명상에 빠진 은둔자가 된 것 같았다.

어느 순간, 건너편 산 위로 달이 둥실 떠올랐고 순식간에 세상은 달이 뿌린 은빛으로 가득 찼다. 날카로운 산정은 달빛으로 충만했다. 헤드램프 없이도 사물을 분간할 수 있을 정도였다. 산속 가득 자연이 만든 교향악이 시작되고 있었다. 성큼 내려와 무언가를 들려주던 별빛을 저만치 물려버린 달빛이 사위에 출렁였다. 더 이상 견딜 수 없어진 나는 자리를 박차고 일어섰다.

"왜 그래?"

안온한 침묵과 모닥불을 즐기던 하워드가 놀라 물었다.

"도저히 못 참겠다. 옷이라도 홀딱 벗고 춤이라도 추고 싶다. 누가 있어 하늘에 저리 휘황한 등불을 걸어 놓았을까? 이런 밤에 그냥 잘 수는 없는 거야. 그건 자연에 대한 모독이다."

나는 곰통을 열어 술을 한 병 꺼냈다. 어제 투올룸 스테이션에서 보급한 유일한 술이었다. 아니나 다를까, 하워드는 술을 마시려는 내 핑계에 속지 않았다.

"그건 내일 먹기로 한 것 아냐?"

하워드가 말렸지만 그 말이 귀에 들어오지 않았다. 순전히 달빛 때문이다. 모두에게 한잔 권하고 나도 마셨다. 내가 달이 되고 달이 내가 되어

길을 낼 때는 자연 스스로 복원 가능한 최소한의 상처만 남긴다. 이것이 빌려 쓰는 자의 예의.

마신 것이니, 달이 그 병을 비운 게다. 술 탓일까. 서늘한 달빛은 일렁이며 바람을 연주하는 음악이 되더니 너울너울 춤추는 무희도 되었다. 적막한 세상도 이렇게 아름답다는 각성의 시간이었다.

"아름다운 밤이로군요."

하워드가 건네는 술잔을 받으며 김미란이 말했다. 이런 가공되지 않은 자연 속 적당한 기온 속에 모닥불이 활활 타오르니 그런 생각이 들었던 모양이다. 그러자 모닥불 곁에 앉아 있던 이겸이 김미란의 말을 이어가듯 입을 열었다.

"제가 왜 이 여행에 따라나섰는지 아세요?"

나는 말없이 그를 바라볼 뿐 별다른 대답은 하지 않았다. 이겸 역시 특별한 답을 원한 것은 아닌 듯 고개도 들지 않고 말을 이었다.

"재작년에 촬영을 하느라 미국에 왔어요. 세도나 지역으로 가기 위해 직접 차를 몰았죠. 아내까지 데리고 말이에요. 그간 일에 묶여 고생만 한 아내에게 휴가를 주고 싶다는 생각에 동행한 것이었는데……."

그 말을 듣자 문득 떠오른 생각이 있었다. 작년 그가 심각한 교통사고를 당했던 일이 기억난 것이다. 이번 여행에서 그를 처음 만난 하워드와 김미란은 모르는 일이었다.

"해외에서 하는 운전이라 조심하면서 가고 있는데, 갑자기 옆에서 달리던 차가 내 앞으로 끼어들었어요. 정말 눈 깜빡할 새였어요. 나중에 경찰의 말을 들어보니 음주운전이더군요."

나도 모르게 혀를 쯧쯧 찼다. 하워드와 김미란도 무거운 분위기를 의식한 듯 아무 말도 없이 고개만 끄덕일 뿐이었다.

"우리 차는 중앙 분리대를 들이받고 전복됐어요. 친한 누님이 우리와 동행했는데 그 자리에서 숨을 거두었어요. 그 정도로 심각한 사고였지요. 나와 아내도 크게 다쳤고요."

이겸은 목이 마른지 손에 든 잔을 기울여 목을 축였다. 그의 손에 난 커다란 상흔이 새삼스레 눈에 띄었다. 우리는 그를 다그치지 않고 조용히 기다렸다.

"사고를 전후로 내 삶은 많이 달라졌어요. 누구나 큰일을 겪고 나면 보지 못했던 것을 보게 된다고 하잖아요. 저 역시 예전에는 그저 내 일, 내가 좋아하는 것이 제일 중요하고 다른 건 신경 쓰지 못했어요. 하지만 이제는 인생에 더 중요한 것이 있다는 걸 깨달았죠. 다른 사람과 내가 보이지 않는 끈으로 연결돼 있다는 것도 알게 되고요."

이 깊은 어둠에 단 하나의 빛이 존재하는 것 마냥, 모든 별들이 아름답고 소중하기만 하다.
볼수록 늘어만 가는 헤아릴 수 없는 빛들과의 만남은 분명 복된 기회이다.

그 말에 생각나는 것이 있었다. 이겸의 초대를 받고 그의 사진전에 갔는데, 그가 쿠바를 여행하며 찍은 사진을 볼 수 있는 자리였다. 이겸은 당시 '밝은 벗'이라는 아동후원 단체를 만들어 회원들에게 무료로 사진을 가르쳐 주고 있었고, 사진전을 통해 얻는 수익금은 볼리비아 어린이들을 돕는 데 사용했다.

"워낙 큰 사고였기에 몸도 마음도 치유되는데 오래 걸렸어요. 바로 옆에서 웃고 있던 소중한 사람을 순식간에 잃었다는 것도 큰 충격이었고요. 하지만 다시 시작하고 싶었어요. 과속으로 달리던 내 인생이 속도를 못 이기고 넘어진 것인지도 모르죠. 그렇다면 이제는 새롭게 달리고 싶어요. 예전처럼 마냥 앞만 보고 빨리 달리는 대신 주변의 아름다운 풍경도 보면서요."

말을 마친 이겸이 일어섰다. 모닥불은 어느새 완전히 사그라졌다. 우리가 비운 빈 병을 통과하는 바람소리가 웅웅 뱃고동 소리를 내고 있었다.

텐트로 돌아가며 바라본 하늘은 차갑고 어두웠다. 하지만 밤하늘을 가득 채운 별빛은 부드러웠다. 넘어진 곳에서 다시 일어서고 싶다는 이겸의 아련하면서도 아름다운 말이 우리를 따뜻하게 만든 것일까.

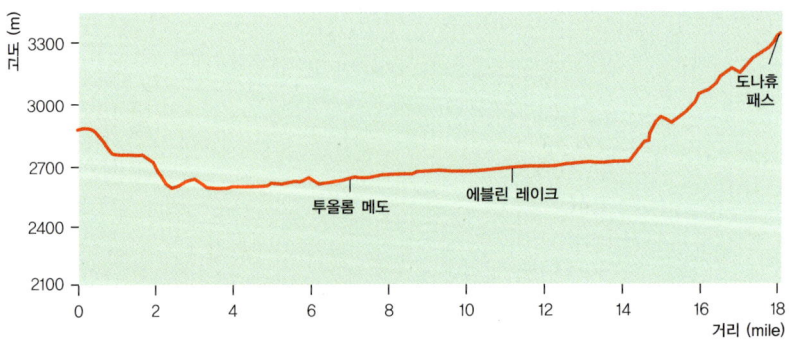

05

도나휴 패스에서 로살리 레이크까지

안개 속에 푸른 여명이 밝아왔다. 나는 그 시간을 영원히 잊지 못할 것이다. 별빛이 푸르게 사위어 가던 그 신 새벽, 존 뮤어 트레일에서 겪은 시에라네바다 산맥의 풍경과 고요를. 별빛이 무너지며 세상이 밝아 올 때, 검은 실루엣으로 보였던 주변 산들은 이제 섬이 되어 나타났다. 구름은 바다를 이루어 산정만 남겨 놓고 세상을 지워버렸다. 맑은 날 시선의 끝에 머물던 드넓은 초원도, 간밤에 별이 잠겼던 호수도 구름이 모조리 덮어버렸다. 구름은 그렇게 커다란 바다가 되어 주위의 산들을 수십 개의 섬들로 만들었다. 밤새 불던 바람은 끊이지 않고 계속 불고 있었다. 어느 누가 이런 풍경을 그림이나 노래로 옮길 수 있을까?

생각 같아선 마냥 주저앉아 있고 싶지만 갈 길이 멀다. 변함없이 라면을 끓여 먹고 출발하려니 발이 무겁고 아프다. 며칠 지나지 않았는데 이 지경이니 앞길이 걱정이다. 그런데 내 속을 모르는 하워드가 부른다.

"아무래도 이 쌀을 네 배낭에 넣어야겠다. 오늘 갈 길이 먼데 미란 씨의 짐 무게를 줄여줘야 될 것 같아."

숲은 향내나는 온갖 소리로 치장을 한다.
노래가 다양하다는 것은 숲의 건강함을 말한다. 숲의 선물을 고마워하며.

하워드가 김미란의 곰통을 가벼운 라면으로 채우며 내게 쌀을 내민다. 그리 무겁지는 않았으나 반갑지 않은 건 나 역시 마찬가지. 그러나 불룩한 배낭을 곰처럼 지고 가는 하워드의 말이니 듣지 않을 수 없다. 이겸 역시 카메라 가방을 앞에 메고 배낭을 뒤에 진 상황이니 그쪽으로 넘길 수도 없었다. 쌀을 받아 챙기니 배낭이 좀 더 무거워진 느낌이다.

"오늘 점심에는 밥 좀 해먹자. 매일 라면이니 항상 배가 고프다. 너도 그렇지? 어차피 레즈 메도에서 짐을 찾으면 거기 또 쌀이 있으니까."

투덜대지도 못하고 타협안을 내놓는 나를 보며 하워드가 씩 웃는다. 무거운 건 빨리 먹어치워 무게를 줄이자는 심정을 잘 안다는 표정이다. 그 미소가 의도적으로 나를 골탕 먹이려는 건 아닌가, 슬쩍 의심이 든다. 캐시드럴 야영지에서도 하워드는 내게 김미란의 짐을 주었었다. 좋다. 까짓거 들어 주자. 내가 힘든 만큼 동료들 역시 그럴 것은 자명한 일이니까.

"자, 이 아름다운 땅을 눈물 나도록 걸어보자!"

내 서툰 농담에도 일행들이 밝게 웃는다. 어젯밤 힘든 이야기를 꺼낸 이겸뿐 아니라 여기 모인 사람들 모두 각자 사연이 있을 것이다. 하지만 이렇게 그림 같은 길을 걷는 건 치유의 과정도 될 터. 인간의 희로애락은 저 아름다운 자연에 비하면 사실 얼마나 가벼운 것인가.

해가 뜨자 몽환 같았던 안개는 사라지고 햇살이 따갑게 내리쬐기 시작했다. 길은 계속 내리막이었다. 숲을 통과한 아침햇살은 길에 물비늘처럼 무늬를 만들고 있다. 1년 내내 소수의 사람만 오가는 산길에서 나무는 심심하지는 않을까? 아름드리 덩치를 보면 천년은 되었을 성 싶은데 천년의 침묵이라니. 자연은 누가 보거나 보지 않거나 저 나름대로 살고 있다. 아름답다거나 멋지다는 우리의 판단은 결국 인간 본위의 해석일 뿐. 길옆 작은 야생화 역시 찬사를 듣기 위해 핀 것은 아닐 터였다. 자연주의자가 된 듯 상념에 빠져 길을 가다가 깨끗한 계류를 만났다.

우리는 그곳에 앉아 점심을 먹었다. 변함없이 라면이다. 역시 하워드는 내 말이라면 전부 무시한다. 설거지를 하고 커피를 한 잔 마시고 있는데 반대편에서 남루한 차림의 백인 트래커가 한 명 나타났다.

"차 한 잔 할래요?"

한국에서 흔히 하는 인사치례였는데 그가 고맙다고 반색을 한다.

"어디까지 가세요?"

"캐나다."

"어디?"

커피를 따라주며 잘못 들었나 싶어 다시 물었다.

"캐나다까지 가는 중입니다."

자신을 에드워드 부츠홀츠라고 밝힌 그는 3개월 전 멕시코 국경을 출발해 광활한 미국 대륙을 횡단하여 캐나다 국경까지 걷는 중이라고 했다.

"야, 하워드. 이 친구 허풍 아니야?"

"그 사람 말이 맞아. 서부의 퍼시픽 크레스트 트레일을 줄여 PCT라고 하는데, 미국에서 제일 긴 산길이지."

우리는 그 놀라운 다리의 소유자와 기념사진을 찍었다. 그래픽디자이너라는 그는 평생 꿈꾸어왔던 여행을 위해 직장도 걷어 치웠다고 했다. 그에 비한다면 우리는 힘들다는 말도 못 꺼낼 판. 김미란도 크게 감동했는지 그에게 커피를 한 움큼 쥐어줬다. 우리는 그의 행운을 빌어줬고 그도 우리의 성공을 바란다며 서둘러 떠나갔다. 독한 사람만 성공한다는 PCT는 4,620킬로미터가 넘는 어마어마한 트레일이었다. 상상만 해도 어지럽다. 멕시코 국경에서 남북으로 미국을 횡단하여 시에라네바다 산맥을 거치는 이 코스는 험난하기로도 유명하다.

"저 친구가 성공할지 실패할지는 모르지. 대다수가 중도에서 포기한다더라. 그러니 우리가 힘들다고 엄살피면 부끄러운 거야. 자, 가자."

하워드가 배낭을 매고 일어섰지만 나는 부츠가 사라져 간 길을 한참 바라보았다. 정말 대단한 인간이다. '천리 길도 한걸음부터'라는 우리 속담대로 참 인간의 다리는 무서운 것이라는 생각이 새삼 들었다.

나는 두 발로 미국 대륙을 종단하는 중

로버트 부츠홀츠 (Robert Buchholz, 47세, 미국)

나 : 자기 소개를 좀 부탁한다.

부츠 : 로버트 부츠홀츠, 미국 사람이다. 내 별명이 '부츠boots, 신발' 이다. 성인 부츠홀츠에서 딴 것이다. 좋은 별명 아닌가? 기억하기도 좋고, 걷는 사람에게 잘 어울리는 별명이다.

나 : 당신의 여정을 간단히 소개해 달라.

부츠 : 피시티PCT는 퍼시픽 크레스트 트레일Pacific Crest Trail의 약칭이다. 태평양 산맥의 트레일을 말하는 것인데, 나는 멕시코 국경에서부터 출발했다. 태평양에 면해 있는 미국의 3개 주, 캘리포니아, 오레곤, 워싱톤 주를 관통해 캐나다 국경에 이르면 내 발은 멈출 것이다. 트레일의 총 길이가 4,264킬로미터니 나는 이제 반쯤 온 셈이다.

나 : 이 여행이 성공할 것이라 생각하나?

부츠 : (그는 대답하기 전 활짝 웃었다) 물론, 성공을 확신한다. 지금까지 계획대로 잘 되어 가고 있다. 눈이 없는 여름에 시에라네바다 산군만 넘어서면 그 다음부터는 상대적으로 좀 쉽다. 지금까지 세 달째 걷고 있는데

앞으로 세 달만 더 가면 캐나다에 도달할 것이다.

나 : 미국에서 제일 긴 트레일을 걷고 있는데, 느낌이 어떤가?

부츠 : 그렇다. 이곳은 연방 정부에서 관리하는 여덟 개의 국립 트레일 애팔래치아 트레일, 컨티넨털 디바이드, 노스 카츄리, 빙원시대, 포토막 헤리티지, 내체스 츄레이스, 플로리다 틀레일, PCT 중에서도 가장 악명 높은 곳 중에 하나다. 그늘을 만들어줄 산도, 목을 축일 물도 없는 뜨거운 용광로 같은 모하비 사막Mojave Desert를 거쳐야 하고, 마냥 아름다운 풍광이 이어지는 길도 아니다. 여러 개의 국립공원도 통과하는 장대한 산길이니 체력이 많이 요구된다. 하지만 그만큼 도전할 만한 가치가 있다고 생각한다. 지금도 그 생각은 변함이 없다.

나 : 이곳에 오기가 쉽지는 않았을 텐데?

부츠 : 물론 고민도 많이 했다. 평생 꿈꾸던 이곳에 오기 위해 회사도 사직했다. 6개월 휴가를 줄 회사가 어디 있겠는가? 이 여행을 끝내고 다시 인간세계로 돌아갔을 때 당장 먹고 살 일이 막막할 수도 있다. 하지만 이 멋진 풍경을 보면 그런 걱정쯤은 금세 날아간다. 이번 여행은 내 인생에서 가장 잘한 일 중 하나일 것이다.

아쉽게도 이 기막힌 자연의 보물창고가 있다는 것조차 모르고 지내는 사람들이 너무 많다. 내가 PCT 산행을 한다고 말했을 때 그것이 무엇인지 아는 이들이 거의 없었다. 이곳은 자연의 다양함과 아름다움에 있어서 어떤 트레일도 따라올 수 없는 미국의 최고 보물이다. 남극이나 북극처럼 먼 곳에 있는 것도 아니지 않나. 미국에 거주하는 사람들은 누구나 생각만 있으면 찾을 수 있는 곳인데 알지도 못한다는 점이 안타깝다. 여러분처럼 먼 거리도 마다않고 찾아오는 사람들도 있는데 말이다.

나 : 6개월이나 되는 여행인데 생각보다 짐이 많지 않아 보인다. 짐을 들어주는 헬퍼가 있나?

부츠 : 그렇지 않다. 나는 누구의 도움도 받지 않고 혼자 이 길을 걷고 있다. PCT는 간혹 마을 근처를 지나곤 해서 그곳에서 최소한의 식량을 보급 받는다. 텐트는 최대한 무게를 줄이느라 아예 가져오지 않았다. 그냥 침낭 하나로 버티는 거다.

나 : 침낭에 의지하기에는 어렵지 않은가?

부츠 : 사막성 기후라 생각만큼 춥지 않다. 조금 더 따뜻하게 자자고 그 무게를 6개월 동안 짊어지는 건 불필요한 일이다.

나 : 그래도 사막을 횡단하려면 상당히 힘들텐데, 괜찮은가?

부츠 : 하하. 부인하지는 않겠다. 나 역시 사막보다는 산길을 걷는 게 훨씬 좋다.

나 : PCT만의 특징이 있다면 무엇이라고 생각하나?

부츠 : PCT 하이킹은 정상을 오르는 등산과는 조금 성격이 다르다. 이 트레일의 일부분이 존 뮤어 트레이과 겹치는데 휘트니 산의 정상은 포함되지 않는다. PCT를 걷다보면 웬만한 산의 정상보다 훨씬 높은 지대를 지나기도 하지만, 정상을 오르거나 하는 일은 적다. 달리기에 비교하자면 존 뮤어 트레일은 단거리에, PCT는 마라톤이라고 할 수 있지 않을까? 긴 여정이다 보니 따져봐야 할 요소도 많다. 일정을 짜는 것도 그렇다. 존 뮤어 트레일만 해도 겨울이 되면 눈이 많이 내리고 입장이 불가능하기 때문에 알맞은 때에 이곳을 통과해야 한다. 준비하면서 이것저것 생각할 게 많았다. 하지만 그런 준비과정도 즐거웠다. 드디어 떠난다 생각하니 마냥 설레더라. 정보는 최대한으로, 짐은 최소한으로. 이것이 키포인트다.

나 : 혼자 긴 여행을 하다보면 어려움이 많을 것이다.

부츠 : 사막을 걷다보면 방울뱀을 만나기도 하고, 산에서는 코요테와 곰도 만났다. 하지만 그런 두려움이나 육체적인 고통은 두 번째다. 오히려 가장 힘든 건 외로움이다. 워낙에 사람 만나기 어려운 곳이라 며칠씩 사람 그림자도 못 볼 때가 많았다. 혼자 걷는 게 쓸쓸해 동요부터 가요까지 아는 노래란 노래는 전부 불렀다. 아마 수백 번은 불렀을 것이다.

나 : 그렇게까지 하면서 이 여행을 하는 이유가 무엇일지 궁금하다.

부츠 : 미국의 하이커 중에는 이 PCT를 일생에 꼭 한번 도전할 대상이라고 생각하는 사람들이 많다. 이 코스는 우리에게 일종의 순례길 같다. 물론 도전한 대다수가 실패를 하지만 설령 실패하더라도 도전할 용기를 낸 것으로 충분히 가치가 있지 않은가. 사막의 황량함이 있는가 하면 이렇게 아름다운 시에라네바다 산맥도 거치니까 말이다. 만일 내가 이번에 실패한다고 해도 아마 난 다시 이곳을 찾아 기어코 성공할 것이다.

나 : 실례되는 말이지만 꼭 해야겠다.

부츠 : 괜찮다.

나 : 당신 미쳤다.

부츠 : 하하. (정말 큰 소리로 웃었다) 당신들도 비슷한데.

나 : 고맙다. 칭찬으로 듣겠다. 꼭 성공하길 바란다.

퍼시픽 크레스트 트레일 연합회
(The Pacific Crest Trail Association)
325 Elkhorn Blvd., PMB# 256 Sacramento, CA 95842-2526
Tel : (916) 349-2109 Email : info@pcta.org

길을 나서니 내리막길이 끝나는 곳에 커다란 계곡이 나타났다. 물이 세차게 흐르는 계곡은 넓었고 한참 내려가니 다리가 보였다. 다리를 건너자 즉시 오름길이 시작되었는데 아일랜드 패스Island Pass, 아일랜드 고개를 향해 오르는 길이었다. 그 길은 지겨웠다. 밑에서 볼 때 아일랜드 봉은 화강암 봉우리였지만 막상 도착한 정상부엔 작은 호수 두 개가 있는 넓은 평원이었다. 아름다운 풍경 속에 호수가 찰랑이고 있었다. 호수를 에워싼 침봉 허리엔 하얀 잔설들이 치마처럼 드리워있다.

그곳을 지나며 길은 내리막으로 바뀌었고 사우전드 아일랜드 호수 Thousand Island Lake, 천 개의 섬 호수가 눈 아래 나타났다. 굉장히 넓은 호수였는데 이름이 묘하다. 호수 위로 튀어 나온 작은 바위가 1,000개라는 말이다. 특이한 지형이라 그런지 몰라도 물 위로 솟은 바위가 천 개쯤 되어 보인다. 그렇다고는 해도 저 작은 바위들을 섬으로 이름 붙인 걸 보며 미국 사람들 역시 허풍이 세구나 싶어 웃음이 나온다. 트레일은 드넓은 호숫가를 따라 이어지고 있었다. 인적이 있을 리 없는 그곳의 적막이 너무 평화롭고 아름답기에 나무 그늘에서 한참을 쉬었다.

"워낙 걷는 걸 좋아해서 히말라야 트래킹도 했어요. 아름답다고 소문난 뉴질랜드 밀포트 트레일도 가본 적이 있고요. 예전에 갔던 곳도 멋졌지만 여기 존 뮤어 트레일이야말로 모든 걸 합친 종합선물세트네요."

김미란이 이곳의 풍경을 가리켜 또다시 종합선물 세트라고 말한다.

"누나는 화가이면서 어떻게 먹는 것에만 비교를 해요? 물의 산맥, 천상의 길, 초원의 길, 꿈속의 길 같이 좋은 표현도 많은데."

어제의 감상에서 완전히 벗어나 기관총 쏘듯 찰칵거리며 사진을 찍던 이겸이 슬며시 농담을 했다.

호수 안에 천 개의 작은 바위섬이 있는 곳, 여행자의 휴식처 사우전드 아일랜드 레이크는 가족과 함께 머물며 낚시와 가벼운 하이킹을 즐기기에 적당하다.

"먹는 게 남는 거야. 아무리 아름다워도 우리 배 채워줄 건 아무것도 없거든. 아름다운 풍경에 배가 부르냐?"

하워드가 김미란 편을 들고 나섰다. 나와 이겸에게는 한 번도 져주지 않는 인간이 김미란에게만은 비단결이다.

우리는 다시 길을 나섰고 다시 트레일은 산을 향해 가파르게 이어졌다. 무거운 배낭에 어깨가 아파오기 시작했다. 천 개 섬 호수는 높이가 2,997미터에 이르니 아마 경미한 고소증도 있을 것이다. 거기에 따가운 햇볕과 건조한 공기는 몸을 지치게 했다. 그러나 이젠 앞으로 가거나 돌아가는 길밖엔 없다. 빠져나갈 샛길도 없다. 중도에 포기하고 돌아설 수 없다는 것에 심적 부담도 되었지만 이미 각오한 것 아닌가. 하루만 더 걸으면 레즈 메도를 만난다. 그곳에는 우리 식량 보따리가 있다. 그리운 한국산 소주도 두 병이나 있다.

긴 바위 능선을 돌아 나타난 작은 호수를 지나 고개를 넘어 내려가니 눈 밑으로 청록색 자네트 레이크가 보인다. 과연 존 뮤어 트레일은 호수와 호수를 연결하는 길이다. 청록의 보석처럼 박힌 무수한 호수의 풍경은 지친 몸에 생기를 불어 넣는다. 호수를 에워싸고 겹겹이 늘어선 바위봉우리들의 날카롭고 위협적인 모습이 물속에서 우뚝하다.

트레일은 자네트 레이크를 에둘러가는 길로 이어졌다. 호수 하구의 물 빠지는 여울에서 백인 노인 한 명이 낚시를 하고 있다. 그가 금방 건져 올린 송어가 햇빛에 반짝이며 퍼덕거렸다. 자네트 호숫가에 서있는 아스펜 나무숲을 지나 작은 고개를 넘어서자 이젠 내리막길이다. 역시 내리막길은 한결 쉽다. 어느새 걷는데도 이골이 났는지 좀 여유가 좀 생긴다.

이 내리막길 끝에 있는 섀도 레이크$^{Shadow\ Lake,\ 그림자\ 호수}$에서 오늘 막영

섀도 레이크의 빛과 향이 짙은 것은 나무들이 잠들어 있기 때문이며,
나무의 마지막 여정이 호수에서 시작되고 있다.

을 할 계획이었다. 그러나 내려가는 길은 한없이 이어졌다. 내려가면 올라간다는 것을 안 이상 내려가는 길이 그리 반갑지만은 않다. 인생길도 그럴까? 오르막이 있으면 내리막이 있는 산처럼. 하루를 접을 그림자 계곡에 내려서니 해는 높은 산봉우리 뒤로 숨어들었다. 어스름이 찾아 왔지만 불행하게도 그림자 호수는 막영 금지라는 경고문이 붙어 있다. 호수 이름은 그림자였지만 사람 그림자는 하나도 없었다. 호수를 에워싼 전나무들이 물속에 가라 앉아 환상적인 풍경을 연출한다. 왜 그림자 호수라고 이름 붙였는지 그 모습을 보니 알 것 같다. 법은 지켜져야 하고 그래야 이

살아 있는 향기는 빛이 나고 언제나 생생하며 매순간 변한다.
다른 삶으로 향하는 순간에도 향기로우며,
삶 전체를 통틀어 가장 아름답고 풍요로운 향기로 남는다.
숲의 향기는 살아 있는 이와 죽은 이의 하모니로 하나가 된다. 성숙하고자 하는 죽음은 향기롭다.

런 비경이 보존되는 것이다. 더구나 우리는 외국인 아닌가. 그곳에서 야영을 하면 더 없이 좋은 캠프지일 거라는 생각에 잠시 망설이다가 다시 걷기 시작했다. 그림자 호수 뒤로 이어진 트레일은 급한 경사길이 이어졌고 이젠 어둠이 밀려오기 시작했다.

힘들게 고개로 올라서니 로살리 레이크가 나타났다. 이곳에도 어디에고 사람의 흔적이 없다. 날이 어둑해졌으므로 여기에서 운행을 접기로 했다. 마침 평평한 바위가 있어 그 위에 텐트를 쳤다. 아주 좋은 캠핑 자리였다. 우리 텐트는 사각형이었는데 지팡이 폴대 두 개를 묶어 가운데 하나만 세우면 되는 모기장 텐트였다. 바람이 불거나 비가 오면 플라이를 씌우게 만들어졌다. 텐트를 세워 놓으면 꼭 우주선을 연상시켰다.

어둠이 깔리는 호수 수면에서는 무수한 동심원이 그려지고 있다. 송어가 물위를 날고 있는 모기를 잡아먹고 있는 것이다. 하워드가 낚시를 물에 던져 넣으니 금방 송어 한 마리가 낚인다. 재미를 붙인 하워드는 낚시를 하고 나는 장작을 주워 불을 피웠다.

캠프를 하기 위해서는 물이 필요하다. 그러나 물이 있는 곳은 반드시 모기가 있다. 모기도 자연이 건강하다는 증거라지만 그 곤충과의 공존은 참 어려운 일이다. 물이 풍부한 시에라네바다 산맥은 모기의 나라이기도 했다. 7월에서 9월까지 짧은 여름동안 번식을 해야 하는 모기에겐 이 여름은 생존과 후손을 남겨야하는 시간이다. 종족을 보존하려는 본능은 인간이나 모기나 같은 것이어서 당연히 극성스러울 수밖에 없다. 더군다나 우리는 그 모기에게 생소한 맛의 피를 지니고 있는 한국인 아닌가. 어느 장소에서는 멈춰 서 있을 수 없을 만큼 셀 수 없을 모기떼가 달려들기도 했다. 저녁 어스름에 제일 많았는데 그러다 기온이 내려가면 어느 순간

퇴근하듯 싹 자취를 감추었다. 모기는 섭씨 14도 미만에서는 활동을 중지한다는 것이다.

우리는 모닥불을 피워 귀찮은 모기를 쫓기도 했지만 가장 확실한 것은 방충망 모자를 쓰는 것이다. 어떤 때는 방충망을 쓴지 모르고 밥을 입에 넣다가 깜짝 놀라기도 했다. 확실히 모기는 여행의 쾌적성을 크게 해치지만 이런 천상의 경치를 감상하는데 그 정도 불편은 감수해야 한다고 스스로 타일렀다. 이곳은 사막성 날씨라 모기장만 치고도 잘만 했다.

모닥불에 송어를 굽고 저녁을 먹으며 공습을 하듯 앵앵거리는 모기 때문에 모두 난리였다.

"잠깐, 누나 그냥 있어요."

이겸이 슬며시 김미란에게 다가서더니 찰싹 하고 김미란 따귀를 때렸다. 얼굴에 붙은 모기를 잡은 것이다.

"합법적으로 숙녀 귀싸대기를 때리는 방법도 있군. 피 좀 빨려라. 고 작은 녀석이 얼마나 먹겠니?"

나는 라면을 입에 넣으며 이겸에게 핀잔을 줬다.

"차라리 피 한 종지를 달라면 주겠어요. 헌혈도 하는데. 그런데 모기는 한 방울 때문에 목숨을 거니 불쌍하기도 하지만 무척 성가셔요."

산란기가 되면 암모기들은 뱃속에 품은 알들을 키우기 위해 동물의 혈액을 빨아먹는다. 즉, 피를 빠는 것은 암컷만 해당하며 그 또한 산란기에만 그러하다는 것이다. 물에 낳은 알은 부화되면 수서 유충인 장구벌레로 바뀐다. 그때 천적인 송어의 식량이 되는 것이고.

"모기는 우리 피를 빨고 송어는 모기 유충을 먹고, 우리는 송어를 먹으니 완전히 생태계 순환 고리네. 그런데 모기도 좋은 일을 했다는 기사를

기름이 적고 향이 풍부하며 살이 부드러운 송어야말로 여행자의 호사.
쏟아지는 별 아래 늦은 저녁을 즐긴다.

본 적 있어. 어느 강도가 차를 빼앗아 범죄를 저지른 후 버렸는데, 문제의 차를 발견한 경찰은 단서를 찾기 위해 차를 샅샅이 조사하다 피를 빨아 배가 빵빵해진 모기를 한 마리 잡았지. 그걸 DNA 분석실로 보내 수배자 명단과 대조해 용의자를 잡았다는 거야."

"그거 말 되네요."

하워드가 잡아 온 자연산 송어는 살이 쫄깃한 게 소금만 뿌렸는데도 근사한 맛이 난다. 모닥불에 노릇하게 구워지는 송어를 간식삼아 할 일이 없는 긴 밤의 한때를 우리는 낄낄거리며 보냈다.

하늘엔 별이 가득 떠있었다. 그 모습이 너무 황홀하여 플라이를 치지 않고 자기로 했다. 쌀쌀한 날씨 때문에 침낭 속에 들어가 얼굴만 내밀고

습지를 통과할 때면 모기와 동행해야 한다. 특히 이번 구간에서는 모기들이 극성스럽다.
방충망을 쓰고 밥을 먹어야 할 정도.

바라보는 하늘은 그야 말로 우주 쇼를 보는 듯했다. 사막성 기후답게 뜨거운 낮이 지나면 밤엔 기온이 내려갔지만 우리는 침낭 하나로 따뜻했다.

아침에는 오랜만에 밥을 지었다. 반찬으로는 말린 곤드레 나물을 넣고 끓인 국도 나왔다. 상표를 보니 강원도 정선이 고향인 곤드레 나물이다. 정선에서 참 멀리도 왔다.

"밥아! 너 본지 참 오래다."

내 말처럼 하얀 쌀밥에 모두 감격하는 눈치다. 걷는 에너지는 상당한데 먹는 게 매일 라면이니 매시간 배가 고팠다. 우리는 알뜰하게 숭늉까지 만들어 나누어 먹었다.

밥을 먹고 나서 볼 일 때문에 나는 화장지를 들고 텐트에서 언덕 하나를 넘어 섰다. 이곳에서는 이런 생리현상마저 즐거운 일이다. 경치가 좋은 곳을 골라 느긋하게 즐길 수 있으니까. 호수가 눈앞에 펼쳐진 조망 좋은 자리를 잡고 쭈그려 앉아 있을 때였다. 숲 속에서 부스럭거리는 소리가 났다. 아연 긴장이 되었다. 혹시 곰이면 어떡하지? 사슴일까? 불안한 마음에 엉거주춤 앉은 자리에서 일어났을 때였다. 잡목 숲을 비집고 나온 것은 뿔이 없는 암사슴이었다. 사슴은 놀란 듯 꼼짝 않고 서서 나를 응시하고 있다. 커다란 눈은 겁에 질린 표정이기도 하면서 무엇인가 궁금하다는 듯 알 수 없는 눈빛이었다. 어제 오전에 마주친 사슴도 저렇게 검고 촉촉한 눈망울을 가졌었다. 잠시지만 나와 눈싸움을 하던 사슴은 슬며시 숲으로 돌아갔다.

겁에 질렸으면서도 호기심이 깃든 검은 눈매는 어디선가 분명히 본 눈이었다. 가끔 마주치는 사슴을 봤을 때도 그런 생각이 들었었다. 불현듯 떠오른 기억. 그렇다. 그 눈망울은 겁에 질린 어린 일본 소녀의 눈이었다. 요세미티로 오는 길, 론 파인 못 미쳐 인디펜던스에 있는 일본인 강제수용소 만자나Manzanar 입구에서 본 눈동자였다. 기념관 입구 대형 브로마이드 사진 속, 대 여섯 살 됨직한 소녀는 지금 나와 마주친 사슴처럼 검은 눈동자를 가지고 있었다. 그 아이의 눈은 수용소 기념관을 들어서는 나를 똑바로 응시하고 있었다. 그 시대에 입었을 낡은 누비저고리에 치마를 입은 소녀는 무언가 겁을 먹은 표정이었고 나를 똑바로 바라보는 검은 눈동자는 젖어 있었다. 바로 사슴의 눈이었다.

만자나 일본인 수용소는 시에라네바다 산기슭에 있었다. 존 뮤어 트레일을 오기 위하여 우리는 차로 모하비 사막을 가로지르는 395번 도로를 달리고 있었다. 용광로처럼 달궈진 사막 하늘엔 구름 한 점 없었고 지글거리는 태양의 폭력만 가득했다. 어느 사이 시선조차 머물 곳 없던 광막한 모하비 사막 왼쪽으로 시에라네바다 산맥이 시작되고 있다. 산맥은 우리가 달리는 도로와 평행선으로 치솟아 달리고 있었다. 그때 휘트니 봉이 멀리 나타났고, 산맥의 완만한 기슭이 치맛자락처럼 풀어져 사막과 만나는 곳에 만자나 강제수용소 기념관이 있었다.

***

1941년 12월 7일. 일본군은 미국의 진주만을 기습 공격했다. 태평양전쟁의 서막이다. 나른한 일요일을 즐기다 제대로 한 방 먹은 미국은 크게 놀랐다. 미국 신문엔 'JAPS!'라는 커다란 활자가 헤드라인으로 새겨지고, 미국은 순식간에 전쟁모드로 돌입한다. '알라모를 기억하라!'고 외치던 구호는 이제 '진주만을 기억하라!'로 바뀌어 기습공격을 한 일본에 대한 증오를 키우게 된다. 2차 세계 대전은 드디어 태평양으로 확장된다.

우리는 일반적으로 일본의 진주만 공격으로 인해 '잠자는 사자' 미국을 건드렸다고들 말하지만 그건 일방적인 견해다. 서구 제국주의와 일본 제국주의의 탐욕이 부딪쳤을 뿐이다. 힘의 논리로 인디언과 멕시코 땅을 합병하여 건국된 미국이 일본의 팽창을 달가워하지 않았던 것이다. 산업혁명이 시작되고 원유야 말로 현대사회에서 혈류와 같은 검은 황금이라는 사실이 드러났다. 당연히 석유의 안정적 확보는 국가 사활이 걸린 문제가 되었다. 근대 국가로 발돋움하던 일본 역시 원유를 전량 수입하고 있을 때였다. 산업국가로 거듭난 일본은 안정적인 해상 공급로를 확보해야 했다. 미국을 비롯한 서구 열강들은 그게 불편해졌다. 한국을 병합하고 자신들이 노렸던 중국까지 진출한 신흥세력 일본을 견제하려는 미국은 서서히 목을 죄기 시작한다.

1922년과 1930년 사이 열린 워싱턴군축조약으로 일본의 해군력을 미국과 영국에 비해 낮추는 불평등 조약을 강요한다. 1924년에는 일본인 미국 이민금지 법안이 통과되었다. 또한 일본이 삼켰다고 생각한 중국문제에도 미국은 국민당 장개석을 원조하며 노골적으로 나서서 간섭한다. 일제와 맞서 싸우는 중국의 장개석 정권에 군사와 경제적 원조를 대폭 증가하는 한편, 이어 7월에는 대일자산동결과 대일석유수출 금지를 단행했다.

이렇게 되자 일본은 선택의 여지가 없었다. 그대로 죽을 수도 없었고 그동안 게걸스레 먹어치운 주변 나라들을 토해 낼 수도 없었다. 미국과의 전쟁은 그들로서도 큰 도박이지만 방법이 없었다. 먼저 세게 한 방 치고 미국의 반전 여론을 기대하는 수밖에. 그래서 미국과 휴전을 한다면 일본은 살아남을 것이고 그렇지 않다면 일본은 전쟁에 질 것이다. 일본이 한 대 사령관이며 진주만 기습의 주역 야마모토 이소로쿠는 그렇게 예언했다. 결과가 보이는 미국과의 전쟁을 끝까지 반대했지만 달리 선택의 여지가 없었던 것이다. 일본의 왕 히로히토도 확신이 없었다. 일본 해군의 능력으로 미 해군을 제압할 수 있겠느냐고 총사령관 야마모토에게 물었던 말에서 그 불편한 심기를 알 수 있다.

"전쟁이 시작되면 처음 1년간은 분명히 우리가 두드러진 활약을 할 수 있을 것입니다. 그러나 전쟁이 1년을 넘긴다면 그때는 아무것도 장담할 수 없습니다."

총사령관까지도 어쩔 수 없이 끌려 들어간 전쟁에 대하여 확신이 없었던 것이다. 그러나 이런 야마모토의 생각을 일본 정치가들은 동의하지 않았다. 그들은 당시 유럽에서 한창 치열하게 전개되던 독일과 소련의 전쟁에서 독일이 이길 것으로 내다 본 것이다. 그렇다면 미국은 자신들의 뿌리인 유럽 전쟁에 신경을 써야할 처지가 될 것이다. 따라서 진주만의 치명적 타격은 미국으로 하여금 두 군데의 전쟁을 전개하지 못할 것이라고 생각했다. 그렇게만 된다면 일본이 점령한 영토를 인정하는 강화조건에 미국이 응할 것이라고 생각했다. 1년 안에 독일이 소련을 점령해 준다면. 그러나 희망은 언제나 절망과 손을 잡고 있다.

　본인들도 확신 없이 끼어든 전쟁. 시에라네바다 산맥 자락의 만자니 강제 수용소도 그런 역사의 후유증이었다. 그러나 그 만자나 기념관에서 보았던 검은 눈망울을 지닌 소녀에게는 무슨 죄가 있었던가?

　만자나 수용소는 주홍글씨처럼 미국과 일본의 부끄러움이다. 진주만 기습으로 태평양전쟁이 시작한지 불과 4일 만에 1,300명의 미국 내 일본계가 위험 분자로 분류된다. 바야흐로 미국에 귀화한 일본인들의 비극이 시작된 것이다. 이듬해 루즈벨트 대통령은 나머지 일본인계를 몽땅 강제 수용소에 보내라고 명령한다. 지금도 그렇지만 그때도 LA에 일본계가 가장 많이 살고 있었다. 1만 명에 이르는 캘리포니아 일본계는 시에라네바다 산맥 비탈에 대규모로 조성된 만자나 수용소로 이송된다. 탈출을 막기 위해 모하비 사막에 세워진 만자나 수용소는 미국에 있던 10개의 수용소 중 가장 큰 규모였다.

　우리가 갔을 때는 수용소 건물이 남아 있지 않았다. 그 대신 관광객을 위한 근대적 기념관이 있을 뿐이었는데 우선 그 광활한 넓이가 사람을 놀라게 했다. 철조망으로 둘러싸인 수용소 안에 세워진 빽빽한 건물은 사진으로만 남았고 기념관 벽에는 여기에 수용되었던 일본인들의 이름이 기록되어 있었다.

　이곳은 증오와 아픔의 장소였다. 일본인들은 각 가족마다 이름대신 고유 번호가 붙여졌고 군인들의 감시를 받으며 황무지에 세워진 집단 수용소에 수감되었다. 사막 모래밭에 지어진 수용소는 철조망으로 격리되었고 서치라이트가 켜진 감시 망루가 세워졌다. 1만 여명의 일본계 미국인들이 504개의 막사에 수용되어 개인의 사생활은 없어졌고 공동화장실을 사용하고 농장에서 일해야 했다. 이들 대부분은 수용소 내의 양계장에서 일하거나 시에라 산맥에서 물을 끌어와 농사를 지었으며 모든 걸 자급자족해야 했다. 어떤 작업장에서는 일본과 싸울 전쟁 물자를 생산하기도 했다. 교수, 의사, 소방수, 경찰, 공무원 등 누구도 예외는 없었다. 더 황당한 일도 벌어졌다. 진주만 기습 당시 미군에는 대략 5,000여명의 일본계 미국인들이 군인으로 복무하고 있었다. 이들은 하루아침에 회색분자로 분류되었고 군 당국은 즉시 이들을 전역시키고 수용소로 보낸다. 일본계 미국인의 입대는 거부되었다.

　"전쟁이 나면 어느 나라 편을 들 거냐?"라는 사상적 질문은 그 자체로 곤혹스러웠지만, 그것은 또 수용소 내의 갈등을 증폭시켰다. 본국 일본을 옹호하는 입장과 미국인이 되었으므로 미국편에 선다는 입장 차이였다. 슬픈 일이다. 나 같으면 어땠을까? 사람이 모인 곳에 갈등이 일어나는 건 당연한 일이다. 이들은 내부 분열을 일으켰고 증오와 폭력과 살인이 횡행했다. 정치적 이해관계가 친구를 가르고 가족을 갈랐다.

　1945년 8월14일, 원자폭탄 두 방을 맞은 일본의 항복으로 인해 종전이 됐었다. 그러나 만자나 수용소의 일본계들은 갈 곳이 없었다. 집이며 땅을 팔거나 그냥 주었기 때문이다. 그들은 이젠 자의로 그해가 다 가도록 수용소를 벗어날 수 없었다.

1972년에 이곳은 캘리포니아 주의 사적지로 지정이 되었고 1988년에는 미국 시민자유법이 제정되어 그 당시 대통령이었던 레이건의 사과와 함께 수용됐던 사람들에게 2만 달러의 보상금이 지급되었다. 물론 그들의 고통에 비하여서는 턱없이 부족한 보상금이었다. 강제 이주시킨 일본계에 대한 잘못을 공식적으로 사과한 대통령과 거기에 따른 상징적 금액이었을 것이다. 이것이 미국과 일본의 다른 점이다. 수십 년을 위안부나 강제징용, 또는 탄광으로 끌고 간 조선인들에 대한 일본의 지금 태도와 비교되는 부분이 아닌가.

기념관을 나서며 나는 사진 속 그 소녀의 눈동자를 한참 들여다보았다. 1942년 이곳에서 찍은 사진이니 살아있다면 지금쯤 할머니가 되었을 것이다. 어른들의 탐욕으로 빚어진 현대사의 비극 속에 두려움과 호기심이 뒤섞인 사슴처럼 검은 소녀의 눈망울이 거기 있었다.

06

로살리 레이크에서 어퍼 크레이터 메도까지

    그런 질곡의 역사를 산자락에 품은 시에라네바다 산맥이었다. 그러나 아득한 옛일이라는 듯 산속 아침은 언제나 고요했다. 자연의 치유력과 환원력이 그런 질곡의 역사를 묻었는지 인간의 역사와는 무관하게 언제나 아침은 그윽했다.
    걷기 시작하면 제일 먼저 느끼는 것은 숲의 향기다. 숲은 알 수 없는 향기로 가득 찬 느낌이다. 소나무 숲이 점점 울창해지며 상큼한 공기가 가슴 속 깊이 들어온다. 야생 고사리가 지천인 계곡을 지나자 개울 물소리가 시원하게 들리며 여러 색깔의 야생화들이 꽃밭을 이루고 있었다. 굉장히 넓은 초원지대가 호수와 함께 나타났다. 존 스톤 메도Johnston Meadow, 존 스톤 초원이다. 지도는 이곳을 지나면 우리가 식량을 맡겨둔 레즈 메도가 얼마 남지 않았음을 알려주고 있다.
    모퉁이를 돌아 서니 숲속으로 잘 생긴 사슴 한 마리가 가로 지른다. 과연 사슴이 많긴 많다. 토끼만큼 큰 마모트도 보인다. 사슴이나 마모트의 천적으로 그걸 잡아먹고 사는 마운틴 라이언도 이곳엔 존재한다는데 우리는 아직 한 번도 못 봤다. 그러나 하워드는 곰 사냥 중에 절대 보호동물인 그것을 보았고 사진까지 찍었다고 말했다. 존 뮤어 트레일을 가고자 하는 사람들은 법을 잘 지킨다. 공원 당국이 발표한 규칙을 보면 미국의 자연 보호의 본연의 자세를 알 수 있다. 트레일 내의 정보 제공은 물론이고 명확하게 지침이 마련되어 모든 규제가 합리적으로 보인다. 공원 관리인인 레인저의 활약 범위 설명도 그렇지만 모닥불의 사용 규칙도 그랬다. 예를 들면 이전에는 '모닥불은 흔적도 없게 정리하고 떠나는 것'이라고 했는데 그것이 실행에 옮겨지지 않자 이젠 '모닥불을 피울 땐 한번 피운 흔적이 있는 기존의 장소를 사용할 것'이라고 변경되었다. 지키기 어려운 상황에 따른 유연성이다. 한편으로 '사용해도 좋은 나무는 죽어 버린 작은 가지로, 큰 통나무 사용은 금지' 등 세세하게 규제된 부분도 많았다. 통나무를 태우지 말라는 이유는 그 속에 작은 새나 벌레의 둥지가 있을지도 모르기 때문이다. 또한 3,000미터 이상에서는 생태계를 위하여 모닥불이 금지되어 있다. 규제가 많기는 하지만 그것이 모두 자연을 보존하자는 것이기에 누구나 그것을 지키고 있다. 미국인의 그런 점이 우리는 은근히 부러웠다.

드디어 데블스 포스트 파일Devil's Post Pile 표지판이 나타났다. 우리가 출발지 요세미티로 가면서 식량과 연료를 맡겨 놓은 레즈 메도 리조트 스토어Reds Meadow Resort Store가 다가온다. 아직은 갈 길이 멀었으나 힘이 솟기 시작했다. 식량을 찾아 가는 길은 데블스 포스트 파일을 통과하게 되어 있다. 이곳은 화산 지역에서 볼 수 있는 주상절리柱狀節理 지역이다. 마그마가 냉각되고 응고하면서 생기는 육각형 기둥의 바위들이 모여 있는 곳으로 국가 보호지역이었다.

큰 강은 답답한 마음을 확 트이게 해서 좋고, 작은 시냇물은 나장에서 좋다.
개울에 섞여 흐르는 풀벌레 소리가 탁족하는 여행자를 붙잡는다.

존 뮤어 트레일은 매일 풍경을 바꿔 우리에게 감동을 주고 있다. 감동이 희미해지지 않는다는 것은 그만큼 존 뮤어 트레일 전체가 아름답고 희귀한 자연사 박물관이라는 말이다. 그러나 눈은 즐겁지만 그런 걸로 배가 부를 수는 없다. 먹어야 한다. 인간이니까. 당장 필요한 건 밥이다. 라면이다. 먹어야 걷는다. 존 뮤어 트레일을 걷는 동안 여러 가지 잡다한 생각을 하게 된다. 처음 며칠은 떠나 온 한국과 부대꼈던 사람들이 생각나다가 그런 생각은 시나브로 없어지고 머릿속은 온통 먹는 생각으로 가득 찬다. '열무김치 국물에 만 국수 어때?' 하고 물으면 '얼음이 동동 뜬 시원한 냉면이 더 낫다' 고 주장하며 나름대로 먹고 싶은 음식을 나열했다. 얼큰한 해물탕을 안주로 한 잔 하면 좋겠다고 말하면 삼겹살을 상추에 싸 먹는 게 좋다고 입맛을 다신다. 그러나 우리에겐 현실적으로 라면 밖에 없다. 점심때가 되어 우리는 계곡 옆에서 라면을 끓이기로 했다. 하워드가 내게 버너 기름을 달라고 했다.

"빈 통이야. 네게 있는 거 아니니?"

"내 건 벌써 떨어졌는데. 할 수 없지 뭐. 원시인처럼 불을 때서 끓이는 수밖에."

하워드는 돌을 쌓아 화덕을 만들고 나무로 불을 피워 코펠에 물을 끓였다. 오늘 짐을 찾으면 그 속에 나머지 운행에 필요한 기름이 있다. 물이 끓는 동안 나는 물속에 들어가 목욕을 했다. 물은 차가웠지만 기분은 좋았다. 이런 호사도 존 뮤어 트레일이 주는 선물이다. 옷을 벗은 부위는 흰데, 반바지와 반 티셔츠 차림이었던 나머지 몸은 태양에 그을려 발갛다 못해 까맣게 변해 버렸다. 이 땅의 원주민 인디언들이 홍인종이라 불리는 이유를 알겠다. 우리처럼 허구헌날 햇볕에 그을렸을 테니까. 지금 내가 딱 그 꼴이다.

라면이지만 먹을 때마다 갈등을 느낀다. 생각은 공평하게 먹어야 된다고 하지만 몸은 한 젓가락이라도 더 먹고 싶어 했으니까.

"이거 미란 씨 드세요."

내가 그런 생각을 하고 있다는 걸 안다는 듯 하워드가 마지막 국물을 작은 그릇에 따라 김미란에게 권했다.

"야, 다음부터는 라면 국물이라도 많이 만들자. 물배라도 채워야지."

내가 투덜대자 김미란이 무안한 듯 내게 그걸 내민다.

"아닙니다. 드세요. 물을 조금 넣으니 라면이 짠듯해서 그런 겁니다."

배는 그걸 받아야 된다고 명령했지만 손은 애써 아니라고 사래를 치고 있다.

"하워드, 여태 사람을 못 만났는데 데블스 파일은 공원이니 사람 구경도 할 수 있겠지?"

"그럼. 거긴 차가 들어오는 공원이니까. 또 처음이자 마지막 가게도 있는 곳이고."

"그럼 우리 내기하자. 맥주를 판다니까 맥주 내기. 우리가 처음 만나는 사람이 남자냐 여자냐를 알아맞히는 것. 어때?"

나와 이겸은 여자 쪽에 걸었고 하워드와 김미란은 남자 쪽에 걸었다.

"보나마나 우리가 이겼다. 미국은 레이디 퍼스트 나라잖아. 뭐든지 여자를 먼저 모시는 관례가 있다구. 그러니 여자를 앞세워 걸을 건 분명해. 우리가 이길 거야."

내 말에 하워드도 지지 않고 말대꾸를 했다.

"맞아. 미국에선 여자를 보호하지. 그러니 힘센 남자가 산길을 앞장서서 먼저 나타날 거야. 어디 두고 보자. 오늘은 맥주 실컷 먹겠네."

하워드의 응답에 은근히 걱정이 된다. 앞으로 나타나야 할 사람은 부디 김미란을 늘 앞세우는 하워드를 닮았거나 여성 팀이어야 했다. 점심을 먹고 배낭을 꾸리고 있는데 인기척이 난다. 그쪽을 보니 더위에 웃통을 훌렁 벗은 남자가 앞장서 씩씩하게 걸어오고 있다.

"야호! 하워드, 남자다. 남자가 먼저 나타났다. 우리가 이겼다."

신이 난 내가 고함을 치자 그쪽을 힐끗 바라 본 하워드는 대수롭지 않은 듯 딴전을 편다.

"아냐. 게임은 우리가 출발해서 처음 만나는 사람을 이야기하는 건데 저 사람들은 걷고 있고 우리는 정지해 있잖아. 그러니 이번은 무효야."

"그런 게……"

항의하려는 말을 끊은 것은 나를 쿡 찌르며 윙크를 한 이겸이었다. 아이고, 큰일 날 뻔했다. 내가 착각했던 거다. 우리 팀이 선택한 게 여자라는 걸 깜박 잊고 남자를 보고 좋아한 것이다. 그걸 눈치 챈 김미라이 하워드에게 알렸다.

"하워드 씨, 우리 팀이 남자에요. 우리가 이긴 거예요."

"하하. 미란 씨. 하워드가 자신의 입으로 무효를 선언했어요. 나는 하워드가 이긴 걸 축하해 준다고 알려 준 건데, 신사답게 하워드가 그걸 거절한 말을 똑똑히 들었죠?"

하워드의 은근한 고집을 꺾은 것에 왠지 통쾌했다. 반대를 위한 반대를 일삼다가 제대로 걸렸다. 하워드를 바라보니 뭐 씹은 표정이다.

"괜찮아요. 또 남자가 나타날 건데요 뭐. 우리가 이길 거예요."

하워드는 그래도 고집을 피웠다. 우리는 이제 사람을 찾으러 길을 나섰다. 여기로부터 데블스 파일까지는 아주 지루한 내리막길이었다. 드디어 갈림길이 나타났고 길을 안내하는 표지판이 보인다. 존 뮤어 트레일은 관리가 아주 잘 되는 곳이다. 조금 길이 헛갈릴 만하다 싶은 곳이나 갈림길에는 안내판이 친절히 달려 있다.

존 뮤어 트레일은 정말 사람이 귀하다. 우리가 그늘에서 뻐근한 다리를 쉬고 있는데 멀리 말을 탄 사람들이 다가오고 있었다. 남자일까? 아님 여자일까? 제일 앞 말을 탄 사람은 레인저였는지 정복에 카우보이처럼 모자를 써서 도무지 분간이 되지 않았다. 우리는 진지한 눈으로 그들이 가까이 오기를 기다렸다. 맨 앞에서 말을 탄 채 오고 있는 레인저는 여자였다! 나는 득의만만하게 하워드에게 손을 내밀었다. 미안하다, 하워드. 득의양양한 표정으로 하워드를 보는데, 내 손을 잡고 흔드는 녀석의 표정이 묘하다.

"고맙다. 저 말 봐라. 수컷이 틀림없지? 말 안장에 앉은 여자보다 말 머리가 1미터는 앞으로 나와 있으니 우리가 이긴 거지."

나는 어이가 없어 허허 웃을 수밖에 없었다. 따진다는 건 무의미했다. 그동안 내가 아는 하워드는 말이 되던 안 되던 자신이 한 말에 대한 고집이 대단했으니까. 분명 사람을 말한 게 아니라 사람을 포함한 동물까지도 해당된다고 우길 것이다.

말을 타고 가는 여자가 티격태격하며 웃고 있는 우리를 보고 영문도 모른 채 웃었다.

주상절리 육각기둥이 모인 곳에 도착하니 관광 온 사람이 많았다. 그들이 우리를 바라보는 시선은 복잡했다. 이 더운데 커다란 배낭을 메고 나타난 우리를 의아하게 보는 눈, 부러운 눈치로 바라보는 눈, 미친놈 취급을 하는 눈, 여러 형태의 시선을 느꼈다. 그래도 사람을 만난다는 건 좋은 일이다. 그곳 구경을 하고 다시 리조트 센터까지는 작은 고개를 넘어야 했는데 우리 짐을 빨리 만나야 된다는 조급함 때문에 더 힘들고 지치는 길이었다.

레즈 메도 리조트는 그 거창한 이름과는 달리 방갈로 몇 개와 마구간, 그리고 짐을 맡긴 가게와 작은 식당이 전부였다. 우리는 이곳에서 식량 포대를 찾았다. 보관료는 하루 1불. 여기까지 7일 걸렸으니 7불이다.

그다음 우리가 제일 먼저 한 일은 기갈 들린 듯 맥주를 마시는 거였다. 이제 트레일 전체 거리를 따진다면 3분의 1정도는 온 셈이다. 그리고 문명 세계를 만난 것이기도 하고. 우리뿐 아니라 여기에서는 다양한 하이커들도 만날 수 있었다. 그들에게도 이곳은 오아시스다. 이곳까지 포장도로가 있지만 환경문제로 일반 차량은 접근 금지다. 산 넘고 고개 넘어 맘모스 리조트라는 대형 스키 위락단지에서 한 명 당 7불의 사용료로 셔틀 버스가 이곳까지 운행한다. 우리도 역시 요세미티 가는 길에 그걸 이용해 식량을 옮겨 놓았던 것이다.

맥주를 마시며 우리 반대편에서 걸어 온 사람들과 대화를 나누었다. 우리가 갈 길이 궁금한 것처럼 그들도 우리가 걸어 온 길이 궁금하긴 마찬가지였다. 엉덩이가 헤진 바지에 고생한 흔적이 역력한 여자들도 있었다. 그들은 어젯밤 캠프장에서 곰의 습격을 받았다고 한다. 개인이 소지한 곰통은 투명한 것도 있었는데 그 안의 식량이 훤히 보여 그랬는지 기어이 곰통을 열고 식료품을 다 먹어치웠다는 것이다. 다행히 사람에게 위협은 주지 않았다고 했다. 곰은 이미 곰통 안에 음식이 있는 것을 알고 있고 그것을 여는 방법도 학습한 것 같다고 말한다. "그날 밤은 무서워 뜬 눈으로

숲도 호수의 찬란함을 막을 수 없었나 보다. 나무 사이로 빛나는 수면의 빛이 마음을 움직인다.

새웠어요."고 하면서도 정작 그녀들은 깔깔 웃고 있었다.

식량을 찾아 헤쳐 놓으니 많기도 하다. 진짜 부자가 된 느낌이다. 하워드를 따라 일행은 이곳의 무료 노천 온천으로 목욕을 가고 나는 식량을 재분류했다. 배고픔을 견딜 것인가, 등짐 무거운 걸 견딜 것인가 고민이 많이 된다. 한참 망설이다가 등짐 무게의 공포가 이겼다. 아깝지만 나는 많은 분량의 식량을 쓰레기통에 던져 버렸다.

오랜만에 목욕을 한 일행이 뽀얀 얼굴을 하고 나타났다.

"하워드, 다음 우리의 식량이 있는 뮤어 랜치까지 필요한 양만 남기고 다 버렸다. 어차피 곰통에도 다 들어가지 않으니까."

그 말에 하워드는 재빨리 쓰레기통에 버린 식량을 꺼내오더니 뜨악하게 나를 바라봤다.

"지금 한 끼 더 먹고 저녁거리는 곰통에 들어가지 않아도 되니까 비닐봉지에 넣어 가면 돼. 피 같은 식량을 버리다니 미쳤군."

그런 하워드의 결정이 영 못마땅했다. 그러나 하워드는 대장이다. 입산 신청서에도 하워드가 리더로 표기되어 있다. 그걸 인정하자. 그렇게 스스로를 다독였는데 하워드의 그런 고집이 없었으면 큰 문제가 생길 뻔 했다는 걸 나중에 알았다. 역시 경험자다웠다. 그런데 언제부터인가 하워드는 무릎 통증을 호소했다. 겁이 덜컥 났다. 하워드가 없으면 우리끼리 이 험한 길을 종주할 수 있을까? 그런 걱정 속에서도 우리는 넘치는 식량으로 음식을 만들어 먹고 출발했다. 저녁거리가 든 비닐봉지는 당연히 내 차례가 되었다. 이젠 휘트니 산을 넘을 때까지는 이런 가게라든가 문명을 만날 일은 없다.

리조트 막사 뒤편으로 이어지는 존 뮤어 트레일은 초입부터 산불이 자국이 생생하게 보인다. 거대한 숲이 숯으로 변한 잔재는 참 보기 싫었다. 너무 방대한 산불이기에 진화도 못했고 또 주기적으로 일어나는 산불 역시 생태계의 순환고리라 그냥 놔둔다고 하워드는 설명했다. 나무가 없는 트레일은 먼지가 많았고 그늘이 없으니 덥고 짜증이 났다. 그런데도 자연의 회복은 대단히 빠르다. 불탄 나무 등걸 아래는 이미 그 나무의 어린 싹이 자라고 있었다. 그걸 바라보며 문득 불교가 주장하는 윤회의 개념이 떠오른다. 나무라는 개체는 소멸하지만 그 뒤를 잇는 어린 나무들을 본다. 몇 천 년을 반복해 왔으므로 그게 사실적 윤회 아닌가. 세코이아 나무의 단면을 잘라 살펴보면 몇 백 년 전에 일어난 산불의 흔적을 발견할 수 있다고 한다. 세코이아 나무껍질이 두꺼워 불에 잘 견디기 때문에 거듭된 산불의 흔적을 발견할 수 있다는 것이다. 물론 직격탄을 맞아 홀라당 타 버리면 별 수 없겠지만. 꼿꼿하게 서서 불타 죽은 나무들이 흡사 어느 몰락한 신전의 음침한 기둥처럼 보였다.

그 광대한 산불 잔해를 벗어나 한참 지그재그로 길을 오르니 멀리 붉은 지붕처럼 생긴 레드콘Red Corns이 보인다. 땅속으로 흐르던 마그마가 화산으로 폭발하기 직전 부풀다가 멈춘 붉은 봉우리라는데 그래서 이름이 레드콘이다. 그래서 이곳을 붉은 초원, 레즈 메도라 부르고 있는 모양이다. 온천과 주상절리, 레드콘을 보면 이 지역은 화산대가 분명했다. 산맥이 크고 넓다보니 온갖 자연현상을 볼 수 있는 것이다. 마지막 가파른 고개에 올라서니 거기부터는 또 넓은 분지가 형성되어 있고 레드콘 아래를 휘감고 개울이 흐르고 있다. 그 개울가에서 야영하기로 결정. 이미 그곳엔 미국인 두 팀이 야영을 하고 있었다. 우리도 캠프 사이드를 찾아 숲으로 들어갔는데 갑자기 사슴이 나타났다. 사슴도 놀라고 우리도 놀랐다. 한동안 우리는 사슴과 눈싸움을 했다.

"사슴은 수컷만 사냥하게 되어 있어. 암컷을 잡으면 안 돼. 수컷도 머리뿔이 두 개 이상 가치친 것, 즉 두 살 이상이어야 잡을 수 있지. 물론 허가를 받아야하고."

하워드는 사냥을 자주 다녔다. 언젠가는 한국에 있는 나에게 곰 사냥을 가자고 메일을 보낸 적도 있었다. 그때 내 답장은 "나쁜 놈! 넌 조상에게 총질을 하냐?"였다.

요란한 하워드의 버너에 불이 붙여지고 우리는 저녁으로 또 라면을 끓였다. 소리가 시끄러워도 이젠 버너가 고마웠다. 아니면 또 점심때처럼

자연의 질서에는 관용이 없으며, 여타의 감정 개입도 없다.
하여 너무도 풍요롭고 때론 잔인하기까지 하다.

불을 때어 음식을 만들어야 할 테니까. 물을 많이 넣으라고 하워드와 말싸움을 할 일도 없었다. 내가 들고 온 비닐봉지에는 무려 라면이 열 개나 들어 있으니까. 그걸 다 끓인 건 곰통이 꽉 차 있어 들어가지도 않거니와 그만큼 배가 고프다는 증거겠다. 또한 다 먹어야 되었는데 음식쓰레기 냄새를 따라 곰이 올 수도 있기 때문이다. 사회 같으면 라면을 몇 끼 계속한다는 건 상상도 못하겠지만 선택의 여지는 없었다. 산행에 칼로리를 많이 소모해서인지 이름만 바뀌었지 거듭되는 라면이 질리지도 않았다. 일반 라면 십수 종류에 짬뽕맛 라면, 짜장맛 라면까지 온갖 브랜드의 다양한 라면을 먹으며 한국에서 판매하는 라면의 종류가 그렇게 다양한지 새삼 알게 되는 시간이었다.

모닥불을 피우고 나는 소주병을 꺼냈다. 레즈 메도 식량 보급품에 있던 두 병 중 하나였다.

"힘들다고 식량도 버린 녀석이 술은 챙겨오네. 곰도 안 먹는 술인데."

하워드는 그렇게 내게 핀잔을 주면서도 냉큼 술잔을 받았다. 어둠이 깔리고 나면 산속에선 특별히 할 일이 없다. 그래서 우리는 점점 모닥불 중독이 되는가 싶었다.

"형, 그동안 몇 마리나 잡았어요?"

이겸이 하워드에게 곰 사냥에 대하여 묻는다.

"한 7마리쯤."

"크기가 얼만해요? 황소만 해요?"

"그렇게 큰 건 여긴 없어. 캘리포니아 주 깃발에 큰 곰이 그려진 거 봤어? 당시 캘리포니아 전역에서 흔히 볼 수 있었던 그리즐리 곰을 주의 상징으로 그린거지. 여기에 사는 흑곰과는 다른 종류야. 엄청 크고 난폭했

지상에 떨어진 별은 꽃으로 다시 태어나기도 한다.

는데 지금은 알라스카에 가야만 볼 수 있지."

하워드는 곰 이야기가 나오자 신이 난 듯했다.

"곰 사냥 시즌은 사슴 사냥과 함께 9월 셋째 주 토요일부터 시작돼 그해 말까지 이어져. 그때 사냥에 필요한 허가증을 구입해야 해."

조상에게 총질하냐는 나의 핀잔은 지금도 옳다고 생각하지만 하워드의 곰 사냥 이야기는 재미있었다. 허가증을 받았다고 끝나는 것이 아니었다. 곰 사냥용 베어 태그$^{Bear\ Tag}$를 별도로 신청해야 되는데 캘리포니아 거주자는 29달러 40센트고 다른 주 사람들은 194달러 25센트를 내야 한다는 것이다. 사냥을 시작하기 전 수렵국으로부터 베어 태그에 허가 스탬프를 받고 사냥이 끝나면 성공이든 실패든 관계없이 베어 태그에 딸린 리포트 카드를 작성해 제출한다고 한다.

하워드는 그동안 곰뿐이 아니라 사슴을 비롯해 야생 칠면조 등 사냥 경력이 다양했다.

"작년에는 1,500마리가 수렵대상이었는데 올해는 1,700마리를 잡을 수 있다고 공고가 붙었어. 그만큼 숫자가 늘어났다는 증거지. 잡던 못 잡던 연말에는 사냥시즌이 끝나."

하워드 말에 따르면 곰 사냥은 돈이 많이 들었다. 허가증은 얼마 되지 않으나 홀로 총 들고 백날을 헤매어봐야 곰 그림자도 못 본다는 것이다.

수요가 있으면 공급이 있는 법. 하워드 같은 사냥꾼을 위하여 곰 사냥 가이드라는 직업이 생겨났다. 개인 당 천 달러 정도 비용을 지불하면 가이드들은 자신의 사냥개를 풀어 곰을 추적하는 것이다. 사냥개들이 그 코를 이용하여 곰을 발견하면 떼거리로 곰을 추격하기 시작한다. 귀찮은 곰은 도망치다 결국은 개가 흉내낼 수 없는 나무타기 묘기를 부린다. 원래 곰은 나무타기 명수다. 개를 피해 나무 위로 올라가는 것인데 그게 곰에 겐 치명적 실수가 된다. 나무 아래서 말 그대로 개떼처럼 몰려 짖어대는 사이 사냥꾼들은 그 소리를 듣고 위치를 파악하는 것이다.

"사냥개가 짖는 소리가 세코이아 숲 너머 들려오면 죽기 살기로 찾아가야 해. 끊어질 듯 가늘게 들려오는 개소리를 따라 비탈을 구르고 계곡을 넘고 능선을 넘어 가는 길은 고역이야. 길이 있을 리 없으니까."

사냥개 소리를 듣고 곰을 발견하는 게 쉬운 일이 아니라는 것이다. 때로는 산을 넘는 경우도 있다. 멀어졌다 가까워졌다하는 사냥개 소리를 분간하는 것도 가이드의 역할이다. 그렇게 힘들게 찾아 간 흑곰은 태평스럽게 나무에 올라가 있고 개들은 그 밑둥치에서 맹렬하게 짖어대고 있는 것이다. 사냥개에게 한나절이나 쫓기다가 곰이 마지막 도피처라고 선택한 죽음의 나무였다. 곰은 나름대로 지혜가 있어 아름드리나무 외에 약하게 보이는 나무는 절대 올라가지 않는단다.

"곰을 발견했다고 그냥 총을 쏘는 건 아니야. 훈련된 사냥개가 얼마나 비싸. 곰이 총을 맞고 개 위에 떨어지면 죽을지도 모르거든. 개들이 얼마나 영리한지 역할 분담을 잘 하고 있어. 몇 마리는 나무에 앞발을 걸치고 계속 위를 향해 짖고 있고 나머지 놈들은 곰이 나무에서 내려와 탈출할까 봐 주위를 빙빙 돌며 경계를 하지."

그러니까 하워드 말은 우리가 상상한 사냥과는 달랐다. 몇날 며칠 야영을 하며 곰을 찾아 헤매다가 오랜 고생 끝에 드디어 곰을 발견하여 잡는다는 상식이 아니었다.

"나무 위에 곰을 확인하면 가이드는 제일 먼저 개들을 멀리 묶어 놓지. 그다음 우리에게 총을 쏘라고 지시하는 거야. 좋은 자리를 찾아 나무에 붙어 있는 곰의 급소를 쏘는 거지. 한방에 끝내야 하니까. 그게 곰을 위한 일이기도 하고."

한방으로 끝내야 그게 곰을 위한 일이라고? 그것 참, 이런 경우를 가리켜 악어의 눈물이라고 했던가? 나는 한마디 하려다 참았다. 하워드 이야기가 재미있었으니까.

"작년 일이었어. 선배 한 명과 곰 사냥을 가서 나무 위의 곰을 쏘았는데 빗맞은 모양이야. 글쎄 곰이 나무를 훑어 내려오기 시작하는데 얼마나 빠르던지. 마침 묶이지 않은 사냥개가 곰에게 달려들었는데 앞발 한 방에 멀리 날아가더군."

가이드는 개를 다시 풀어 놓았고 곰은 추적하는 사냥개들을 끌고 계곡 아래로 사라졌다.

"내가 잘못 쏜 거야. 조급했던 거지. 그 상황에선 서두를 일이 없거든. 보통 한 시간 이상씩 대치한 채 서로 바라보고 있으니까. 좀 더 느긋하게 정확히 조준을 했어야 되는데."

그때부터 하워드의 고생은 또 시작되었다. 곰은 급소는 아니지만 총알을 맞은 건 틀림없었다. 그 증거로 곰이 내려온 나무에 핏자국이 선명했다. 개 소리를 좇아 다시 길도 없는 계곡으로 내려가 나무를 타고 넘으며 달리기 시작했다. 사냥개가 좇고 있는 이상 곰은 멀리 가지는 못할 것이다. 물이 마른 계곡 바위 동굴에 부상당한 곰은 숨어 있었다. 이번에도 그걸 찾은 것은 하워드가 아니라 사냥개였다. 곰 입장에서 보면 악마 같은 개였을 것이다. 이번에는 가이드가 직접 확인사살을 했다. 그렇게 그 시즌 사냥은 끝났다.

"머리는 보고서와 함께 수렵국에 보내야 하고 고기는 우리 차지가 되지. 곰은 곧바로 해체작업에 들어가는데 그 일도 가이드들이 하는 거야. 가죽을 벗겨 내고 배를 갈라 내장과 간을 꺼내 개들에게 줘. 아마 개들이 죽기 살기로 곰을 쫓는 건 그 맛을 알기 때문인 거 같아."

웅담은? 하고 말이 입 밖으로 나오려는 걸 참았다. 하워드 말을 듣다 보니 이건 사냥이 아니라 살생이었다. 도망칠 곳도 없게 만들어 놓고 총을 쏘는 게 무슨 사냥인가. 그런 내 생각을 아는지 모르는지 하워드는 신이 나서 말을 계속했다.

"비계가 얼마나 두꺼운지 몰라. 동면하려고 잔뜩 먹어 놔서 그런지 비계가 두부 두께는 되는 것 같아. 가죽과 살과 두개골을 가이드와 나누어 배낭 가득히 채워 돌아오는 거지. 완전 중노동이야. 곰 사냥은."

그때 곰에게 일격을 당한 사냥개는 다행히 죽지는 않았으나 발톱에 찢긴 수술비로 2천 달러가 들었다니 가이드도 헛고생만 한 셈이다. 이들이 제출한 머리와 보고서를 모은 후 그것을 분석하여 수렵국은 이듬해 발행할 곰 사냥 숫자를 산출한다.

"이젠 사냥하지 마세요. 곰이 불쌍하잖아요."

신나게 이야기를 마친 하워드에게 김미란이 말했다.

"지금 우리 집 냉동고에 작년에 잡은 곰 고기가 있어요. 미란 씨, 우리 산행 마치면 그것 좀 먹을까요? 비프와 별로 다를 게 없어요."

"야, 하워드. 우리 조상 설화에서 단군의 어머니는 원래 곰이었어. 곰은 쑥과 마늘만 먹으면서 햇볕과 차단되는 고행 끝에 인간 웅녀로 변신했다는 거야. 네가 아무리 잔인해도 어떻게 조상에게 총을 쏘냐?"

내가 그렇게 쏘아 붙였는데도 하워드는 싱긋 웃는다.

"그런 놈들이 웅담이니 곰 발바닥에 환장을 하니? 최상의 요리로 곰 발바닥이 팔리고 웅담이 몸에 좋다고 없어서 못 먹는 판에. 한국 사람들도 잘만 먹잖아."

하긴 그렇다. 하워드 말대로 조상이었을지 모를 곰이 요즘 세상에서는 신성한 동물이 아닌 미식가들의 입에 오르내리는 먹을거리가 되었다. 곰을 신성시하던 신화는 우리만의 독창적인 문화가 아니다. 시베리아를 포함한 유라시아 지역이나 몽고, 그리고 북미 시에라네바다 인디언들에게도 곰은 신성한 동물로 추앙하는 경우가 있었다. 인디언들은 산을 지키는 산신이며 부족의 수호신으로 곰을 숭배했다. 북방 민족이 아주 오랜 옛날 육지로 연결된 베링 해를 따라 아메리카 인디언이 되었다는 학설은 그래서 설득력이 있다. 우리도 북방 민족으로 분류되고 고조선 당시는 곰을 받들고 단군 신화의 대상으로 삼았으니까.

"이곳 캘리포니아에서 불법 곰 사냥을 주선하고 한국인에게 웅담과 발바닥을 밀매해온 한인 사냥꾼이 작년에 잡혔어. 한국인 외에는 먹지 않는 웅담이니까. 공범 3명이 수렵국에 체포되었고 그걸 사먹은 교민도 수사 대상이 되었지. 아마 오래 동안 교도소에 살 거야."

신나게 사냥 무용담을 들려주었는데 돌아오는 반응이 신통치 않자 하워드는 그 탓을 한국인 식성으로 돌렸다.

"형, 그런 사람은 꼭 있게 마련이지요. 그런 사람이 다 한국인이라고 하면 논리비약이고요. 사냥이야기를 듣다 보니 저 어둠이 갑자기 무서워지네요. 이디선가 사랑하는 가족을 잃은 곰이 형에게 복수한다고 나타날까 봐."

이겸 역시 곰 사냥을 탐탁지 않게 생각하는 모양이었다.

"하하. 여기 곰은 겁먹을 필요가 없어. 곰은 인간의 기척을 아주 싫어해서 사람들을 피하지. 다만 먹을 것을 다투거나 자기 새끼에게 사람이 접근하는 것만 보면 미친 듯이 공격한다고 알려져 있지. 새끼가 위험하다고 판단하면 상대가 총을 가진 사람이건 뭍불 가리지 않는다고 해. 그게 다 본능이 시킨 눈먼 새끼 사랑 때문인데 새끼를 동반한 곰은 못 잡아."

07
어퍼 크레이터 메도에서 버지니아 레이크까지

밤이 깊었다. 모닥불 빛에 처음으로 허연 입김이 보인다. 이 계곡은 많이 쌀쌀하다는 증거다. 낮과 밤의 일교차가 심하다는 건 역시 이곳이 사막의 산이라는 걸 증명한다. 우리는 곰통을 멀리 가져다 놓고 배낭 역시 그 곁에 모아 판초를 덮어 놓았다. 그리고 누가 먼저라 할 것 없이 골아떨어졌는데 나는 그날 밤 꿈을 꾸었다. 하워드의 리얼한 곰 사냥 이야기 때문이었을까? 곰 한 마리가 우리 텐트 지퍼를 열고 싱긋 웃고 있었다.

"빨리 나와 봐! 곰이 왔다간 모양이야!"

곰이 친절한 미소와 함께 예의바르게 방문한 꿈을 꾸고 있던 나는 하워드의 고함에 깜짝 놀라 일어났다. 이미 날은 훤하게 밝았다. 지금 곰이 밖에서 어슬렁거리고 있다는 말인가? 무슨 말이지? 잠시 사태를 파악하려고 따뜻한 침낭 속에서 그냥 누워있는데 다시 하워드의 비명이 들린다.

"큰일 났다. 내 배낭이 없어졌어!"

이건 또 무슨 말인가. 곰이 배낭을 메고 갔다는 말인가? 자는 줄 알았던 김미란과 이겸이 그 말에 용수철처럼 후다닥 일어났다. 나도 잠이 싹

트레일을 보수하는 이들은 숲 속에서 야영을 하며 지낸다.
그들의 얼굴이 아침햇살만큼이나 환하다.

달아났다. 매일 저녁 텐트 앞에 놓아두는 곰 스프레이를 찾아서 밖으로 나갔다. 그러나 곰은 어디에도 보이지 않았다. 숲속에서 새소리만 청아하게 들렸다. 불안한 눈으로 주변을 두리번거리고 있는데 하워드가 곁에 다가선 김미란에게 설명했다.

"봐요. 볼 일 보려고 일어났더니 판초가 열려져 있는 거예요. 무슨 일인가 싶어 확인하니 이겸 후드는 찢겨져 있고 내 배낭은 안 보이는 겁니다. 이건 곰 짓이 분명해요."

"어떻게 곰이라 단정할 수 있냐? 소리도 안 들렸는데. 곰이 그렇게 엉

큼하냐? 어쩌면 사람이 훔쳐 간 것 일수도 있잖아."

하워드가 너무 흥분하는 것 같아 슬그머니 내가 끼어들었다.

"이것 좀 봐. 사람 손톱으로 이렇게 두꺼운 배낭을 찢을 수 있어? 겸아, 네 후드 안에 무엇을 넣었었니?"

"아무 것도. 형이 시킨 대로 냄새 나는 건 모두 곰통에 넣었는데요."

이겸은 자신의 배낭을 받아 꼼꼼히 살피고 있었다. 두꺼운 천으로 만든 배낭 후드가 예리한 칼로 그어 놓은 듯 10센티미터쯤 찢겨 있다. 그건 곰의 짓임이 분명한 증거였는데 그 곁에 짓이겨진 치약이 보였다.

"바로 이거였어. 곰이 치약 냄새를 맡고 찾아 온 거야. 입에 넣고 우물거리다 맛이 없으니 뱉어 놓은 것 같아. 너는 곰통이 잘 있나 확인해 봐."

나는 텐트에서 떨어진 곳에 놔둔 곰통을 살피러 갔다. 분명 어제 가지런히 놓아 둔 곰통이 제멋대로 굴러다니고 있었다. 다행히 부서지거나 열린 것은 없었다. 그중 내 곰통에는 곰이 묻혀 놓은 침인 듯 허연 물질이 겉면에 꽤 묻어 있다.

"배낭을 찾는 게 먼저야. 곰이 메고 갔을 리는 없으니까 찾아보자."

나는 곰 스프레이를 꼭 쥔 채 하워드를 따라 계곡 쪽으로 내려갔다.

"저기 있다."

하워드가 한 곳을 가리키며 소리쳤다. 과연 듬성듬성 서 있는 소나무 숲에 낯익은 하워드의 배낭이 보였다.

"하워드, 잠시 있어 봐."

나는 배낭 쪽으로 걸어가려는 하워드를 말리며 스프레이 안전핀을 벗겼다. 혹시 곰이 어디선가 숨어 쳐다보고 있지는 않은가 불안했다.

"우리처럼 곰도 사람을 겁내고 있어. 벌써 도망갔을 거야. 곰 사냥 가이드 말도 사람이 확실히 기척을 하면 곰이 알아서 도망친다고 해. 그러니 사냥개가 필요한 거지. 아마 내가 일어나는 소리를 듣고 간 것 같아."

  곰은 상당히 영리했다. 그 증거로 좀도둑처럼 소리도 없이 왔다 갔다. 아무리 피곤하여 잠에 깊이 들었어도 네 명인데 어떻게 곰 한 마리의 기척을 몰랐을까. 또 하워드 배낭을 들고 멀리까지 이동한 것은 배낭 뒤지는 소리를 들키지 않으려 한 것처럼 보였다.

  "무슨 곰이 도둑고양이 흉내를 내냐? 곰이면 좀 우악스럽고 동선이 커야하는 거 아니야? 거기에 이빨까지 닦는 곰이네. 치약을 먹는 걸 보면."

  긴장이 사라지자 농담이 나왔다. 내 말에 하워드는 픽 웃고는 배낭을 살피고 있다. 다행히 하워드의 배낭은 이겸의 후드처럼 찢기지는 않았다. 배낭 주변엔 노란 가루가 넓게 퍼져 있다.

  "분말 게토레이가 원인이었어. 곰통에 들어가지 않아 할 수 없이 배낭에 넣어 놓았거든. 혹시 몰라 지퍼를 열어 놓은 덕에 찢지 않고 꺼내 간 거야. 겸이 배낭 후드는 지퍼가 닫혀 있으니 찢은 거고."

  우리는 정수한 물에 분말 게토레이라든가 분말 파워 바를 타서 마시고 있었다. 바닥의 자국은 그 분말가루였다. 플라스틱 봉지가 보이지 않는 걸 보니 곰은 그 봉지를 빨며 도망친 모양이었다.

  "이것 좀 봐. 곰통을 열려고 애지간히 애쓴 모양이야. 허옇게 말라붙은 침 자국이 곰통에 천지로군. 그런데도 우리는 세상모르고 잠을 잤다니."

  내가 곰통을 하워드에게 보여줬다. 그걸 밤새 핥고 있던 곰을 생각하면 웃기는 일이었지만 다른 한편으로 엉큼한 곰의 행동에 겁이 나기도 했다.

  "아침엔 곰통이라도 삶자. 웅담이나 발바닥만큼은 아니더라도 곰 침도 몸에 좋겠지."

별 피해 없이 끝난 곰의 습격에 여유가 생겼는지 농담이 나온다. 모두들 웃으며 야영지로 돌아왔다. 그런데 피해는 우리뿐만이 아니었다. 우리 아래편에서 야영하던 미국 팀이 우리의 소란에 일어났는데 잠시 후 그들이 시끄러워졌다. 무슨 일인가 궁금하여 내려가니 그들 자리에도 역시 곰이 왔다 갔다는 것이다. 알고 보니 예비식량을 모두 털렸단다. 존 뮤어 트레일 종주 팀이었는데 우리처럼 레즈 메도에서 식량을 찾았다. 그들 역시 음식이 곰통에 들어가지 않아 봉지에 넣어 높은 나무 가지에 매달아 놓았는데, 그걸 곰이 홀랑 가지고 간 것이다.

"우리 쪽에서는 도둑고양이 흉내를 내더니 이쪽에서는 원숭이처럼 놀았군요."

그들이 설명을 듣던 이겸이 재미있다는 듯 내게 속삭였다. 무겁다고 투덜대던 우리 곰통이 새삼 듬직해 보인다. 역시 곰통은 확실했다. 곰이 그걸 열었다면 우리는 당장 가장 빠른 길로 문명을 찾아 돌아서야 할 터.

일어난 김에 아침을 먹기로 했다. 버너에 불을 붙이고 물이 끓을 때를 기다리며 내가 하워드에게 말했다.

"어제 이겸이 한 말처럼 하워드 네가 곰을 죽여 그 형제들이 복수하러 온 건지도 몰라. 그러니 사냥은 이제 그만 해."

농담처럼 말했지만 어느 정도는 진심이었다. 먹을거리가 넘치는 미국에서 취미로 살생을 하는 게 영 못마땅했기 때문이다.

"허가를 내주는 건 곰의 개체수가 많아 그러는 거야. 인위적으로 숫자를 조절하는 거지. 그냥 놔두면 영역다툼에서 쫓겨난 곰은 결국 사람 사는 곳으로 내려와 죽게 되잖아. 사람이 다칠 수도 있고. 국가가 할 일을 내 돈 내고 도와주는 좋은 일인데 왜 그만 둬?"

걷기 여행의 매력은 무엇보다 소리를 만나는 것에 있다.
더욱이 이렇게 찬란하게 부서지는 소리는 한없이 고요한 상태에 이르게 한다.

"나는 네가 곰을 쫓아다니다 잡는 줄 알았지. 그런데 알고 보니 나무 위에 올려놓고 쏘는 거잖아. 반항도 못하는 불쌍한 곰을."

"불쌍해? 아직도 정신 못 차렸구먼. 그런 걸 보고 쥐가 고양이 걱정해 준다고 하는 거야."

쇠심줄보다 질긴 고집을 누가 꺾으랴. 그저 혀나 차며 돌아서는 수밖에.

아침부터 한바탕 소동을 치룬 뒤 길을 나섰다. 오늘의 산길은 어제 고도를 많이 높여둔 덕분에 크레이터라는 이름의 고원 초원을 걷는 기분 좋은 길이었다. 길은 어느새 뮤어 윌더니스 공원으로 바뀌어 있었다. 이 트레일은 캘리포니아 주내 몇 개의 국립공원과 국유림을 관통하고 있다. 남쪽 시작 지점인 요세미티 국립공원, 킹스캐니언 국립공원Kings Canyon National Park, 세코이아 국립공원Sequoia National Park, 인요 국유림Inyo National Forest 등이 그것이다.

트레일은 꽃밭을 이루는 넓은 초원을 자주 지나치고 있다 거대한 붉은 소나무 숲도 시에라 산맥의 매력 하나이지만, 그 배경으로 서 있는 해발 4,000미터를 넘는 산들의 기묘한 경관은 볼수록 장엄했다. 멀리 잔설이 남은 시에라네바다 침봉이 날카롭고도 황량하게 보였다. 이곳의 산은 수목한계선을 지나 높고 광폭한 햇볕에 수만 년 풍화되어 몹시 거칠고 날카로운 것이 대다수였다. 압도적인 황량한 산의 질량은 보는 이로 하여금 주눅을 들게 하고 기묘한 혹성에 온 듯한 생각이 들게 한다. 또 이곳 산의 특징은 바위가 많다는 것이다. 산정이 날카로운 침봉이라면 산 중턱부터는 화강암이 주종을 이루고 있다. 산이 아름다우려면 골계미가 있어야 한다. 산에서 골계미란 바로 바위와 어울린 풍경을 말한다. 한국의 수묵산

영역 표시를 하는 것은 방법이 다를 뿐 인간도 마찬가지.

수화에서 바위 없는 그림 없듯 바위는 산을 웅혼하고 아름답게 보이게 하는 중요한 요소임은 분명하다. 지형 상 도저히 물이 없을 것 같은 바위 위에서도 폭포는 수시로 떨어졌다. 그리고 그 바위 길 곁엔 언제나 푸른 호수가 이어졌다.

  트레일은 조금씩 고도를 높이고 있었는데 앞서 가던 이겸이 이상한 걸 발견했다.

  "이거 곰 발톱 자국 아니에요?"

  이겸이 가리킨 소나무에는 곰들이 영역 표시를 해 놓았는지 깊게 파인 발톱 자국이 보였다. 금방 만든 것인지 네 개의 발톱 자국에서 송진이 흘러내리는 중이었다. 오늘 아침에 우리를 방문한 곰인지도 모르겠다. 이겸이 카메라로 발톱 흔적을 찍기 시작했다. 나는 이겸이 사진을 찍을 동안 주변을 둘러보았는데, 어느새 곁에 선 하워드가 쉿 하더니 몸을 낮춘다. 앞쪽 소나무 숲속에 어둠속에서 윤곽으로만 보았던 커다란 곰이 소나무에 몸을 비비고 있는 게 아닌가. 나는 트레일을 시작하면서도 이곳에 낳다는 곰 얼굴 한번 못 보고 종주가 끝날 거라고 생각했다. 도둑고양이처럼 밤에만 움직였으니까. 그래서 겁도 나지만 은근히 보고 싶었던 것도 사실이었다. 하지만 막상 눈앞에서 나무에 영역 표시로 몸을 비비고 있는 흑색 곰은 우리 몸집의 두 배쯤 되어 보였다. 머릿속이 재빨리 돌아가기 시작했다. 곰 스프레이를 어디다 넣었지? 내 배낭인가? 하워드 배낭인가? 아아, 맞다. 내 배낭 깊이 넣었다. 이런 낭패가 있나. 그때 이겸과 김미란도 곰을 발견했는지, 뒤편에서 흥분한 소리를 내며 달려왔다. 그 소리를 들었는지 곰이 우리 쪽을 쫙 째려보았다. 녀석의 갈색 눈동자가 또렷이 보인다. 곰은 우리를 위협하듯 나지막이 으르렁 소리를 낸다. 그때

버지니아 레이크의 초지. 해발이 높아질수록 생존은 치열해 지고, 꽃의 빛깔도 더욱 선명해지기 시작한다.

나는 분명하게 보았다. 곰 입 언저리에 노란 가루가 묻어 있는 것을. 그건 분명 게토레이 분말이었다. 저 녀석이구나! 어젯밤 우리를 방문했던 녀석이 저렇게 덩치 큰 녀석이었다니. 곰 스프레이를 가방 깊이 넣은 것을 후회하며 차선책을 찾기 시작했다. 당황해선 안 돼. 곰이 돌진해 오면 어쩌지? 1대 4니까 제대로 한번 붙어? 홀로 소설을 쓰고 있는 사이 곰은 경계하는 눈빛으로 우리를 돌아보며 숲속으로 사라졌다. 하워드도 곰을 자주 보았지만 이렇게 큰 놈은 처음이라고 했다.

 "저놈은 이 트레일을 오가는 사람을 많이 본 모양이야. 보통의 곰은 사람을 보면 죽자 사자 도망치기 바쁜데. 나도 보기 힘든 장면을 봤으니 너희는 행운아야."

 행운이 맞는지는 모르지만 어금니를 드러내고 우리를 바라 본 곰의 눈빛을 떠올리자 앞으론 제발 보지 않기를 바라는 마음만 간절하다. 완전히 겁을 먹은 우리가 한심해 보였는지 하워드는 곰 이야기를 다시 꺼냈다.

 "너희도 봤지? 곰 입에 묻은 노란 가루 말이야. 이겜 배낭을 찢은 범인이 바로 그 놈이었어. 그래도 텐트에는 안 쳐들어 왔잖아. 걱정할 거 없어."

 "이건 아무래도 곰에게 총질을 한 하워드 때문인 것 같아."

 어느 정도 긴장이 풀렸기에 마치 하워드의 사냥 때문에 곰이 나타난 것처럼 시비를 걸었다.

 "지금처럼 곰은 웬만하면 자기가 피하니까 오히려 걱정 없어. 되레 가끔 보이는 수사슴을 만만히 보면 안 돼. 수사슴은 공격적이기 때문이야. 어쩌다 마주치면 뿔로도 받고 뒷발질도 잘한다는 거야."

 이거 참… 하프 돔 오를 때는 다람쥐가 배낭을 갉아 놓는다고 하더니 이젠 사슴까지 공격적인 동물로 묘사한다. 우리의 불안감을 풀려는 듯 하워드는 실실 웃었는데 어디까지가 정말인지 감이 잡히지 않는다. 곰 스프레이는 사슴에게도 통할 거야. 그런 생각이 들자 나는 부지런히 배낭을 풀고 스프레이를 밖으로 꺼내 주머니에 넣었다. 이젠 조금쯤 안심이 된다.

아주 서서히 고도를 올리는 길은 그다지 힘이 들지 않아 좋았다. 흔한 호수도 없이 산허리를 돌아가는 길이었는데 숲이 아주 짙은 곳이었다. 그 날 하루 종일 걸어 도착한 야영지는 모래밭에 물결이 찰랑이는 버지니아 레이크Virginia Lake, 버지니아 호수였다. 거대한 호수에 모래밭까지 있으니 흡사 해수욕장처럼 보인다. 고도계를 보니 호수의 고도가 3,300미터를 넘는다.

이 트레일 높이를 보면 백두산보다 훨씬 고도가 높아 산행이 아주 힘들 것 같아도 사실은 그렇지 않다. 거기엔 간단한 비밀이 있다. 이 산길은 평균 높이가 2,700미터에서 3,300미터 사이를 오르내리기 때문이다. 가파른 산을 오르는 것은 힘들지만 능선에 오르면 걷기가 쉬워진다는 원리다. 물론 그렇다고 거저먹을 만큼 쉬운 것도 아니다. 우선 고도가 높아 자주 숨이 차고 하루 운행 거리가 길기 때문이다.

호수로 유입되는 시냇가에서 야생화를 사진에 담기에 여념이 없는 일행보다 앞서 걸어가 캠프사이드를 찾았다. 유럽에서 왔다는 트래커가 호수 옆에 친 자신의 텐트 곁에 머물라는 친절을 보였으나 하워드의 버너소리 때문에 미소로 거절했다. 적요한 저녁이나 새벽의 고요를 깨부수는 헬리콥터 급 버너 소리에 공연히 미안했던 것이다. 또 저녁 10시가 넘으면 잠을 자는 그들의 습관에 비하여 우리는 모닥불 곁에서 늦게까지 대화를 나눴다. 그 조용한 밤에 한국인 네 명이 떠드는 소리는 얼마나 시끄러운가. 서로 그런 눈치를 볼 이유가 없으니 우리 좋은 곳에 텐트를 치면 될 일이었다.

배낭을 벗어 놓고 이곳저곳을 기웃거리며 마침내 고른 캠핑지는 너무 멋졌다. 소나무 몇 그루가 호수를 향해 가지를 뻗은 언덕이었는데 그 아래에는 해수욕장처럼 모래밭이 있었다. 물은 끊임없이 찰랑이며 모래를 적셨다. 조망이 탁 트인 캠프에서 들리는 호수 물결 소리가 흡사 바닷가에서 듣는 파도 소리 같았다.

김미란도 그런 생각이 들었는지 모닥불 가에 앉아 허밍으로 '나의 사랑 클레멘타인'을 부른다. 우리 귀에 익숙한 이 노래 한 번쯤 안 부른 사람이 있을까. 이겸도 어느 사이 목소리를 높여 따라 부르고 있었다.

> 넓고 넓은 바닷가에 오막살이 집 한 채
> 고기 잡는 아버지와 철모르는 딸 있네
> 나의 사랑 나의 사랑 나의 사랑 클레멘타인
> 늙은 아비 혼자 두고 영영 어디 갔느냐

하루가 끝났다는 안도감 때문일까. 저녁 노을이 호수를 물들이는 고즈넉한 시간, 이겸과 김미란의 코러스가 듣기 좋다.

"이 노래 가사를 바닷가에서 호수로 바꾸면 딱이네. 늙은 아비는 하워드고 어린 딸은 미란 씨가 하면 되고."

불속으로 장작을 밀어 넣으며 농담을 하자 하워드가 발끈한다.

"네가 생일이 5달 빠르니 아버지는 너지."

"김미란 씨를 극진하게 돌보는 네가 해야지, 매일 먼저 도망가는 내가 하랴?"

별 쓸데없는 말로 투닥거린다는 듯 이겸이 나를 보며 물었다.

"그런데 이 노래가 원작과 다르다는 걸 아세요?"

"다르겠지. 원작은 영어고 개사는 한국어잖아."

"하하. 그것도 그렇지만요. 존 뮤어 트레일에 대한 자료를 찾다가 원작과 다르다는 것을 알았는데, '깊은 계곡 광산마을 동굴집이 있었네 늙은 포티나이너 광부 아빠와 그의 딸 클레멘타인' 이렇게 시작되더군요. 원어로 불러볼까요?"

> In a cavern, in a canyon, excavating for a mine
> Lived a miner forty-niner and his daughter Clementine
> Oh, my darling, oh, my darling, oh, my darling Clementine

처음 듣는 소리였다. 이겸의 말에 의하면 이 노래가 우리나라에 전해진 것은 3.1운동 직후부터라는데, 그때 나라 잃은 슬픔에 절망하던 우리 상황에 맞게 개사한 거라는 말이다. 가사를 바꾼 사람은 〈구보씨의 일일〉로 알려진 월북 소설가 박태원 씨였다는 것.

포티나이너forty-niner란 단어 그대로 골드러시가 시작된 1849년에 황금을 찾아 캘리포니아로 몰려든 사람들을 뜻한다. 그러니까 클레멘타인은 바닷가에 살던 소녀가 아니라 시에라네바다 산 계곡에 살던 소녀란 말. 즉 골드러시 당시 광부들의 슬픔과 눈물이 담긴 상실의 노래였던 것이다. 우리가 매일 경탄해 마지않는 아름다운 산속에 그런 슬픔이 고여 있다는 게 믿어지지 않는다. 자연은 보기에는 아름다울지 모르나 사람이 생존하기에는 굉장히 힘든 것이다. 황금에 눈먼 포티나이너들의 고생은 따지고 보면 가슴 아픈 일이다. 그래서 이곳의 호수는 눈물처럼 맑은지도 모른다.

08
버지니아 레이크에서 퀘일 메도까지

"산이 세수를 하고 있네."

아침이었다. 호수에 온전히 담긴 산 풍경을 감상하고 있는데, 내 뒤로 다가선 하워드가 멋진 말을 한다. 산이 내려준 물이 모인 호수라 그 고마움을 잊지 못해 산을 씻기려 담고 있는 것일까? 가만히 수면에 비친 산을 들여다보고 있노라니 슬그머니 어지럼이 생긴다. 호수는 정지한 물의 집합만이 아니었다. 끊임없이 밀리는 바람이 세운 산물결이 춤을 추고 흔들리는 물결에 갓 떠오른 햇살이 잘게 부서지고 있다. 켜켜이 밀리는 물결 속에서 시에라네바다 산들이, 파란 하늘이 함께 흔들리고 있다. 그 풍경을 보고 하워드는 산이 세수를 하고 있다는 표현을 했을까. 누구나 이런 풍경 속에서는 시인이 된다더니 오늘 아침의 시인은 바로 하워드이다.

먼 길 걸어온 옷은 누더기처럼 변했고 몸에는 지나온 산길의 고단함이 고스란히 묻어 있지만 마음은 평화롭다. 투명한 호수는 자신을 에워싼 주위의 것들을 모두 품었고, 물속에 잠긴 아득한 산정 위를 송어떼가 편대를 지어 비행하고 있다. 그야말로 천국이 따로 없다.

참 잘 왔다. 얼마 만에 이런 여유를 즐기고 있나. 때로는 이렇게 멀찌감치 떨어져 자신을 관조해 보는 것도 좋은 일이다. 그러면 자신이 얼마나 바쁘게 살아왔는지 한눈에 보인다. 사람들은 말한다. 바쁜 게 좋다고. 그러나 바쁨이 과연 행복한 것일까? 물론 일이 없는 사람에게야 바쁜 사람이 부러울 수도 있겠다. 그러나 가만히 생각해보면 바쁜 게 아니면서 바쁜 척하거나 타성에 젖어 빨리빨리 병에 걸려 있는지도 모른다. 어쩌면 사회가 빠른 것을 좋아한다는 이유로.

안단테와 라르고라는 말은 어감이 참 좋은 단어다. 느리게 또는 아주 느리게. 포르테와 모데라토라는 빠른 박자로만 음악이 이루어질까?

한적한 어촌에 관광객이 찾아왔다. 어부는 낮잠을 자다 인기척에 깨어 그 사람을 멀뚱히 바라보았다. 한심하게 생각한 관광객이 어부에게 말했다.

"한낮인데 고기도 안 잡고 잠만 자고 있군요."

어부는 그 사람을 바라보며 시큰둥하게 대답했다.

"졸리면 자야지요."

"잠은 밤에 자야지요, 낮엔 일하고. 낮잠은 비효율적인 동시에 경쟁에서 집니다. 내가 이래봬도 경제학 교수입니다."

"그렇게 고기 많이 잡아 뭐 하게요?" 어부는 다시 물었다.

"잠 잘 시간 줄이고 고기를 더 잡으면 부자가 되는 거지요. 그러면 편안하게 노후를 즐기는 거 아닙니까?"

어부가 다시 자리에 누우며 귀찮은 듯 말했다.

"지금 내가 그러고 있지 않소."

그 우화가 생각난 것은 우리가 그렇게 여유로운 시간을 보내고 있다는 생각에서다. 잠을 깨우는 자명종 소리도 없고 마감에 쫓겨 재촉 받을 일

침엽수림으로 둘러싸인 레즈 메도를 건너면 다시금 오르막이 시작될 것이다.
또 다시 저 너머의 세상이 궁금하다.

도 없는 여유. 도연명이 쓴 〈도화원기〉에 나오는 무릉도원이나 토머스 무어의 〈유토피아〉 역시 바쁘게 살지 않는 느림의 이상향이다. 유토피아에서 사람들은 모두 동일한 노동을 할 뿐이고 잉여가치를 생산하지 않는다. 따라서 모두가 행복하다. 아프리카에서 침팬지와 함께 살아가는 제인 구달이나 티베트의 작은 마을 라다크를 찾았던 헬레나 노르베르 호지 역시 바쁠 것 없는 그들의 삶에서 무릉도원과 유토피아를 발견했다고 말했다.

문명이 만들어 놓은 이기인 인터넷과 전화는 사람을 세상과 연결시켜 바쁘게 만든다. 그것이 사람답게 사는 것이라고 생각했었는데, 이 산속에서는 그것이 또 한편 족쇄라는 생각도 드는 것이다. 과학기술의 발달로 인해 육체의 편안을 얻었다고 생각했는데 마음은 오히려 더 바빠진 게 아닌가. 그것들과 긴밀해질수록 여유와 느림은 사라지고 우울과 피폐한 감성이 양산되기 일쑤다. 도대체 함께 더불어 산다는 것은 어떤 의미일까? 우리가 그런 거 아닌가? 우리는 점심은 뭘 먹을까 고민할 필요도 없다. 라면뿐이니까. 싸 온 먹을거리에 만족하는 지족知足의 시간들. 지족이라는 말은 만족할 줄 안다는 뜻인 동시에 끝도 한도 없는 욕심을 경계하는 말이기도 하다. 어부와 교수의 우화처럼 많이 알기보다 제대로 알아야 한다는 생각이 불현듯 들었다.

여유롭게 그런 상념에 빠져 있는데 하워드가 소리를 지른다.

"뭐해? 빨리 가자."

저 친구에게 느림의 미학 운운해봤자 입만 아플 것이다. 하워드는 오늘 힘든 날이니 단단히 각오하라고 겁을 준다. 실버 패스Silver Pass, 실버 고개를 넘어야하는 날이라는 것이다.

트레일은 가파른 오름길과 내림길이 반복되곤 했는데, 하워드의 경고처럼 무척 힘든 구간이었다. 눈앞에 보이는 언덕이 실버 패스 마루라는 생각에 기껏 올랐더니 그 뒤로 더 높은 고개가 보인다. 그런 식으로 몇 번 속고 나니 힘이 쭉 빠진다. 우리가 넘어야 할 진짜 실버 패스는 한참을 더 가서야 나타났다. 오후가 되어 고개가 시작되었나 싶었는데 바위산 아래 다시 큰 호수가 보인다. 물이 많다는 건 아직 고개 마루가 멀었다는 증거도 된다. 기대가 무너지자 힘이 빠져 호숫가에 앉아 한참을 쉬었다.

고개의 정상은 눈 덮인 바위 너머에 있었다. 조금 더 힘을 내야할 듯하다. 고개 정상에 잔설이 남아 있는 것이 보인다. 정상에 가까워질수록 발밑의 눈은 단단하게 얼어붙어 따가운 햇볕을 반사시키고 있다. 8월에 이런 눈을 만나다니 참으로 자연의 신비는 오묘하다. 이런 풍경을 존 뮤어는 보았고 그래서 그는 이 눈부신 산맥을 교회보다 성스러운 곳이라 했을까.

눈밭을 가로지르며 오르고 있는데 위에 있던 백인이 나를 보고 소리를 친다. 눈밭에서 멀어지라는 말이다. 아무려면 이곳이 히말라야쯤이나 되어 크레바스 빠질까 조심하라는 건가? 그게 아니었다. 그는 눈을 녹여 차를 만들고 있었다. 그러니 하얀 백설을 더럽히지 말라는 말이었다. 곁에 다가선 나를 보고 자연산 아이스티를 만들고 있다며 웃는다. 눈밭엔 토끼 발자국인지 앙증맞은 자국이 보인다. 그 모습이 흡사 이불을 한 땀 한 땀 누빈 바느질처럼 보였는데 그 동물 발은 더럽지 않은지 궁금했다.

고개 마루에 오르자 반갑게도 사람이 보인다. 그중에는 엄마와 함께 올라 온 남자아이도 있었다. 이제 열네 살이 된다는 아들과 함께 구간 종주로 4박 5일의 트레킹을 나온 모자였다. 엄마의 눈엔 그 아들이 대견하고 자랑스럽다는 표정이 담겨있다. 보기 좋았다. 그들에게 양해를 구하고 모자의 모습을 찍었다. 그녀는 사진을 보내 달라고 이메일 주소를 적어 주었다.

자연이 가장 훌륭한 학교다

제라린 리사(Jeralyn Lisa, 48세, 미국), 존(John, 13세, 미국)

나 : 반갑다. 어떻게 여행을 시작하게 되었는지 말해 달라.

제라린 : 하이. 캘리포니아 서니 배일의 미국 야후 본사에서 조사팀의 팀장으로 근무하고 있는데, 방학 중인 아들과 산행을 하기 위해 휴가를 냈다. 4박 5일 일정으로 존 뮤어 트레일 구간 산행을 하기 위해서다. 아들은 힘든 듯하다. 얼굴이 발갛게 된 걸 보니.

나 : 한창 친구들과 어울릴 나이 같은데, 어떻게 엄마와 함께 산행을 오게 됐는지?

제라린 : 존은 지금 미들스쿨 8학년이다. 그야말로 사춘기라 하겠다. 하지만 난 아들이 제멋대로 크도록 내버려 두지 않는 편이다. 어떤 일이든 세상에 쉬운 것은 없으며 모든 일에 최선을 다해야 한다는 것을 어릴 때부터 가르쳤다. 한번은 집 문 앞의 큰 나무가 바람에 꺾여 넘어졌는데, 멕시칸 일꾼 두 명이 비를 맞으며 일하는 걸 아이에게 거들라고 시키고 말해주었다. 이들도 우리와 똑같은 사람이라고.

나 : 인터넷 회사 야후에 근무하면 첨단을 가는 직종인데, 자연 속으로

아들을 데리고 오다니. 그 이유가 궁금하다.

제라린 : 자연이 더 훌륭한 학교가 아닌가. 이 아이가 어른이 됐을 때 세계가 직면할 가장 큰 문제는 분명히 지구 온난화일 것이다. 무서운 일이다. 그때쯤이면 상황이 지금보다 악화되어 있을 거고. 이런 산행을 통해 자연이 생명이라는 느낌을 이 아이가 가졌으면 좋겠다고 생각했다. 나도 어렸을 적에 엄마 손에 이끌려 이곳에서 영감을 받았으니까.

나 : 혹시 아들을 등산가로 만들고 싶은 건가?

제라린 : 전혀. 그저 자신의 만족을 위해 산을 오르는 이기적인 사람이 되지 않기를 원할 뿐. 자연의 경이로움을 느끼고 생태적인 삶을 살아가도록 깨닫기를 바라는 것이다.

나 : 그야말로 존 뮤어의 뜻과 같은 듯하다.

제라린 : 존 뮤어는 자연을 진정으로 누릴 줄 아는 사람이었다. 산을 오르는 것은 곧 마음의 본질을 오르는 것이라는 그의 말은 유명하다. 그는 산이 경제적 효용가치 이상의 심미적 고귀함을 지니고 있다는 걸 너무나 잘 아는 사람이다. 자신이 깨달은 풍경의 종교성, 그리고 자연이 지닌 내재적 가치를 모든 사람들에게 알리고 싶어 했던 사람.

나 : (옆에 서 있는 쑥스러운 듯한 표정의 존에게 물었다) 이렇게 힘든 산행에 나서서 무엇을 느꼈는지 말해줄 수 있니?

존 : 미국은 멋진 나라예요. 이곳을 오면서 더 그런 생각이 들었어요. 다음에 올 때는 낚시를 가지고 와서 송어를 낚고 싶어요.

나 : 어머니가 아주 훌륭한 선물을 주신 듯하구나.

존 : 정말로 그래요.

나 : 힘들지는 않니?

존 : 음……. 사실 힘들긴 해요. 하루 종일 산을 걸으니까요.

나 : 그래도 같이 온 걸 후회하지는 않지?

존 : 그럼요. 아주 좋은 경험이잖아요.

제라린 : 야영을 통해 자연과 친해지며 또 스스럼없이 대화를 나눌 수 있는 분위기는 아주 중요하다. 사랑한다는 감정이 더 절절해진다. 무한한 가능성을 지닌 아들에게 무엇이든 할 수 있다는 숨은 잠재력을 일깨우는 것도 보람된 일이다.

나 : 앞으로도 이런 기회를 자주 가질 생각인가?

제라린 : 물론이다. 산길 걷기를 통해 자립심을 길러 주는 것은 물론 미국시민으로서의 자질을 키울 수 있다. 공부에 찌든 학생들을 자연 속으로 내보내 자연과 이웃에 눈뜨게 하고 모험과 개척정신을 기르게 하는 것이 학교 교육 못지않게 중요하다고 생각한다.

나 : 참으로 훌륭한 어머니이다.

제라린 : 하하. 고맙다. 좋은 아들 덕분이다.

나 : 남은 여정도 즐거운 시간 보내길 바란다.

제라린 : 고맙습니다. 여러분도 무사히 성공하길 바란다. 언젠간 우리도 존 뮤어 트레일 종주를 하길 기대한다.

존 : 엄마, 오늘 야영지까지 가려면 얼마나 더 가야 해?

제라린 : 앞으로 5시간쯤?

존 : 하아. 아직도요?

물 없는 숲을 상상할 수 있을까?

여기에서는 건너편 산 한쪽이 완전히 무너져 내린 모습이 보인다. 화강암으로 이루어진 산이었는데 어마어마한 돌무더기가 산 아래 또 하나의 산을 이루고 있다. 이곳 역시 빙하의 침식작용으로 U자형의 계곡이 만들어지며 가파른 화강암 절벽들이 형성되었다. 10,000년 전 마지막 빙하가 녹기 시작할 때 부스러진 바위와 퇴적물에 의해 자연 댐이 형성되었고 그것이 우리가 보는 호수와 폭포의 실체였다. 오늘날에도 계속적인 지층의 변화가 진행되고 있다는 증거로 앞의 바위산이 무너지며 돌들이 계곡으로 쏟아져 내린 것이다.

잔설이 녹아 여기 저기 만들어진 작은 흐름이 제법 세찬 개울을 이룬다. 실타래처럼 퍼져 흐르는 개울은 모두 고개 아래 호수로 흘러들어 간다. 작은 양의 물이 모여 저렇게 큰 호수를 만든다는 간단한 사실에도 우리는 감탄하고 있었다. 광막한 시공은 어안렌즈처럼 사물을 둥글게 보여준다. 이 대단한 풍경들을 한국의 친구들에게 보여주고 싶다. 물론 사진으로 볼 수도 있겠지만 직접 보는 감동과는 비교가 안 될 것이다.

하산은 실버 패스에서 발원한 물줄기를 따라 내려가는 길이다. 눈 아래 포켓 메도의 너른 들판이 보인다. 여름 햇볕에 반짝이며 흐르는 개울과 잔디의 초록은 한 폭의 그림이다. 그러니까 우리는 그 그림 속을 헤쳐 나가는 것이다. 들판 중간 중간에 염주 알처럼 파란 호수도 보인다.

이곳의 지명에 쓰는 메도^{meadow}의 사전적 의미는 풀밭이나 목초지를 말한다. 그리고 삼림 한계선에 접하는 초원이라는 뜻도 된다. 하얀 화강암 벽과 잘 생긴 숲, 메도가 시에라네바다 산의 진가를 구성하는 3박자라면 호수와 개울과 폭포는 신명나는 자연 교향악의 추임새처럼 보였다.

포켓 메도를 지나자 트레일은 퀘일 메도$^{Quail\ Meadow}$로 이어졌다. 초원에

동무를 만나면 좋은 기운이 흐르는 것처럼, 자연과 벗한다. 에디슨 레이크에서.

메추라기가 많이 살아 퀘일이라는 이름이 붙여진 걸까? 시에라 초원은 야생 동물의 천국이라 할 수 있다. 한없이 내려가는 느낌의 산길은 호수와 가까운 듯 완만한 길이 숲속으로 이어지고 있었다. 그 길도 개울을 따라 지루하게 이어졌고 드디어 에디슨 레이크 갈림길이 나타났다. 이곳은 존 뮤어 트레일을 중간에서 시작하고자 하는 사람들이 거대한 호수인 에디슨을 모터보트로 건너와 합류하는 지점이다. 여기서 트레일은 실버 패

왜 현수교로 만들어야 했을까? 아마도 최소한의 다릿기둥으로 강을 건너려 했으리라.
강에게도 상처는 남으니까.

스와 건너편 산에서 발원한 물줄기가 합쳐져 굉음을 내며 호수로 유입되는 강을 건너게 된다. 강 위로 현수교가 설치되어 있었다. 다리를 건넌 후 트레일에서 벗어나 라면을 끓이는 동안 목욕과 빨래를 하기로 했다. 공원 측은 친환경적으로 제조된 비누를 사용하라고 권고하고 있다. 빨래하여 배낭에 달아 놓고 걸으면 건조한 날씨와 햇살 때문에 금방 말랐다. 그러므로 우리는 매일 양말과 티셔츠를 갈아입고 있었다.

점심을 먹고 이어가는 트레일은 내려온 만큼 다시 한없이 올라가고 있다. 지그재그 길이 정말 끝이 없다. 아마 여태 걸어온 길 중 가장 매력 없이 오르기만 하는 길이지 싶었다. 그러나 존재하는 모든 건 언젠가는 끝이 있는 법. 천천히 가도 황소걸음이라고 서두를 필요가 없었다. 그 오르막길을 다 오르니 또다시 고원의 소나무 숲이다. 거대한 나무들이 죽어 넘어진 숲은 조용했고 나무 줄기가 가끔 길을 막아서기도 했다. 하지만 공원 관계자들이 꼭 사람이 지날 만큼만 톱으로 잘라 내어 길이 이어지게 해두었다.

　숲을 걷다보니 날은 점점 어두워지는데 계곡은 나타나지 않았다. 이러다간 물이 없는 곳에서 야영을 해야 될지도 모른다는 불안감이 스멀거리며 차 오르기 시작했다. 존 뮤어 트레일에서는 어느 곳에 텐트를 쳐도 꿈에 그리는 아늑한 캠프사이드가 된다. 산속에서 우리는 상상할 수 있는 모든 걸 눈앞에 펼쳐놓은 야영지를 만날 수 있다. 사막성 기후의 건조한 습도와 해가 넘어가면 적당히 쌀쌀한 기온도 야영에는 최상의 조건이다. 단, 천국의 필요조건으로는 물이 있어야 한다. 음식을 조리해 먹어야 하는 사람이니까. 물의 산맥이라 불러도 좋을 만큼 이곳에

꺾이고 부러진 채 만신창이가 된 모습도 숲의 얼굴. 상처를 치유해야 하는 몫도 그의 것이다.

는 지천으로 폭포와 호수와 시냇물이 존재했다. 하지만 때로는 오늘처럼 물이 없는 곳을 만날 수도 있다. 바로 오늘이 그런 날이 아닌가 불안했다. 그러나 어스름이 찾아 올 때 맑은 물이 흐르는 작은 계곡을 만날 수 있었다. 모두 힘들었는지 저녁을 먹고 모닥불을 피워도 텐트에서 나오지 않고 그대로 잠에 곯아 떨어진다.

  홀로 모닥불 곁에 앉아 하늘을 보니 금방이라도 쏟아져 내릴 것처럼 별이 총총하다. 무수한 안개꽃을 하늘에 흩뿌린 듯 보이기도 한다. 아득하게 먼 별들도, 검은 그림자로 남은 산들도 나와 어떤 알지 못할 끈으로 연결되어 있다는 생각이 들었다. 조용한 밤 홀로 모닥불 곁에 있으니 철학자라도 된 듯 싶었다. 우리가 걷는 산길의 주인공 존 뮤어가 한 말이 떠올라서였다. "어떤 걸 그 자체로 콕 집어내려고 발버둥치노라면 우주의 삼라만상이 그 대상물과 얽혀 있음을 알게 된다." 생각할수록 존 뮤어는 불교에 가까운 사람이었다는 생각을 하게 된다. 모든 만물이 서로 얽혀있다는 말 역시 선불교의 사상이다. 여기까지 오며 만났던 무수한 사물들, 무심코 스쳐 지난 꽃 한 송이, 풀 한 포기, 곰과 사슴까지도 알게 모르게 우리와 관련이 있다는 말이다. 생명체 말고도 무생물인 돌 하나, 한 줄기 바람과 계곡의 물줄기 같은 삼라만상이 다 관련이 있다는 말은 불가에서 주장하는 인타라망과 닮았다. 부처가 사는 제석천에는 인타라망이라 불리는 그물이 걸려있는데, 각 그물코마다 구슬이 달려있다. 그 구슬은 서로를 비추어 각각의 구슬 속에는 다른 모든 구슬이 비쳐진다는 말이다. 이는 우리가 보는 개개의 존재가 서로 차별적이고 독립적인 것처럼 보이지만, 그 모든 존재는 하나의 구슬에 담긴 것처럼 인연으로 맺어져 있다는 말이기도 했다. 불교에 대하여 몰랐던 존 뮤어는 직관으로 그걸 알았다. 내가 아무리 미국 땅 오지의 처음 접하는 산속에 있어도 결국 인연을 따라 이곳에 온 것이 확실하다.

09

퀘일 메도에서 뮤어 랜치까지

청량한 새소리는 자명종 역할을 한다. 세상에서 가장 아름다운 자명종이다. 그렇게 깨어나면 이미 푸르게 밝아 있는 아침이다. 이곳은 높은 산맥이지만 습기가 없어 일어나면 텐트 안과 침낭이 보송하다. 역시 오늘 아침도 라면이었고 5개가 4명의 한 끼분이었다. 라면을 끓일 때마다 나와 하워드는 늘 티격태격했다. 나는 물이라도 많이 넣자는 것이고 하워드는 그러면 맛이 없다는 주장이었다. 그런 사소한 문제로 나와 하워드는 끝없이 말싸움을 했는데, 그게 힘든 산행을 견디는 나만의 노하우이자 낙이었다. 일부러 말도 되지 않는 일을 찾아 시비를 거는 건 언제나 내 쪽이었다. 그 결과로 나는 짐을 조금 더 지는 불이익을 감수해야 했지만.

오늘의 행정은 베어 크릭, 즉 곰 계곡을 따라 걷는 길이다. 곰이 얼마나 많이 살면 이름부터 곰 계곡일까. 은근히 불안해진다. 곰 계곡은 양쪽 산을 끼고 가운데로 냇물이 흐르고 그 곁으로 완만한 길이 이어졌다.

해가 뜨자 따가운 햇살이 세상을 눈부시게 감싸 안았다. 하지만 날씨가 선선하고 바람이 좋아 이런 길이라면 휘파람도 나올 것 같다. 물이 풍족해 그런지 아스펜Aspen 숲이 냇가를 따라 우거져 있다. 한국에서의 사시나무를 이곳에서는 아스펜이라 부르고 있다. 나뭇잎은 꼭 하트처럼 보인다. 초록색으로 반질반질하게 윤기가 나는 뒷부분은 쑥이나 우엉처럼 희게 보였다. 바람이 불면 잎이 일제히 맑은 소리를 내며 흔들리는 게 아주 보기 좋았다. 바람에 앞면의 초록과 뒷면의 하얀 부분이 무시로 바뀌는 모습에서 사시나무 떨듯 한다는 표현이 생긴 것일까. 나뭇잎이 일제히 떨면 그 소리가 흡사 시냇물이 차르르 흐르는 소리처럼 들린다.

기분 좋은 아스펜 숲길을 벗어나 개울가에 앉아 쉬고 있자니 하워드와 이겸이 나타났다. 하워드가 항상 챙기던 김미란이 보이지 않는다.

"너 미란 씨 배신했니? 오늘은 왜 혼자 오고 있어?"

"볼 일 본다기에 기다리고 있었더니 먼저 가라고 하더라."

"곰이 많다는데 그것까지 지켜줘야 멋진 보디가드가 되는데 가란다고 먼저 오면 무늬만 경호원이야. 나 같으면 당장 해고다."

그런 농담을 나누며 제법 시간이 지났는데도 그녀는 나타나지 않는다.

"안되겠다. 네가 가봐라."

그럴 줄 알았다. 내가 시비를 걸어 자초한 말싸움이지만 항상 결과는 이런 식으로 나타났다. 이런 일이 있으면 하워드는 언제나 나를 지목했다. 어느 사이 내 서열은 4위로 강등되어 있었으니까. 배낭을 벗어 놓고 뒤로 돌아 빠른 속도로 내려가기 시작했다. 가끔 소리를 치며 한참을 내려갔는데도 김미란이 없다. 슬그머니 겁이 난다. 곰이 많다고 했잖은가. 불현듯 곰 스프레이를 가지고 오지 않았나는 생각이 들었다. 돌아설까? 그래서 하워드와 같이 올까 하는 생각도 들었다. 그때 아스펜 숲 속에서 무엇인가 부스럭거렸다. 깜짝 놀란 나는 개울가의 주먹만 한 돌 두 개를 움켜쥐었다. 그러나 나타난 것은 곰이 아니라 김미란이었고 무안해진 나는 손에 든 돌을 그녀가 보기 전에 슬쩍 버렸다.

"화장실 때문에 조금 뒤쳐졌어요. 홀로 길을 가다보니 표시판도 없는 갈림길이 나오잖아요. 자세히 보니 왼쪽길이 더 크고 금방 사람이 지난 발자국 같은 것이 보였어요. 아무 생각 없이 그 길을 따라 걸었는데 아무리 가도 일행이 없는 거예요. 얼마나 겁이 나던지."

한국 산 같으면 아무리 높다는 산도 아무 곳으로나 내려서면 마을이 나타나지만 이곳은 조난당하기 십상이다. 실제로 그런 일이 종종 일어난다고 했다. 또한 이곳은 곰이 우글거린다는 계곡 아닌가. 그럴 때를 대비해 하워드는 우리에게 단단히 교육을 시켜 놓았다. 길을 잘못 들었다 싶으면 과감하게 돌아서 첫 번째 갈림길에서 기다리도록. 헷갈리면 뒤 돌아서는 게 상책이라고. 우리는 하워드에게 그렇게 배웠고 또 그런다고 약속이 되어 있었다.

"조금 전에 본 사람인데도 사람이 이렇게 반가울 수 있다는 걸 처음 알았네요."

헐레벌떡 뛰어 온 인사치고는 황당한 덕담이다. 다시 합류한 김미란을 바라보는 하워드 표정에도 반가운 웃음이 가득했다. 우리는 기분 좋은 아스펜 숲을 벗어나 로즈마리 메도를 횡단했다. 다시 서서히 고도가 높아지기 시작했는데 맑은 개울에서 물을 정수하고 있는 동양인이 눈에 띄었다. 반갑다. 동양인은 처음 만난 것이니까. 기왕이면 말 잘 통하는 한국 사람이었으면 좋겠다.

"혹시 한국인 아닙니까?"

"아니요. 일, 일, 일본에서 왔습니다."

그 역시 우리가 반가운 모양이다. 마른 체격에 키가 크고 눈 매가 선한 그의 이름은 다카하시, 나이는 스물아홉이란다. 그도 우리처럼 휘트니까지 가는데 혼자 길을 나섰다고 했다. 예상 일수는 총 22일. 혼자라면 우리보다 더 빠를 텐데 천천히 자연을 즐기면서 가겠다는 것이다. 말을 나눠 보니 아주 낙천적인 성격이었다.

"존 뮤어 트레일에 대한 정보를 일본에서는 어디서 얻나요?"

"일… 일본에는 이곳에 대한 마니아들이 상, 상당히 많습니다. 이 트레일을 사랑하는 모임도 많, 많고요. 해마다 이곳을 찾는 사람들도 있습니다. 그들에게서 정보를 얻… 얻… 얻었지요."

서로 영어가 짧은데 다카하시가 말을 더듬어 주니 오히려 의사소통이 잘 된다. 다카하시는 존 뮤어 트레일 종주를 하려고 3년 전부터 준비를 했으며, 직장까지 그만두고 이곳에 왔다는 것이다.

"당신 혼자라면 식량이 문제일 텐데 어떻게 해결합니까?"

"곰… 통 두 개로 버티고 있, 있지요. 빵 종류를 주식으로 먹, 먹고 있지만, 배가 고파 죽, 죽겠어요."

알만하다. 그 심정은 우리도 같았으니까. 그런데 하워드가 눈을 찔끔거린다. 빨리 가자는 눈치다. 가만 생각해 보니 마음씨 좋은 김미란이 우리 식량을 나눠 줄지도 모른다는 걱정이 앞선 모양이다. 물론 우리에게는 다카하시에게 나누어 줄 식량이 없지만 말까지 더듬는 것이 마음 여린 김미란을 자극해 돌발 행동이 나올 수도 있겠다. 하지만 피차 같은 처지인지라 다카하시 역시 우리가 내민 음식을 받지는 않았을 것이다.

너무 행복합니다, 이곳에 올 수 있어서

다카하시 가츠노리(高橋克典, 29세, 일본)

나 : 어떻게 존 뮤어 트레일에 오게 되었나?

다카하시 : 세상에는 두 종류의 사람이 있는데, 존 뮤어 트레일을 걸어 본 사람과 그렇지 않은 사람으로 나뉜다는 말을 일본에서 들었다. 그 말을 듣고 3년을 벼르다 드디어 온 것이다. 직접 걸어보니 과연 그 말은 하나도 과장된 게 아니다. 일본의 백팩커들에게 이 산길은 선망의 대상이다.

나 : 일본에는 이곳이 제법 알려진 모양이다.

다카하시 : 평범한 회사원인 내 귀에도 들어왔을 정도니 꽤 유명하다고 할 수 있겠다. 일본에는 이곳 존 뮤어 트레일 마니아들의 모임도 있다.

나 : 직접 와서 보니 듣던 대로인가?

다카하시 : 시에라네바다 산맥의 가치를 찾아 낸 존 뮤어는 정말 존경 받아야만 할 사람이다. 그의 저서를 다 읽었을 정도다. 이런 화창하고 투명한 하늘은 일본에서는 볼 수 없다.

나 : 회사를 그만 두고 온다는 것이 쉽지는 않은 결정이었을 듯하다.

다카하시 : 물론 쉽지는 않았다. 일본에서도 청년실업이 난리이다. 주

변 사람들은 대기업인 미쓰비시 계열의 좋은 직장을 다니고 있는데, 왜 무모한 짓을 하냐며 만류했다.

나 : 왜 아니겠나. 꽤 큰 결심을 한 것인데, 직접 와보니 어떤가?

다카하시 : 이곳에서 만나는 암벽, 봉우리, 시냇물, 나무들, 호수, 새, 곰 등 모든 것이 나를 기다리고 있었다는 생각이 들 때가 있다. 나로서는 초행이고 혼자이지만 어떤 연관 관계가 있는 느낌이다. 배낭 하나 맨 것만으로도 큰 기쁨을 얻을 수 있는 것이 무척 행복하다. 이번 여행은 나 자신을 돌아보고 인내를 시험하면서 진정한 자아를 찾는 산행이다. 산만큼 위대한 기쁨과 지혜를 주는 것은 드물다는 생각이다.

나 : (말없이 고개만 끄덕였다)

다카하시 : 배낭을 메고 떠나는 행장에서는 빈부 격차도 지위고하도 없다. 누구나 이 산길을 걷는 사람들 배낭 속은 대개가 다 비슷할 것이다. 모두가 고만고만한 먹을거리가 들어 있을 것이고 항상 배가 고프겠으나 자연을 좋아하는 사람이라면 최상의 기쁨을 누릴 것이다.

나 : 초보자에게 쉽지는 않은 길이다. 어떤 마음으로 걷고 있는가?

다카하시 : 누구나 존 뮤어 트레일 종주를 꿈꾼다. 산길로 나서면 종주를 성공하고 싶어 한다. 그러나 종주를 성공하는 사람과 중도에서 포기하는 사람으로 나뉜다. 종주를 포기한 그 사람을 가로막는 가장 큰 장애물은 험준한 산세나 거친 날씨가 아닌 바로 마음이라고 생각한다.

나 : 말하는 것이 마치 도인 같다. 이곳에 와서 그런 깨우침을 얻었나?

다카하시 : 하하. 나는 평범한 사람이다. 그저 존 뮤어 트레일을 최대한 즐기고 싶을 뿐이다. 나는 달팽이처럼 천천히 가도 종주에 성공할 것이다. 아직 갈 길이 멀고 겪어 내야할 위기와 여러 상황이 있겠으나 나는 그

것을 이겨내기 위해 이곳에 왔다. 일본으로 돌아가서 맞닥뜨릴 생존원리 역시 이곳에서 내가 경험하는 것과 공통분모라고 생각한다.

나 : 옳은 말이다. 우리가 맞는 고난과 불편은 끊임없이 우리를 단련시키고 있는 고마운 자연일 것이다.

다카하시 : 나의 목표는 지금까지가 아니라 바로 지금부터이다. 눈부신 자연을 사랑하고 걷는 일에 매진하다 보니 존 뮤어의 말처럼 내가 부자가 된 기분이다. 산속에서 하루를 보내며 일상에서 온전히 벗어나 있는 지금은 누구도 부럽지 않다. 마음이 텅 비워지는 대신 매일 다른 풍경으로 채우고 있으므로 나는 풍성한 부자다.

나 : 그렇지만 언젠가는 종주가 끝날 것이고 일본으로 돌아가 치열한 생활에 부딪쳐야 하지 않는가?

다카하시 : 그건 나중의 일이다. 그런 걱정을 했다면 어떻게 사표를 내고 이곳까지 왔겠는가? 설혹 동경으로 돌아가 어려움을 겪더라도 후회하지 않을 것이다. 이런 역경도 이겨내는데 뭐가 두렵겠는가?

나 : 하긴. 동감이다.

다카하시 : 때문에 나는 내게 허락된 시간동안 최대한 천천히 이 트레일의 구석구석을 돌아보고 싶다. 내가 생각하는 트레일은 나를 계속 걷게 만드는 어떤 매력이 가득한 것 같다. 도시에서는 아무리 운 좋은 사람도 눈앞의 경치에 이토록 행복한 떨림을 느껴보진 못했을 것이다.

나 : 오늘 한 수 배운 느낌이다. 말한 대로 이 아름다운 트레일의 곳곳에 숨은 아름다움과 매력을 잔뜩 맛보길 바란다.

우리는 오늘 넘어야 할 셸던 패스Selden Pass, 셸던 고개를 향해 가는 중이었다. 태양은 여전히 뜨거웠지만 습도가 낮은 탓에 땀은 흐르지 않았다. 작은 고개를 몇 개 넘어선 곳에 땅콩처럼 가운데가 잘록한 커다란 호수가 찰랑이고 있었다. 마리 레이크Marie Lake, 마리 호수이다. 그곳에서 점심을 먹기로 했지만 밥보다도 우선 물속에 뛰어 드는 것이 먼저였다. 한낮이 되며 기온이 올라간데다 걷느라 몸에 오른 열기를 식혀야 했다. 다들 물속으로 풍덩 뛰어들었다. 나도 옷을 입은 채 일행의 뒤를 따라 물로 들어섰다. 물이 기분 좋게 차갑다. 고지의 맑고 고요한 마리 호수 전체로 우리가 만든 동심원 물결이 퍼져 나간다. 이 거대한 호수 전체를 소유한 우리는 부자가 된 기분 속에 수영을 즐겼다.

"하워드 너희 집 수영장을 이 호수라고 본다면, 이 호수는 태평양이다. 그것뿐일까. 너는 다른 사람 못 들어오게 담장을 쳐 놓았지만 이곳엔 그런 것도 없다. 생각 있으면 누구나 와서 즐기라는 열린 수영장이지."

옆에서 개헤엄을 치고 있는 하워드에게 또 시비를 걸었다.

"너나 태평양 가져. 난 우리 집 수영장으로 만족할 테니까."

"그것만이 아냐. 결정적으로 네 수영장엔 약품을 쳐서 송어가 살 수 없지만 이곳엔 우글거린다. 그만큼 물이 좋다는 거지. 사람과 송어가 더불어 사는 친환경적인 천연 수영장."

돈이 무엇보다 중요한 가치인 미국에서 성공한 그에 대한 비아냥거림인 동시에 또 오늘 오전 곰 계곡에서 김미란을 찾으러 나를 보낸 것에 대한 복수전이다.

"그러니까 이건 너에게 준다는 말이다. 살아있는 송어가 우글거리면 그게 양어장이지 어떻게 수영장이냐? 네 말대로라면 이 호수에 고춧가루만 뿌리면 바로 매운탕 되겠네."

어째 오늘은 잘 걸려들지 않는다. 이것도 학습효과일까? 그렇게 낄낄 거리며 우리는 한동안 수영을 즐겼다. 존 뮤어 트레일은 마음먹기만 하면 언제고 이런 호사를 즐길 수 있어 좋다.

점심을 먹고 어느새 눈앞에 성큼 다가와 보이는 셀던 패스에 올랐다. 마리 레이크에서 불과 100미터 밖에 높지 않은 고개라 거저먹은 기분이다. 그러나 고개 마루에 올라서 내려다 본 조망은 앞뒤로 대단한 풍경을 가르고 있다.

바위 산속에 보석처럼 박혀있는 마리 레이크가 햇살을 퉁겨내고, 고개 너머 가파른 벼랑 아래 하트를 닮은 호수가 진주처럼 반짝인다. 지도 속 이름도 정말 하트 레이크이다. 그 밑으로 나무가 없는 고원이 광대하게 펼쳐지는 시선 끝에 푸른 목초지가 보인다. 저곳이 오늘 우리가 오늘 묵을 뮤어 랜치Muir Trail Ranch 근처일 것이다. 그곳에 가면 하워드가 LA에서 한 달 전에 우편으로 보내 놓았던 식량과 연료를 찾을 수 있다. 그렇게 된다면 행여 식량과 연료가 모자랄까 싶어 어쩔 수 없이 모든 걸 아껴온 불안이 해소될 것이다. 물론 그리운 밥도 해 먹을 수 있다. 그 생각으로도 힘이 불끈 솟는다.

산은 아무래도 내려가는 길이 쉽다. 고개 너머 고원 길을 횡단하며 이름 없는 호수를 몇 개 지나쳤다. 지도 속에는 사람들이 갈 수 없는 곳에도 많은 숫자의 호수가 보인다. 아마 이 산맥에 존재하는 호수를 모두 찾아 본 사람은 아무도 없을 듯싶다.

고원을 통과하여 산허리를 돌아가니 비행기에서 내려다보듯 눈 아래로 아득하게 초원과 숲이 보인다. 목적지 뮤어 랜치다. 뮤어의 목장이라는 시에라의 열기를 핑계 삼아 마리 레이크로 돌진.
3,217미터의 수영장은 참으로 훌륭했다.

셀던 패스를 넘어 뮤어 랜치로 가는 내리막은 마치 호수 안으로 빨려 들어갈듯 가파르다.

뜻으로 하워드가 침이 마르도록 칭찬한 곳이다. 경치도 경치려니와 그곳에서 천연 유황 온천을 무료로 할 수 있다는 것이다.

"우리야 가난하니까 그렇지만 너는 부자인 녀석이 공짜를 밝히니?"

"공짜는 좋은 거지. 법이 지켜지는 미국에서 불로소득은 없으니까. 한국처럼 돈 많은 재벌이 욕먹는 나라가 아니라 돈이 많으면 존경받는 미국이야. 한국처럼 돈을 무슨 더러운 것 보듯 폼 잡으면서 뒤로는 챙기는 위선이 이곳엔 존재하지 않아."

이거 앞으론 작전을 바꿔야 할 것 같았다. 어눌한 척하지만 하워드는 제 할 말을 꼬박꼬박하면서 내가 은근히 비튼 말에 이자까지 붙여 돌려주고 있으니까.

우리에게는 공짜 목욕보다 식량이 더 급했다. 열흘이 채 안되었는데 나를 포함한 일행들의 얼굴이 많이 수척해졌다. 매일 세끼를 라면으로 때우고 눈만 뜨면 걷고 있으니 다이어트는 자동이다.

"하워드, 서울에서 안내 산행으로 돈 많이 벌었다면서? 그 경험을 살려 존 뮤어 트레일 가이드를 해라. 단 여자들 상대로. 다이어트에 목숨 건 여자들도 엄청 많잖아. 그 여자들에게 책임지고 원하는 만큼 살을 빼준다고 하면 구름처럼 몰리지 않을까?"

하워드에게 장난스럽게 건 시비였으나 근거 없는 말은 아니었다. 실제로 이 길을 걸으면 자동으로 살이 쭉쭉 빠진다. 우리가 그 증거인 셈이니까.

트레일은 이제 서서히 고도를 낮추고 있었다. 내려가는 길은 엄청 길었다. 비행기 기창에서 내려다보는 듯 한눈에 들어왔던 뮤어 랜치 숲으로 들어섰다. 고산에는 특유한 향기가 있다. 송진 냄새도, 꽃 향기도 아닌 그 무엇. 공기 속을 부유하는 상큼한 그것의 정체를 알려고 노력했으나 딱히

뮤어 랜치는 종주를 위한 중간 기착지로 식량을 보충하는 곳. 넘치는 식량은 짐이 되니 타인을 위해서라도 이곳에 남겨두고 떠난다.

무엇이라 정의할 수 없었다.

지도는 직진을 가리키고 있으나 뮤어 랜치는 트레일에서 벗어나 갈림길에서 왼쪽으로 내려가야 있었다. 이곳을 잘 아는 하워드를 따라 트레일을 버리고 뮤어 랜치로 향했다. 1.5킬로미터쯤 걸어가자 나무로 지은 건물이 몇 채 있고 작은 기념품 가게와 말을 키우는 마구간으로 이루어진 뮤어 랜치가 나타났다. 방갈로가 몇 개 있어 숙박도 가능하나 일 년 전에 예약해야 할 만큼 인기가 있다고 했다.

하워드가 LA 우체국에서 붙인 두 통의 식량 짐은 인근의 플로렌스 레이크로 보내지고 그곳에서 모터보트로 물을 건넌 후 이곳에서 키우는 말에 실려 도착했다. 그러므로 존 뮤어 트레일 종주자들에게 식량을 보급할 수 있는 이곳은 정말 오아시스 같은 곳이다. 이곳에 도착한 짐은 한 통에 보관료로 50불씩 받고 있다.

우리는 말이 빠져 나가지 못하게 엮어진 나무문을 열고 랜치로 들어섰다. 문 곁에 종을 치라는 안내문이 있었다. 전기가 없으니 대용의 초인종인 셈이다. 한국에서 예전에 보았던 학교 종과 똑같이 생긴 종을 울리니 나이가 많아 보이는 백인 할머니가 나타났다. 할머니는 환하게 웃으며 "나마스테"하고 우리에게 인사를 건넨다. 깜짝 놀랐다. 인도나 네팔에서 듣는 인사말을 이곳에서 들을 줄은 몰랐으니까. 할머니 눈에는 우리가 그 쪽 사람으로 보인 것일까? 자신의 이름이 '패티'라고 소개한 할머니는 여든 살이라는데 원기가 철철 넘쳤다. 숲속에 살아 그런지 쾌활하고 건강해 보인다. 우리 짐을 찾으려 했으나 금방까지도 농담을 했던 패티 할머니는 근무 시간이 끝났으니 아침에 오라고 한다. 타협할 여지가 없는 단호한 말투였다. 당장 오늘 저녁 식량이 문제라고 절박한 입장을 알렸다. 우리의 상황을 헤아린 할머니가 마지못해 곰의 침입을 막기 위해 아주 두껍게 재작된 창고의 문을 열었다. 그 안엔 플라스틱 버킷이 빼곡히 쌓여있었다. 모두 우리처럼 종주자들이 우편으로 보내 온 것이다. 그곳에서 하워드가 보낸 우리 짐을 찾아냈다.

"이거 기분이 묘한데? 한 달 전 발로 꽉꽉 밟아 넣어 보냈던 식량을 만나는 기분. 거의 라면과 국수류지만 말이지."

"술도 있냐?"

"그럴 공간 있으면 라면 한 개 더 넣었겠다."

혹시나 하는 은근한 기대를 걸었다가 실망만 했다. 우리는 그날 저녁과 다음날 아침에 먹을 양식을 푸짐하게 챙겼다. 기왕 개봉한 것이니 그냥 인출해 줬으면 좋겠는데 선해 보이는 패티 할머니는 원칙주의자였다. 근무시간인 아침에 다시 오라고 했다. 하긴 우리는 오늘 여기서 묵기로 했으므로 급할 건 없다.

뮤어 랜치를 벗어나자 무성한 나무숲과 큰 시냇물이 나타났다. 조금 이른 시간이지만 우리는 냇가에 천막을 쳤다. 몇 팀이 이미 야영준비를 끝내 놓은 상황이었다. 하워드의 버너 소리를 의식해 그들과 좀 떨어진 곳에 텐트를 치고 밤에 피울 나무를 준비해 놓았다. 그리고 냇물을 건너 야외 온천을 찾아 나섰다. 물이 무릎까지 빠지는 냇물을 조심스레 건너자 바위 그늘에 카우보이 복장을 한 사람이 홀로 야영을 하고 있었다. 그 곁엔 그가 타고 온 말이 한가롭게 풀을 뜯고 있다. 카우보이는 박차가 달린 장화를 신은 채 모닥불에 검게 그을린 주전자에 물을 끓이고 있었다. 개 한 마리도 주인 곁에서 턱을 땅에 댄 채 망중한을 즐기는 듯 보였다. 바위에 널어놓은 너절한 침낭과 말안장을 보니, 카우보이 시대의 낭만을 즐기기 위하여 일부러 의상과 소품을 준비한 것처럼 보인다. 자동차가 신발이라는 미국에서 따가닥 따가닥 말을 타고 여행을 하는 카우보이의 여유가 부럽다. 자동차에 비하여 말은 얼마나 느리고 운치 있는가.

느림의 미학. 1985년 이탈리아 북부의 '브라'라는 작은 도시에서 재미있는 운동이 일어났다. 이탈리아에 맥도날드 햄버거가 진출하면서 이른바 패스트푸드 음식을 판매하기 시작했다. 그러자 자신들의 전통음식을 지킨다는 뜻으로 슬로푸드 slow food 운동이 시작되었다. 햄버거 같이 후다닥 먹어치우는 인스턴트식품보다 몸에 좋은 전통음식을 천천히 즐기자는

초록싹! 차르락! 자작나무들의 맑은 종소리.
얼마나 착하고 고운지!

말이겠고. 물론 넓은 뜻으로 식생활운동이라 하겠지만 이 발상은 의외로 큰 호응을 얻는다. 이후 1986년에는 슬로푸드협회까지 생겨났다. 달팽이로 상징되는 슬로푸드 운동 엠블럼까지 만들고 달팽이처럼 느리게 살기라는 철학을 주위에 전파하기 시작했다.

달팽이로 상징되는 느림은 한 단계 더 진화했다. 화이트와인 생산지로 유명한 오르비에토라는 마을이 슬로푸드에서 아예 한발 더 나가 슬로시티$^{slow\ city}$를 선언한 것이다. 말 그대로 천천히 살자는 것. 오르비에토와 인근의 그레베 등 이탈리아 중북부 작은 마을들이 느리게 살자고 선언했다. 당시 그레베 시장이 제안한 이 아이디어는 예상 밖으로 빠른 속도로 세계로 퍼져나갔다. 이후 유럽 각국에서 공감을 얻으면서 국제연맹으로 발전했다. 지난해까지 전 세계 11개국 100개에 가까운 도시가 슬로시티 국제연맹에 가입했다. 이 중에는 우리나라의 담양 창평, 삼지천 마을, 장흥 반월 마을, 완도 청산도, 신안 중도 등 전남 네 개 지역도 포함되어 있다.

느리게 사는 마을. 그 소식에 신선한 느낌을 받은 기억이 난다. 프랑스 철학자 피에르 쌍쇼는 그의 책 〈느리게 산다는 것〉에서 시간에 쫓겨 다니지 않는 지혜를 느림이라고 주장한다. 느림은 시간의 포로가 되어 움직이는 수동적인 인간에서 자연의 본래 인간 모습을 찾아가는 것이라는 것이다. 물론 모든 도시가 슬로시티가 될 필요는 없다. 다만 슬로시티의 존재 가치는, 지나치게 빨리 변화하고 사람들을 바쁘게 몰아가는 도시와 차별화된 곳이 있다는 것에 대리만족으로 존재할 수도 있는 거니까.

이곳에서 만나는 사람들은 분명히 느리게 살고 싶은 건 분명했다. 경치 좋은 곳에 머물며 망중한을 즐기거나 몇날 며칠을 낚시로 보내고 있으니까. 아까 본 무늬만 카우보이도 그런 부류일 것이고 우리 역시 그럴 것이다.

소나무 숲을 빠져 나가자 초원의 풀이 질펀했다. 정말 푸른 풀밭 사이에 여기저기 온천 연못이 김을 풍기고 있었다. 자연 그대로 아무런 시설도 없었고 하워드 말대로 모두 공짜였다. 놀라운 일은 온천 같은 자연뿐만이 아니다. 우리 같은 트래커인 서양 여자들이 몇 명 보였는데 모두 나

바람에 실려 오가는 유황냄새와 미끈거리는 바닥의 촉감이 호기심을 자극하기에 충분하다.
실오라기 하나 걸치지 않고도 자유로운 곳.

체였다. 남자 사이에서도 여자들은 옷을 모두 벗고 당당하게 온천을 즐기고 있었다. 그들은 천연덕스러운데 오히려 나는 눈 둘 곳을 몰라 헤맸다. 우리는 차마 옷을 다 벗을 수 없어 팬티를 입고 엉거주춤 물속으로 들어섰다. 그리고 눈을 내리 깔았다. 눈을 들어 주변의 경관을 감상하고 싶었지만 행여 오해라도 받을까 걱정이 된다. 줄곧 물속의 유황 냄새 물씬한 기포가 떠오르는 모양만 바라보다 보니 골치가 지근거린다. 여자나 남자들이나 상대의 옷 벗은 걸 관심 없어하는 게 이곳의 문화인지 관례인지는 모르나 나는 더 이상 내숭을 떨고 있기엔 유황 냄새 때문에 머리가 아팠다. 그들을 외면한 채 슬그머니 나와 몸도 마르지 않았는데 옷을 걸치고 텐트로 돌아왔다.

10
뮤어 랜치에서 에볼루션 레이크까지

우리는 아침에 다시 뮤어 랜치로 갔다. 쾌활한 패티 할머니가 아침인사로 우리를 맞는다. 랜치에서 보관한 경비가 한 통에 50불이라면 비싼 건 아니다. 만약 그걸 지고 출발했다면 여기까지 올 엄두도 못 낼 테니까. 짐을 찾고 나니 마음이 뿌듯해졌다.

또 하나 이곳에서 즐거운 일은 개인 사정상 오지 못한 사람들이 있다는 것이다. 얼굴도 모르는 그 사람이 오지 않은 것에 즐거워 힐 일은 없으나 그들의 짐은 고마운 것이었다. 그것을 개봉하여 필요한 사람들에게 마음대로 가져가게 하니까. 물론 돌려보낼 수도 없는 것들을 물품 주인의 동의를 받은 후 내놓은 것이다. 우리도 노스캐롤라이나에서 짐을 붙인 어느 여자의 버킷에서 파스타 등 음식과 커피를 보충했다. 마지막 휘트니 산까지는 무인지구니 이것으로 버텨야 한다.

날이 뜨거워지기 전에 길을 나서자고 서둘렀다. 길은 개울을 따라 평탄하게 이어졌다. 파이우트 밸리^{Piutes Valley, 파이우트 계곡}와 우리가 가야 할 킹스 캐니언의 합수지점에 도착해 점심도 먹고 좀 쉬었다 가기로 했다. 파

여행을 하다보면 영혼의 무게를 알게 된다. 맑고 가벼운 이를 만나는 반가움을 무엇에 비하랴! 바로 지금!

이우트 계곡에서 내려오는 물은 수량이 엄청나다. 백인 한 명이 파이우트 계곡 물을 맛있게 마시고 수통에 물을 채워 넣는다. 그 차고 투명한 물은 그냥 마셔도 좋을 만했으나 하워드는 꼭 정수기로 걸러야 한다고 고집을 부렸다. 쭈그려 앉아 주먹 크기의 정수기 펌프를 눌러대며 물을 긷는 게 쉽지 않았으나 하프 돔에서 얻은 5리터 생수병 담당이 나였으므로 물 당번 역시 내가 도맡았다. 게다가 서열 4번으로 밀려 난 상태였으므로 반항할 군번도 아니었다. 하워드를 갈군 업보였다.

그 맑고 투명한 물에서 수영복을 입고 놀고 있는 커플이 보인다. 엄청 차가울 텐데 그런 건 개의치 않는 표정이다. 우리도 이곳에서 점심을 했

살랑살랑 간지럼을 주련? 봄바람 마냥.

다. 식사 후에는 일행 모두 바람이 시원하게 부는 세코이아 나무 그늘에서 맛있는 낮잠을 즐겼다. 이것도 수영과 함께 트래커의 호사라고 볼 수 있을 것이다.

한잠 자고 나니 몸이 개운하다. 다리를 건너자마자 킹스 캐니언 국립공원이라는 표지판이 서 있다. 지금부터는 왕의 계곡으로 들어간다는 말이겠다. 흰 물보라를 일으키며 우렁차게 흐르는 합수지점을 뒤로하고 길을 나서자 싱그러운 숲속 길이었다. 그런 길을 걷는 게 마냥 기분 좋았다. 물이 제법 힘차게 흐르는 협곡을 따라 트레일은 이어진다. 흡사 개발되기 전 강원도 내린천변을 걷는 기분이다. 제법 세찬 물길이 뒤집어지며 콸콸 흐르는 계곡을 건너는 두 번째 다리를 지났다. 이제는 그 물 많은 협곡과 헤어지고 조용히 흐르는 에볼루션 밸리Evolution Valley, 에볼루션 계곡 냇가를 따라 길을 간다. 넓고 푸른 에볼루션 메도가 나타났다. 그 초원을 가르며 맑은 시내가 흘러가는 목가적 풍경이 너무 평화롭다.

다시 시내를 건너는 장소가 나타났는데 아무리 찾아도 징검다리 하나 보이지 않는다. 하는 수 없이 신발을 벗고 허벅지까지 빠지는 물을 건넜다. 물이 아주 차가웠다. 물을 건너 발을 말리려고 바위에 앉았는데 어디선가 모기떼가 공습을 하듯 달려들기 시작했다. 한철 삶을 사는 모기에게 번식은 목숨을 걸 이유가 되겠다. 모자를 파리채 삼아 팔이 뻐근하게 전투를 벌였는데 결국 양말 신는 걸 포기하고 그곳을 탈출해야 했다. 모기의 사체가 모자 속에 무수히 많았다. 처음 보는 메이드 인 코리아 피 맛을 보려다 비명횡사한 모기에게 조금 미안했다.

에볼루션 밸리와 메도는 거의 평지여서 콧노래가 나왔는데 거기를 벗어나니 급경사의 언덕길이 나타났다. 이곳을 올라서야 에볼루션 레이크가 나타날 것이다. 호수로 올라가는 길은 상당히 가팔랐다. 지그재그 산허리를 올라가는 중에 어디선가 폭포소리가 요란하다. 그 소리가 궁금하여 트레일을 벗어나 계곡 쪽으로 가보니 과연 장관이다. 몇 층인지 모를 대단한 폭포가 하얀 포말을 품으며 떨어지고 있다. 물보라 사이로 작은 무지개까지 피어 볼거리를 연출하고 있다. 뒤에 올라오던 일행이 그 모습에 반했는지 그들의 카메라가 바빠졌다.

드디어 에볼루션 레이크에 도착했다. 매일 보는 호수지만 매번 풍경이 달라 결코 질리지 않는다. 호수 곁에는 아주 울창한 숲이 조성되어 있었다. 저녁이 가까워 온다는 증거일까? 힘을 다해가는 햇살이 뾰쪽한 화강

에볼루션 밸리로 낙하하는 물기둥은 마치 제 몸뚱이를 던지는 듯이 위협적이다. 개울에 도착해서도 그 기세를 꺾이지 않으려는 듯 꼬리를 흔든다.

암 봉우리에 반사되어 눈부시게 빛나고 있다. 호숫가를 따라 길이 이어졌는데 호수가 끝나는 곳까지 한 시간 정도가 소요되었다. 석양이 짙어지고 사위가 흐릿하게 보일 쯤 허밋 봉$^{Mt.\ Hermit,\ 3,757미터}$이 눈앞에 서 있는 능선에서 텐트를 쳤다. 내일을 생각해 완다 레이크$^{Wanda\ Lake,\ 완다\ 호수}$까지 가기로 했으나 몸은 이곳에서 쉬라고 붙잡는다. 바람을 막아 줄 커다란 바위와 습기 없는 땅에 천막을 세워 놓으니 1급 호텔이 따로 없다. 눈 앞 계곡 건너 헬멧 봉 정수리가 석양에 붉게 물든다. 그리고 그 아래쪽엔 하얗게 포말을 그리며 폭포 하나가 걸려 있다.

매일 그렇듯 나는 땔감을 잔뜩 주어와 모닥불을 피웠다.

"특별 보너스다."

저녁을 먹고 모닥불 주변에 둘러앉아 있는데 하워드가 불쑥 술 한 병을 꺼낸다. 모두 눈이 휘둥그레졌다.

"무어 랜치 짐에 한 병 감춰두었지."

"형이 오늘처럼 예쁘게 보인 적이 없네요."

이겸도 감동 받은 듯 하워드를 바라보았다. 술이 한 잔 들어가자 더없이 행복해졌다. 얼마 만에 마시는 술이던가.

"불꽃을 물끄러미 바라보는 것만으로도 마음이 정화되는 느낌이 들지요? 그래서 모닥불 가에서는 사람들이 쉽게 가까워지는 모양이에요. 저는 모닥불을 참 좋아해요."

모닥불 빛을 받아 얼굴이 빨간 건지, 오랜만에 마신 술 탓인지, 감상적인 말을 하는 김미란의 옆얼굴이 붉게 보였다. 모닥불 장작의 타닥거리는 불꽃이 부드럽게 바뀌어 있고 더불어 포근한 온기가 숲이 주는 안온함과 함께 우리를 감싸고 있었다.

"이런 순간이 인생에서 최고야. 더 바랄 것도 없어. 남들처럼 잘 살고 싶어 열심히 살았고 이제 평생 써도 다 못 쓸 만큼 돈은 벌었지만 다 부질없는 것 같아. 처음 돈 벌 때 내 로망은 벤츠를 타는 거였지. 그러나 지금은 생각이 달라. 좋은 차란 월부가 다 끝난 차야."

모든 게 월부인생이라는 말이 있는 곳이 미국이다. 집도 그렇다. 매달 청구되는 주택대출금 모기지mortgage loan때문에 평생 모가지를 졸린다는 말이 있는 곳도 미국이다. 아마 하워드는 그걸 말하는 듯싶었다.

"나는 은퇴를 심각하게 고려하고 있어. 돈 벌어놓은 후에 놀러 다닌다는 것은 말장 꽝이야. 다리에 힘 있을 때 여기저기 다녀야지. 남 부축 받으며 놀러 다닌다는 게 말이 돼?"

"오늘 생각지도 않았던 술을 꺼내 놓더니 제법 옳은 소리를 하네. 깨달음의 기회를 아주 놓친 건 아니라는 건데 그걸 행동으로 옮겨야지."

나는 하워드에게 농담과 함께 술잔을 그에게 돌렸다.

"진짜 내 인생 그렇게 살고 싶어."

소로우의 책 〈월든〉이 생각났다. 호숫가에서 자급자족하며 만족하는 삶. 호수의 사계를 지켜보며 보낸 사색의 시간들. 서정 넘치는 묘사를 통하여 자연에 어울리지 못하고 그것을 착취 개념으로만 보는 사회와 인간의 탐욕에 대해서도 준열한 비판을 담은 책이었다. 무슨 늙은 수도자처럼 말한 한 구절이 기억에 남는다.

"왜 우리는 성공하려고 그처럼 필사적으로 서두르며, 그처럼 무모하게 일을 추진하는 것일까? 어떤 사람이 자기 또래들과 보조를 맞추지 않는다면, 그것은 아마 그가 그들과는 다른 고수鼓手의 북소리를 듣고 있기 때문일 것이다. 그 사람으로 하여금 자신이 듣는 음악에 맞추어 걸어가도록 내버려 두라. 그 북소리의 음률이 어떻든 또는 그 소리가 얼마나 먼 곳에서 들리든 말이다. 그가 꼭 사과나무나 떡갈나무와 같은 속도로 성숙해야 한다는 법칙은 없다. 그가 남들과 보조를 맞추기 위해 자신의 봄을 여름으로 바꾸어야 한단 말인가."

소로우의 그 말은 혹 이런 건 아닐까? 남이 뛰니까 죽자 사자 따라 뛰면서 "그런데 지금 우리는 어디로 가는 거요?"라고 묻는 우문. 세상은 뛰는 사람, 걷는 사람, 쉬는 사람도 있다. 뛰는 것으로 통일할 것이 아니라 자신이 북소리에 맞춰 자유롭게 살라는 메시지였다. 하워드의 말은 그런 이치를 깨달았다는 것은 아니나 돈을 보고 살아 온 세월에 대한 회한일 수도 있었다. 환경론자들의 바이블이라는 상찬을 받은 알도 레오폴드의 말도 생각난다. 그는 〈위대한 소유〉에서 이렇게 일갈한다.

"동틀녘이면 나는 발 딛는 모든 토지의 유일한 주인이 된다. 이건 우리, 즉 나와 내 개에게는 명백한 일이다. 경계 자체가 없을 뿐 아니라 경계가 있다는 생각조차 사라지고 만다."

네 땅 내 돈에 목숨 건 사람들의 탐욕은 그런 개념이 없는 개만도 못한 인간이라는 은유다.

"미국에선 흔하디흔한 골프도 평생 쳐본 적 없고 별 다른 취미도 없어 평생 산만 다녔으니까 앞으론 히말라야, 파타고니아, 뭐 이런 곳을 돌고 싶어. 작년에는 마누라와 미국 대륙 횡단을 했었지."

"그래? 재미있었겠네?"

"50일 정도 걸려 서부에서 동부까지 갔었는데 피크닉 전용차량에 먹을 것 잔뜩 싣고 오토캠핑장에서 자곤 했지. 그런데 별로 재미없더라고. 역시 걷는 게 최고야."

밥이 육신을 위한 것이라면 술은 영혼을 위한 것이라는 말대로 어느새 영혼은 채워지고 술병은 비었다. 우리는 모닥불이 사위어갈 때까지 이야기를 나누었다. 아무리 생각해도 모두 산처럼 좋은 사람들이었다.

한국에서 하워드에게 존 뮤어 트레일을 함께 가자고 알렸을 때 그는 두말 없이 오케이라고 답했다. 다른 두 사람도 존 뮤어 트레일을 간다는 쉽지 않은 일을 간단히 결정했다. 세계에서 제일 아름다운 산길을 걸어간다는 상상으로도 우리는 마음이 풍선처럼 부풀어 올랐다. 그러나 부푼 풍선의 당당함은 기실 바늘 한 침의 충격에도 얇은 고무껍데기만 남는다. 부푼 꿈을 꿀 때는 좋았는데 야생에서의 현실은 그렇게 녹녹치 않았다. 예측 불가능성. 이건 다른 말로 야성의 매력이긴 하지만 고생이기도 했다. 그러나 다행히 우리 중엔 바늘이 없었다. 서로를 배려하는 마음도 엿보였다. 서열도 확실했고 나 역시 제일 졸병이라는 내 위치에 불만도 없었다.

우리는 매일 고개를 향해 미친 듯 걸었고 더위가 한계에 달하면 호수에 몸을 던졌다. 그런 거친 숨 속에서도 눈앞의 풍경은 천국이었다. 날카로운 침봉들 아래 자이언트 세쿼이아 숲과 초원이 펼쳐져 있고, 여기저기 호수와 폭포가 늘어서 있다. 사슴, 곰, 다람쥐, 마모트가 뛰어 노는 눈 앞의 풍경은 바로 장엄한 한편의 서사시라 불릴 만도 했다.

산속에서 내가 얻는 건 또 있었다. 매일 거듭되었던 일상의 반복 때문에 내 감각은 둔화되고 마음도 무기력했다. 그러나 산속에서 생각하면 그동안 내가 만나고 누리고 있던 것들에 대한 고마움과 소중함을 알게 되었다. 일상으로부터 떠난다는 것은 이러한 무기력에서의 일탈이다. 그런 의미에서 존 뮤어 트레일을 걷는 것은 엄청난 경험. 갇힌 세상에서 열린 세상을 보는 동시에 삶이란 나 한 사람만의 것이 아니라 다른 모든 존재들과 얽힌 것이라는 각성을 하게 한 기회였다. 소로우도 그의 일기에서 이런 말을 했다.

"현명한 사람은 늘 마음이 고요해서 들뜨거나 초조해하지 않는다. 한 발자국 걸음을 내딛으면서 휴식을 취하는 산책하는 사람과도 같은 모습이다. 반대로 현명하지 못한 사람은 축적된 피로가 쉬라고 강요하기 전까지는 다리 근육의 긴장을 풀지 않는다."

그 가르침은 맞았다. 끝없을 것 같은 길을 걸으며 지금 산책중이라거나 좀 힘들긴 해도 감당하기 충분한 산행을 하는 거라고 스스로 세뇌를 시켰다. 그러면 마음은 저절로 깊어지고 너그러워졌다. 매일 침묵 속에 만나는 이 시에라네바다 산맥에 존재하는 모든 것들은 모두 자신의 말을 하고 있다는 것도 어렴풋이 알 것 같았다.

모닥불을 끄고 텐트로 들어갈 때까지도 아직 하늘엔 달이 뜨지 않았다.

11

에볼루션 레이크에서 스타 캠프까지

    오늘 역시 먼 길이 될 것이다. 특히 오늘은 뮤어 패스Muir Pass, 3,643미터를 넘는 행정이다. 협곡 사이로 난 길을 힘들게 걸어 도착한 거대한 완다 레이크는 이미 고도가 3,482미터였다. 이 호수는 존 뮤어의 큰 딸인 완다의 이름을 딴 것이다. 호수 가운데는 작은 섬도 있는 큰 크기였다. 잔설이 남아 있는 주변 바위산들과 뮤어 고개가 완다 레이크에 대칭으로 드리워있다. 송어들이 힘차게 물속을 헤엄치고 있는 게 빤히 보인다. 하워드가 그 송어들에게 '클라이밍 피시climbing fish' 라는 이름을 붙였다. 그럴듯하다. 물길 따라 백두산 보다 훨씬 높은 이 호수까지 등산한 송어니까.

    뮤어 패스를 오르는 길은 겹쳐지는 호수를 넘어 켜켜이 쌓인 바위 언덕을 넘는 험한 여로였다. 완다 레이크를 지나고 더 이상 호수는 없을 것으로 알았는데 돌무더기처럼 생긴 능선에 올라서니 또 하나가 더 있었다. 빤히 보이는 눈앞의 고개는 좀처럼 가까워지지 않는다. 땡볕에 노출된 돌길을 걷는 게 쉽지는 않았다. 그러나 다리의 힘은 무섭다. 오르고 또 오르면 못 오를리 없다는 우리 속담은 정확히 맞는 말이다.

대피소의 내부와 천정은 평평한 돌을 이용해 고깔 모양으로 쌓아 올렸다. 실내는 어둡지만 한낮의 더위를 느낄 수 없을 만큼 서늘하다.

힘들게 도착한 고개엔 잔설이 있고, 유명한 존 뮤어 대피소Muir Hut가 세워져 있다. 1930년에 지어진 유일한 무인 대피소인 석조건물로 모양이 매우 특이했다. 순전히 돌만 사용해 둥글게 종탑 모양 만들었는데 종주자들이 기상악화를 피할 수 있게 된 대피소였다. 바로 대피소 부근까지 내려와 쌓인 눈 더미와 황량하고 쓸쓸한 풍광을 카메라에 담느라 일행이 바빠졌다. 이겸의 촬영 모습이 재미있다. 눕고 엎드리고 몸을 비비꼬고 거

황량한 고개 마루에 세워진 돌집은 존 뮤어를 기리는 상징물인 동시에 지친 여행자들의 휴식처이며 대피소이다. 시에라 클럽이 그의 성품을 올바르게 해석한 듯하다.

의 퍼포먼스 수준이었다.

"야, 내가 찍었어도 작품이네."

우리가 지켜보는 게 멋쩍은 듯 이겸이 그렇게 말하자 하워드가 반론을 제기한다.

"여기서는 아무나 찍어도 작품이야."

"형, 상상력이 있어야 사진도 찍는 겁니다. 기계에 의존하는 과정을 거치면 마음의 눈이 열려요. 그런 심미안으로 찍어야 하는 겁니다. 사람 눈은 카메라 렌즈로 치면 5.6 정도지요. 지금 해 보세요. 가로로 볼 때와 세

지름길의 유혹에 빠지면 무릎과 허리를 비롯한 모든 관절이 통증을 호소할 것이다.

로로 보면 두 눈 망막에 어떻게 작용하는지."

하워드는 고개를 기우려 세로로 보더니 다시 고개를 세웠다.

"확실히 다르네. 역시 전문가야. 오늘부터 이겸은 보좌관이다. 미란 씨는 직무대행이고."

나는 픽 웃었다. 결국 내가 제일 졸병이라는 말 아닌가.

시에라 산맥의 높은 곳을 하이 시에라라 부른다. 빛이 충만한 이 길을 존 뮤어 트레일은 관통하고 있다. 이 트레일 종주는 정말 종교적 체험이라 불러도 좋을 감동이 있다. 눈이 맑아지는 자연 속을 걷다보면 산다는

고된 길을 건너야 하는 것이 순서라면 기꺼이 걷겠다. 모든 길에는 끝이 있지 않은가!

것에 대한 심드렁한 기분은 간데없고 살아 있음에 기쁜 것이다. 그렇기에 내 발로 이런 곳을 걸을 수 있다는 희열도 차오르고 여기서는 죽음까지도 아름다울 수 있다는 각성을 준다. 그만큼 존 뮤어 트레일 종주는 치열하면서 치명적이기도 했다. 힘겹게 고개에 올라서서 눈앞에 펴지는 장엄한 경관을 바라보면서 하늘과 땅 사이 혼자 있는 자신을 의식했을 때, 그저 이 자리에서 선 채로 화석이 되어도 좋을 감동을 경험한 적이 한두 번이 아니었다.

나는 바람을 피해 건물 내부로 들어가 앉았다. 벽에는 이것을 건립한 시에라 클럽의 취지를 담은 글과 존 뮤어의 얼굴이 새겨진 스테인리스 부조도 보인다. 거기에 '빛의 산맥The Range of Light' 이라는 존 뮤어의 글도 쓰여 있었다. 실내에는 작은 창문도 보였는데 거기에서 내려다보는 완다 레이크의 물빛이 하늘을 닮아 파란빛이다.

※※※

이 자연을 개발로부터 지켜낸 존 뮤어는 위대한 인간이다. 우리가 걷는 존 뮤어 길은 빙하시대에도 살아남은 거목 군락인 세코이아 국립공원도 지나게 된다. 그 부근에 미네랄 킹이라는 지역이 있다. 1969년 월트디즈니 사가 이곳에 대규모 스키장 리조트를 만들겠다고 나섰다. 허가 관계 당국인 산림청은 그 건설 계획을 승인했다.

존 뮤어 정신을 계승한 시에라클럽은 그 소식에 펄쩍 뛰었다. 헤치헤츠 댐 반대 투쟁 때의 패배를 기억하는 그들로서는 당연한 일이다. 이젠 존 뮤어 생전의 시에라클럽이 아니었다. 60만 회원 중에는 많은 숫자의 변호사도 있었다. 그들은 국내외를 연대하여 반대 투쟁에 나섰다. 제일 먼저 한 것은 개발중지 소송이었다. 월트디즈니라는 대 자본과 오랜 시간 법정 투쟁을 거치며 심리는 대법원까지 올라갔다. 시에라클럽의 소송 이유는 간단했다. "3,200년 묵은 나무를 대신하여, 95미터까지 자라는 세코이아 숲을 대신하여, 이곳에 존재하는 고생대 식물과 말 못하는 나무와 바위를 대신하여 싸운다."는 것이다. 그것들은 말을 못하니 말을 할 줄 아는 인간들이 나선다는 말이다.

이번에는 사우스캘리포니아 교수인 크리스토퍼 D. 스톤이라는 법 철학자도 나섰다. 그는 또 다른 소송에서 "야생동물도 도덕적 지위와 법적 권리를 가질 수 있다."고 주장한다. 당연히 그의 소송 건은 기각되었다. 만약 그의 주장이 받아들여졌다면 하워드가 즐겨하는 곰 사냥은 살인이 되니까. 또한 동물에 비하여 인간이 우월하다는 패러다임이 바뀌는 엄청난 혼란이 야기되었을 것이다. 크리스토퍼 교수 사건은 법원판결에서 졌으나 시에라클럽은 승리했다. 법적으로는 이길 수 있을지 몰라도 오랜 논란과 이미지 실추를 염려한 월트디즈니사는 개발계획을 철회했다. 실질적 개발을 막아낸 것이다. 그것으로 끝난 게 아니라 의회에서는 1978년 미네랄 킹 지역을 아예 국립공원으로 편입시켜 논쟁에 종지부를 찍는다. 이로 인해 국립공원에서의 개발은 의회에서 법을 고치기 전에는 불가능해졌다. 시에라클럽의 완전한 승리였고 존 뮤어 정신의 승리였다.

한국에서 배낭에 달고 다니는 스테인리스 컵을 사람들은 '시에라 컵'이라고 부른다. 그 컵은 시에라클럽이 환경운동기금을 모으기 위하여 제작한 것으로 그걸 달고 다니는 사람들은 알게 모르게 존 뮤어와 연관이 있는 것이다. 이제 미국의 모든 자연보호관련 법안의 통과와 제정은 이

숲이 사라지고 나니 그 소중함이 더욱 절실하다. 나무가 없는 산은 잔인한 돌덩이이며 마서 패스 길은 고통스럽다.

클럽의 감시를 받는다. 시에라클럽의 자체 기준을 통과해야만 가능하다고 할 정도로 막강한 힘과 조직력을 갖추고 있는 것이다. 존 뮤어라는 이름은 네바다산맥의 천연 환경을 탐내는 개발론자들에 맞서 지금도 방어막 역할을 하고 있다.

"시에라네바다 산맥. 거룩한 산. 난 이보다 매혹적인 산을 알지 못한다. 이처럼 넉넉하고 친절하고 부드럽고 감격적인 산은 없다. 모든 사람이 시에라의 부름에 응하지 않는 것이 이상할 뿐이다. 시에라는 복음처럼 우리에게 주어졌다. 아무런 대가도, 돈도 요구하지 않은 채. 이는 우리가 값없이 받은 천국이다…. 산에서 보낸 하루가 몇 수레의 책보다 낫다."

그가 쓴 에세이에서 한 말이다. 우리처럼 직접 걸어 본 사람은 그 말뜻을 안다. 그의 탁월한 심미안에 시에라네바다 산맥은 야성을 간직할 수 있었던 것이다. 시에라클럽을 창설한 1892년에는 시어도어 루스벨트 대통령과 함께 야영하면서 요세미티 지역의 보존을 역설했고 1903년 5월에 다시 찾은 루스벨트와 돌이시 글레이서 포인트를 오른 적도 있었던 존 뮤어는 1915년에 사망했다.

이 글을 쓰면서 헤아릴 수 없이 많이 존 뮤어의 이름을 불렀다. 그러나 사실 우리가 가고 있는 트레일을 존 뮤어는 생전에 몰랐다. 그는 사후 이름만 빌려줬을 뿐이다. 그의 사망 이후 그의 고매한 뜻을 기리려는 운동이 일어났는데 그중 하나가 우리가 걷고 있는 트레일을 개척하는 것이었다. 시에라클럽은 자연의 아름다움을 보여주어 왜 보존하여야 하는지를 일반 국민에게 알릴 현장 체험형 트레일을 만들기로 한 것이다. 뮤어가 사망한 뒤 시에라클럽은 주 의회의 지지 아래 뮤어가 답사한 하이킹 코스를 포함하여 휘트니까지 트레일로 잇는 대규모 프로젝트를 시작했다.

1915년 캘리포니아 주 의회의 승인을 얻고 당시 1만 달러의 예산으로 시작한 트레일의 정비는 마서 패스를 끝으로 23년 만인 1938년 완성시켰던 것이다.

존 뮤어는 산악 문학에서 뚜렷한 족적을 남기고 있다. 존 뮤어는 자연을 '야생대학'이라 불렀다. 야생대학에서 그는 문학을 전공했을까? 존 뮤어는 시에라네바다 산속 내밀한 풍경을 묘사한 주옥같은 에세이들을 남겼다. 그중 하나가 우리나라에도 번역된 존 뮤어의 마운틴 에세이다.

"아무리 지쳐 있더라도 산에서 하루를 보내며 축복을 받은 사람이라면 도중에 기운을 잃는 일은 없을 것이다. 장수를 누릴 운명이건, 파란만장한 삶을 살 운명이건, 그 사람은 영원한 부자다."

그가 31세 되던 때 시에라네바다 산맥 기슭에서 썼던 산중일기 〈나의 첫 여름〉 중 한 구절이다. 그의 말대로 이 트레일을 오가는 사람들은 어느 부자도 소유할 수 없는 자연을 만끽할 수 있다. 부자의 집이나 우리가 걷는 자연이나 죽으면 가지고 갈 수 없다는 점에서는 같지 않은가.

뮤어 패스에서 사진을 찍고 주변을 감상하다보니 꽤 시간이 지났다. 남녀 청소년 몇 명이 반대편에서 고개로 올라왔다. 모처럼 보는 사람이 반갑다. 그들은 자신들이 발로 오른 뮤어 패스에서 우리가 올라 온 길을 내려다보며 탄성을 질렀다. 존 뮤어 트레일은 걷기 좋아하는 세상의 모든 사람들에게 동경의 대상이라는 말은 결코 과장된 게 아니다. 산속에서 체험할 수 있는 모든 것이 이 산길에 존재한다고 해도 절대 허황된 말이 아니다. 지금 당장 떠나지 못하더라도 언제인가는 존 뮤어 트레일 답사를 목표로 꿈을 키울 이유가 바로 거기 있다. 한국에는 아직 없지만 일본만

고원의 길이 물결 같은 산으로 스며든다.
이렇게 아름다운 길을 남겨 두고 가야 하는 아쉬움이 크다.

하더라도 많은 사람들이 이 트레일 종주에서 느꼈던 감동을 공유하고 보급하는 모임이 많다고 했다.

고개 고도가 높아 그런지 바람이 차가워졌다. 그들과 헤어져 내려가는 길엔 또 다른 세계가 펼쳐져 있다. 계속해서 내리막길인데 바로 눈앞에 보이는 헬렌 레이크 Helen Lake, 헬렌 호수 역시 존 뮤어의 작은 딸 이름이다. 헬렌 레이크를 돌아가며 트레일은 이어지고 있다. 수목한계선을 넘은 곳이기에 나무는 없었고 그 대신 녹지 않은 잔설이 물속에 드리워있다. 길은 가팔랐다. 그때쯤 느낀 것인데 시에라네바다 산맥은 경동지괴 傾動地塊 가 분명했다. 경동지괴란 단층으로 인해 땅덩어리가 기울어져 한쪽에 급한 단층애가 생기고 다른 쪽은 완만한 경사를 이루고 있는 우리나라 백두대간 같은 산지를 말한다. 우리나라도 동쪽이 융기하고 서쪽으로 기울어진 경동지괴이며 미국의 시에라네바다 산맥도 역시 그러하다.

트레일과 만나는 헬렌 레이크 끝에는 우렁차게 흐르는 토출구가 계곡으로 많은 물을 내보내고 있다. 아무리 보아도 호수에 유입되는 물은 없는데 이렇게 많은 물이 내려가다니. 그 비밀의 주인공은 잔설이다. 눈 녹은 물이 호수로 유입되어 수면을 높이는 까닭에 계곡물이 시작되는 것이다. 트레일 우측의 솔로몬 산 Solomons Mt., 3,972미터 과 왼쪽으로 보이는 웰로우 산 Warlow Mt., 4,025미터 자락엔 지금도 빙하가 존재한다. 히말라야가 아닌 사막의 산맥에 빙하가 존재한다니 놀라운 일이다. 과연 시에라네바다는 존 뮤어 말대로 지구별 모든 산에 존재하는 현상을 한눈에 볼 수 있는 축복의 산이었다. 솟구친 높은 침봉이 오른쪽 멀리 보여 지도를 보니 블랙 자이언트 Black Giant, 4,062미터 라고 표기되어 있다. 하워드가 그 산들을 가리키며 자랑스럽게 말했다.

"이 시에라네바다 산맥에는 4,000미터가 넘는 산이 아흔 개가 넘어. 그 중에 4,200미터이상, 즉 14,000피트를 넘는 15개봉을 이곳 사람들은 포티너스^{Fourteeners}라고 부르지. 그걸 목표로 산행을 하는 사람들도 있고. 나 역시 9개 정도를 올랐어. 시간이 되면 다 올라볼 생각이야."

하워드가 부러웠다. 그의 튼튼한 체력과 산행에 시간을 낼 수 있는 여건. 목적이 있는 인생이 아름답다는 말처럼 15좌를 다 오르겠다는 생각만으로 하워드는 사는 게 즐겁겠다.

헬렌 레이크에서 더 급하게 떨어지는 계곡 길은 경동지괴답게 급경사를 이루고 있다. 내려가면 그만큼 올라가는 것을 며칠 동안의 학습을 통하여 배웠기에 내리막길이 마냥 고맙지만은 않다. 그늘진 곳에 쌓인 녹지 않은 눈밭을 조심스럽게 횡단해야 했다. 눈은 허리춤까지 쌓여 있었다. 뜨거운 8월의 여름에 눈을 밟는 기분이 묘하다. 그곳을 돌아가니 저 멀리 아득하게 푸른 초원이 펼쳐져 있다. 내림길이 계속되다 고도가 낮아졌는지 반가운 숲이 나타나기 시작했다. 산들이 연이어 달리고 있는 풍광은 마치 한 장의 그림엽서 같다. 그 장엄하고도 넉넉한 산과 호수와 계곡. 우리를 에워싼 자연은 아름답기도 했으나 어떤 면에서는 상냥스럽기까지 했다. 하늘은 더 없이 파랗고 초원을 에워싼 숲 뒤로는 기암괴석으로 이루어진 바위산이 울타리처럼 에워싼 꿈과 같은 풍경. 기가 막힌 캠프지이다. 늦은 시간이기에 우리는 그곳에서 하루를 접기로 했다.

저녁을 먹고 나자 언제나처럼 모닥불이 피워졌고 우리는 그 곁에 둘러앉아 숲이 주는 고즈넉한 느낌을 즐기고 있었다.

"참 미국이라는 나라는 부러워요. 그 큰 땅에 이런 천국이 있는 걸 보면 말이에요."

김미란이 불을 쪼이며 그런 말을 했는데 그 점에 대해선 누구나 의견이 같았을 것이다.

"캘리포니아만 떼어서 당장 독립국으로 등장해도 국민총생산^{GNP}이 세계 제8위 국가에 해당한다고 하더라고요. 땅덩어리는 남한의 네 배 크기고, 석유와 황금 등 자원도 엄청나서 남 신세 안 지고도 잘 살 수 있는 주라는군요. 미란 씨도 이곳으로 이민오지 그래요?"

하워드는 자신이 살고 있는 캘리포니아를 자랑하며 은근슬쩍 김미란에게 이민을 권했다. 김미란이 고개를 끄덕인다.

"할 수 있다면 그것도 괜찮겠네요. 늘 따뜻한 햇살과 공기도 좋잖아요. 산도 얼마나 깨끗해요? 정말 부러운 자연이에요."

"그 말은 맞아요. 내가 정말 미국을 부러워하는 건 자연입니다. 그 외에는 별로 좋아할 게 없어요. 사람 사는 곳은 어디라도 마찬가지겠지만 이곳도 마냥 천국은 아니랍니다."

내가 김미란의 말을 받아 대꾸했다. 캘리포니아의 과거는 사실 별로 깨끗하지 못했다. 미국이 멕시코로부터 돈 주고 산 땅인데, 거기에 문제가 있었다. 돈 주고 팔았다면 그만이지 무슨 말을 하는 거냐고 묻는 사람을 위하여 잠시 그 이야기를 정리할 필요가 있다.

텍사스나 시에라네바다 산맥이 있는 캘리포니아는 19세기만 해도 멕시코 땅이었다. 미국 동부지역에 밀려든 백인 이민자들은 점차 서부로 넘어가 멕시코 땅인 텍사스나 애리조나에 이주하여 살고 있었다. 멕시코 땅에 살던 백인들은 숫자가 늘어나자 1835년에 자신들은 멕시코와는 다른 민족이며 문화가 다르기에 더 이상 멕시코에 예속되지 않는다고 분리를 선언했다. 당시 미국 연방의 사주를 받은 것이다.

'명백한 운명'이라는 뜻의 매니페스트 데스티니Manifest Destiny라는 말은 멕시코에서도 적용되는 백인 이민자들의 이데올로기였다. 우월한 앵글로색슨 족에게 미국이라는 신천지 땅을 준 것이고 그것이 명백한 운명이며 그 꿈을 실현하는 게 순리라는 것이다. 이런 이념은 '번성하고 다스려라'는 성경에서 따온 말이다. 그러나 당연히 그건 멕시코에겐 말도 되지 않는 소리였다. 아무리 약한 멕시코지만 텍사스의 분리를 인정할 수는 없었다. 그야말로 굴러 온 돌이 박힌 돌을 빼낸 격 아닌가. 1836년 2월, 멕시코는 텍사스의 알라모 요새를 공격했다. 이에 항전하기 위해 급조된 텍사스 수비대는 그 전쟁에서 전멸하고 말았다.

그때 나온 미국인 구호가 바로 '알라모를 기억하라!'는 것이었다. 우리나라 사람들이 최후의 결전 같은 걸 말할 땐 흔히 배수진을 친다, 라고 하지만 미국인들은 알라모를 기억하라고 말한다. 그렇게 알라모 전투가 벌어지자 텍사스는 이젠 분리가 아니라 더 나아가 아예 독립 국가를 선언하기에 이른다. 그러자 기다렸다는 듯 미국 연방은 곧바로 텍사스를 승인하고 상호 방위동맹을 맺었다. 이는 텍사스에 대한 공격은 곧 미국에 대한 공격으로 간주한다는 선언인 셈이다. 이런 교묘한 전략은 나중에 미국이 파나마 운하를 건설하기 위해 콜롬비아로부터 파나마를 독립시킬 때도 사용되었다.

결국 멕시코도 피할 수도 이길 수도 없는 전쟁을 시작하게 된 것이다. 대학생과 유치원생의 권투시합처럼 전쟁은 쉽게 끝나 버렸다. 내친 김에 미국은 1만 2천명의 해병대를 멕시코 본토로 진격시켰다. 베라크루스 항에 상륙하여 수도 멕시코시티를 점령하여 버린 것이다. 아이러니하게도

죽을 것이다. 하지만 앞날을 두려워 마라. 너는 충분히 풍요로움을 누릴 것이며, 네 부모처럼 새로운 여행을 시작할 것이다. 아가야! 언제나 충실히 지금을 살아라! 삶이란 단 한 번으로 족하단다.

그 진격로는 300년전 스페인의 정복자 코르테스가 잉카 정복을 위하여 갔던 길을 그대로 미국이 따른 것이다.

　이 전쟁으로 멕시코 대통령 산따 안나가 포로로 잡히는 치욕을 당한다. 전쟁에 진 멕시코는 미국과 멕시코시티 인근의 과달루뻬라는 작은 마을에서 과달루뻬-이달고 평화조약을 체결했다. 말만 평화조약이지 멕시코로 본다면 불평등으로 가득한 조약이었다. 그러나 그렇게 할 수밖에 없었다. 멕시코는 텍사스를 미국영토로 인정해 주어야 했을 뿐 아니라 비싼 이자도 내야 했다. 미국이 눈독을 들이고 있던 서부의 영토 즉 캘리포니아, 네바다, 유타, 그리고 콜로라도 일부 지역을 1천 5백만 달러를 받고 이양해야 했다. 맞고 줄래? 푼돈이라도 받고 줄래? 하는 식의 재판이었다. 그렇게 돈으로 산 땅은 한반도 전체의 6배나 되는 광활한 넓이였다. 하지만 그것으로도 정산이 끝나지 않았고 미국은 자신들이 전쟁 비용으로 사용한 전쟁배상금 325만 달러를 멕시코로부터 받아냈다.

　그때 미국 말을 듣지 않는 나빈 아파 시남의 멕시코는 없어졌을지도 모른다. 개인이나 국가 모두 땅 욕심은 끝이 없는 것이니까. 멕시코는 땅을 거저 빼앗기다시피 한 조약 체결 후 잦은 내란에 시달린다. 제 땅 빼앗기고 헐값에 팔아먹은 정부를 누가 믿겠는가? 미국과 멕시코의 현재 국경은 리오그란데 강인데, 멕시코 사람들은 이 강을 한국의 한 맺힌 삼팔선처럼 '분단의 상처'라고 부르고 있다.

　그런 개략적인 설명을 듣던 하워드가 그답게 한 마디 한다.

　"역사는 말 그대로 그냥 역사일 뿐이야. 한국은 고구려 옛 땅에 유독 집착하고 있지? 간도도 한국 땅이고 발해의 역사도 한국 것이라고 주장한다. 한국도 때로는 남의 나라를 침략도 했고 당하기도 했겠지. 그런 걸 역사라고 한다면 아까 말한 대로 한국을 포함하여 세계 어느 나라 부끄럽지 않은 나라는 없어. 안 그러냐?"

이상한 말인 건 틀림없는데 딱히 대답할 말이 없다. 사실 미국의 역사를 두고 부끄럽네 마네 하는 관점이 틀렸는지도 모른다.

"돈과 강자의 논리군요. 형의 말은. 약한 민족은 멸종되어도 괜찮다는."

"아니, 꼭 그런 것만은 아니야. 너무 한쪽으로만 해석하는 말에 동의하지 못한다는 거지. 검은 눈이 아름다운 초식 동물이 불쌍하니 사자보고 고기 대신 풀을 뜯어 먹으라는 소리 아닌가? 그럼 사자는 멸종해도 되는 거야? 사자의 눈으로 볼 때 사냥은 당연한 일이다. 사슴 편드는 자체가 웃긴다는 말이지. 그렇듯 어떤 작은 계기로라도 역사가 바뀔 수도 있고 그 자체가 역사란 말이지. 다시 말해 보잘 것 없는 내가 미국에서 존재하는 자체가 역사의 결과인 셈 아냐? 그런데 강자의 역사는 부끄러운 것이다? 그것은 자신을 부정한다는 말인데 얼마나 웃기는 말인가 그 말이지."

이야기가 심각해지고 있었다. 남과의 여행에서는 두 가지 주제를 조심해야 한다는 말이 불현듯 떠올랐다. 첫째가 종교고 둘째가 정치 이야기다. 끝없는 논쟁일 뿐 어차피 정답이 없는 거니까.

"우리 얼굴이 다르듯 생각도 다르겠지. 그러나 분명한 건 이런 이야기는 쓸데없이 배만 고프다는 거야. 양식도 줄여 먹는데 에너지 소비는 그만."

12

스타 캠프에서 펠리세이드 레이크까지

    숲에서 깨어나는 아침은 언제나 특별하다. 조금은 서늘하면서도 상쾌한 공기 속에 잠을 깨우듯 노래하는 새들. 텐트 앞을 돌돌돌 흐르는 시냇물의 소리. 밤에 피웠던 솔향기 섞인 연기 냄새. 텐트에서 나와 기지개를 펴면 어제의 힘들었던 기억들은 즐거운 추억으로 자리 잡고 새로운 희망으로 기분이 좋아진다. 거의 하루에 하나씩 넘는 고개가 부담이지만 가다 보면 끝이 있더라는 믿음도 생겼다. 여건이 된다면 시간에 쫓기는 산행을 하지 말고 아무 곳에서나 죽치고 며칠 보내는 것도 즐거운 일이겠다. 어느 곳이나 야영하기엔 천국이니까.

    해가 뜨기 전 우리는 리 콘트 캐니언 Le Conte Canyon, 리 콘트 계곡에 들어섰다. 계곡은 제법 규모가 컸다. 양쪽은 깎아지른 절벽이었는데 갑자기 숲에서 튀어 나온 사슴과 정면으로 마주쳤다. 하워드는 사슴 뒷발질을 조심하라고 했지만 아무래도 겁이 나지 않는다. 리 콘트 계곡의 레인저 스테이션 앞에는 비숍 패스 Bishop Pass로 갈라지는 표지판이 보였다. 이 길이 존 뮤어 트레일을 포기하고 탈출할 수 있는 마지막 장소다. 이곳에서 왼쪽으

길을 만드는 가장 좋은 방법은 언제든 재사리도 돌릴 수 있게 하는 것이다.

로 이어지는 비숍 패스를 넘어 내려가면 사브리나 레이크를 거쳐 도로를 만난다. 그러나 그 거리도 1박 2일이 소요 된다.

레인저 스테이션 앞에서 쉬고 있는데 우리가 내는 소음을 들었는지 구레나룻이 인상적인 레인저가 나타났다. 명찰이름이 밥 캐넌이었다. 한국인을 만나는 것은 매우 드물다며 기꺼이 사진 촬영에 응해준다. 54세인 그는 6월부터 9월까지만 근무하는데, 9월 이후는 눈 때문에 트레일이 폐쇄되니까 레인저도 철수한다는 것이다. 미국에서는 국립공원 관리소 직원을 레인저ranger라고 부른다. 미국 국립공원의 레인저는 경찰처럼 사법권을 행사한다. 당연히 실탄이 든 권총과 곰 퇴치용 페퍼 스프레이, 수갑 등도 소지하고 있다. 트레일에서 만난 밥은 레인저 생활을 한지 29년이 되었다고 했다. 산과 숲을 너무 사랑하다 보니 레인저가 됐다는 그의 주된 임무는 자연의 훼손을 막는 동시에 트레커들의 공원법 준수 여부를 감시하는 일이다.

"동물에게 먹이를 주시 않았겠지? 그긴 불법이다. 동물이 사람에게 길들여지면 자연 적응력이 약해지고 캠핑 장소로 내려와 사람을 공격할 수도 있으니까. 하기야 당신들 먹을 양식도 달랑거릴 테니 그럴 리는 없겠지만."

속으로 은근히 긴장했는데 그건 레인저 밥의 농담이었다. 구레나룻에 선한 웃음의 소유자인 밥도 말 상대가 없어 외로웠던지 우리가 반가운 모양이다. 곰을 만났느냐고 묻기에 본 대로 이야기해 주었더니 우리더러 운이 좋았다고 웃는다.

"너무 곰에게 겁먹을 필요는 없다. 이곳 곰은 베지테리언이니까."

밥 캐넌은 이곳 곰은 채식주의자라는 농담을 하며 껄껄 웃는다.

"이 존 뮤어 트레일에서 가장 아름다운 곳이 있다면 어디인가?"

내 질문에 잠시 생각하더니 쾌활하게 대답한다.

"이곳의 모든 산이 다 예쁘다. 어느 한 곳도 나쁜 곳이 없으니까. 당신들이 보기에도 그렇지 않은가. 산이면 산, 호수면 호수 모두 특징이 있다."

하긴 우문이다. 엄마가 좋으냐 아빠가 좋으냐 하는 물음과 같으니까.

김미란은 그에게 지겨운 모기에 대하여 이야기하며 불만을 늘어놓았다. 레인저는 마치 자신이 잘못이라도 한 것처럼 미안해 한다. 8월 중순이 넘어가면 기온이 떨어져 모기가 없다면서 우리에게 너무 일찍 왔다는 말을 한다. 그는 자신이 찍은 동영상을 국립공원 홈페이지에서 볼 수 있다고 주소도 써 주었다.

자신이 좋아하는 일을 직업으로 삼아 사는 삶이야말로 진정 부러운 삶이다. 게다가 직장이 이렇게 물 맑고 공기 좋은 곳이라면 더 이상 무슨 말이 필요할까? 스스로 자기 자신이 행복하다고 만족하며 즐겁게 사는 레인저 밥의 모습을 보니 목적도 잊은 채 그저 아둥바둥 살아온 지난 시간이 더욱 아쉽다. 우리를 향해 활짝 웃으며 손을 흔드는 그의 모습이 왜인지 조금은 얄미워 보인다.

세상에서 제일 아름다운
일터의 행복한 레인저

밥 캐넌(Bob Canon, 54세, 미국)

나 : 레인저로 활동하는 게 즐거운가?

밥 : 그럼. 산속에 근무하는 게 행복하다. 여기서 4개월 근무하고 눈이 오면 철수하여 나머지는 뉴멕시코 공원에서 일하는데 이곳에 오고 싶어 병이 날 정도다.

나 : 레인저가 인기 있는 직업인가?

밥 : 우리 직업이 인기가 있느냐고? 하하. 사실 레인저가 되는 것은 하버드 대학에 들어가는 것만큼 어렵다. 물론 농담이지만. 레인저는 미국의 젊은이들이 세 번째로 선호하는 직업이다. 실제로 지원자가 엄청 몰린다. 때문에 레인저로 선발되면 자부심도 대단하다. 중고등학교의 과학, 생물, 지리 등 공원과 관련된 학과의 교사들이 공원에 매료되어 레인저로 이직하는 경우도 있고 경찰 출신도 꽤 많은 편이다.

나 : 곰도 자주 만날 텐데 위험하지 않은가?

밥 : 물론 위험할 때도 있다. 흑곰의 공격을 받아 얼굴에 깊은 상처를 얻은 레인저도 있긴 하다. 하지만 확률로 보면 곰에게 다치는 것은 비행

기 추락 사고처럼 지극히 드문 경우다. 이곳 곰은 채식주의자다. 그러니 곰 걱정은 하지 않아도 된다.

나 : 곰뿐 아니라 이곳은 야생의 모습을 잘 간직하고 있다.

밥 : 그렇다. 우리 국립공원의 가장 큰 목적은 자연을 최대한 원시 상태 그대로 보전한다는 것이다. 큰 나무가 쓰러져도 그대로 놔두는 것이 바로 그런 철학 때문이다. 탐방객을 극소수만 들여 놓는 이유도 야성의 상태를 유지하려는 배려다.

나 : 듣기로 미국에는 380여 개의 국립공원이 있다고 들었는데, 어떻게 국립공원으로 지정이 되는가?

밥 : 미국의 국립공원은 경관이 뛰어난 것은 물론이고 원시적이며 야생적인 상태의 넓은 지역이다. 공원 내 토지 소유주나 기업들이 국민 모두가 공유하기를 바라는 마음에서 땅을 국가에 기증함으로써 큰 무리 없이 많은 지역을 국립공원으로 지정할 수 있었다.

나 : 레인저라고 해도 1년 내내 이곳에 있는 것은 아닌데, 나머지 시간에는 무엇을 하나?

밥 : 이 시에라네바다 산맥에 눈이 오기 시작하는 10월 초면 이곳에서 철수를 한다. 이듬해 6월까지 이 광대한 산속엔 사람이 한 명도 없는 상태이다. 곰처럼 동면을 한다면 모를까, 눈이 깊고 추워서 도저히 사람들이 생존할 수가 없다. 그 기간동안 나는 가족이 있는 따뜻한 남쪽 뉴멕시코 주의 공원으로 가서 근무를 한다. 하지만 늘 이곳이 그립다. 그곳에 비하면 여기는 천국이다.

나 : 식량과 생필품은 어떻게 조달외나? 사람이 등짐으로 올 수 없는 곳인데.

밥 : 주로 말을 이용하지만 어느 때는 헬리콥터로 보급 받는다. 그 보급품 중 가장 반가운 건 가족들의 편지다.

나 : 이곳은 전화도 통하지 않는 오지 중의 오지이다. 때로는 하루에 한 명도 만나지 못하는 경우도 있을 텐데, 이런 곳에 근무를 한다는 게 지루하거나 외롭지는 않나?

밥 : 절대로! 당신들은 이곳이 조용한 숲이라고 생각할지도 모르지만 숲은 살아있다. 새들의 지저귀는 소리도 다 의미가 있고 호수 속의 송어들도 내게 말을 걸고 있다. 당신들도 걷는데만 치중하지 말고 자연이 걸어오는 말소리에 귀를 열어라. 그러면 지금보다 더 행복한 산행이 될 것이다. 이곳을 한번 다녀간 사람은 나처럼 다시 이 산속을 그리워하게 되어 있다. 그리고 종주에 성공하면 체중이 많이 빠질 텐데 그것은 문명에서 찌든 세포들이 다 빠져 나가고 오염되지 않는 몸으로 거듭 탄생하는 신호이다. 바로 그것이 이 산이 당신들에게 주는 축복이다. 여러분도 이 아름다운 산이 주는 축복을 듬뿍 받길 바란다.

나 : 우리에게 해줄 말이 있다면?

밥 : 즐겨라. 매순간을. 집과 가족, 그리고 직장을 걱정해봤자 이 산행에 아무런 영향을 줄 수 없다. 당신들은 이미 여러분이 있던 곳에서 너무 멀리 왔으니까. 그러니 그런 걱정일랑 모두 뒤로 하고 그저 이 시간을 즐기는 게 옳다.

레인저 밥 캐넌과 헤어져 한참을 가니 리 콘트 계곡과 킹 리버의 합수지점이 나타났다. 트레일은 펠리세이드 레이크Palisade Lake, 펠리세이드 호수로 이어지고 있다. 조금 무리해서 펠리세이드 레이크까지 진행하기로 했다. 내일 넘어야 하는 마서 패스Mather Pass, 마서 고개를 염두에 둔 행정이다. 마서 패스는 돌과 자갈길로 이루어진 악명 높은 고개로 소문이 자자한 곳이다. 또한 호수 곁이 야영지로 가장 좋다는 것을 그간 경험으로 알고 있었다. 만약 호수를 찾지 못할 경우 물이 흐르는 시냇가 근처도 무방하다. 야영에는 생각보다 물이 많이 들어간다. 음식을 만들고 설거지와 마실 물을 정수해야 되기 때문이다.

펠리세이드 계곡을 따라 호수까지 가는 길은 경사가 보통이 아니었다. 처음에는 아스펜 나무숲이 우거진 초원도 나타나고 맑은 시내를 따라 이어진 길이었는데 오후부터 길이 험해지기 시작했다. 트레일은 바짝 서있는 북한산 백운대 암벽처럼 보이는 곳을 향하고 있었다. 도저히 걸어서 오를 수 없을 것 같았다. 그러나 그 암벽 사이로 급하지만 지그재그로 트레일이 나 있다. 그야말로 절묘한 길이었다. 힘이 들고 해는 져가고 있어 우리가 너무 욕심을 낸 건 아닌지 후회도 되었다. 호수가 나타날 것 같은 지형인데도 길은 끝이 없다. 수목한계선을 넘은 협곡 사이로 걸어가는데 날이 점점 어둑해져 온다. 그 와중에도 저녁에 피울 모닥불 생각이 나 길을 가면서 나뭇가지를 주워 모았다.

협곡을 빠져 나가니 고원이 펼쳐져 있고 엄청 큰 분지에 펠리세이드 레이크가 찰랑이고 있었다. 어둠이 깔리는 수면엔 수없이 동심원이 나타난다. 송어가 모기나 하루살이 사냥을 하는 모습이다. 3,000미터가 넘는 곳에 송어도 살고 모기와 하루살이도 산다니 그 완강한 생명력에 경외감이

사진으로 담지 못하는 풍경이 있다는 것은 매우 만족스러운 일이다. 무엇인들 무엇으로 붙잡아 둘 수 있겠는가? 모든 것이 그 자리 그때에만 존재한다는 것이 새삼스럽다. 이 순간의 펠리세이드 호수를 담아본다.

인다. 하루살이 유충은 1년에서 3년간 물속에서 살면서 물속의 썩은 것과 잔재물을 먹어치워 청소부 역할을 한다. 만약 이것이 없다면 무엇으로 물속을 깨끗이 할까. 그리고 성충이 되면 번식을 위해 단 하루만 지상으로 나와 하늘을 날아 짝짓기를 하고 죽는다. 그 사체들 역시 송어의 밥이 되니, 이보다 완벽한 생태계의 순환고리가 있을까.

우리는 널찍한 바위를 찾아 그 위에 텐트를 치고 모닥불을 피웠다. 이곳에서 둘러보면 미국의 14,000피트 급 15좌가 여럿 보인다는데, 정말 정면에 하늘을 찌를 듯한 스프릿 봉 Split Mt., 4,267미터이 주변의 산들을 거느린 채 버티고 있다. 적막한 호수 주변에는 아무도 없고 우리뿐이다.

하워드가 릴낚시를 호수에 던져 넣었다. 처음엔 산으로 올라가는 사람들 배낭에 달린 낚시가 이상했다. 알고 보니 호수에 지천인 송어를 잡는 것이었다. 취미도 있겠지만 대부분 식용으로 먹기 위해 잡는다. 노란 야광 치즈 미끼가 물속에 들어가기 무섭게 송어가 문다. 릴을 감으면 달려오는 송어를 따라 동료들이 몇 마리씩 따라온다. 먹이를 나눠 먹자는 것이다. 이건 숫제 낚시가 아니라 건지는 모양새다. 이곳 송어는 낚시에 대한 경험이 없는 게 분명했다.

"이거 신나는데. 확실히 나는 사냥뿐 아니라 낚시에도 일가견이 있어."

스스로 칭찬까지 하며 하워드는 금방 코펠 가득 송어를 잡았다.

"그만 잡아라. 더 잡으면 다 먹을 수도 없겠다."

"요맘때가 송어 저녁시간인 모양이야. 물 표면에 떠오르는 무수한 동심원을 보면."

내가 말리지 않았다면 하워드는 펠리세이드 레이크에 살고 있는 송어들의 씨를 말릴 모양새였다. 하워드 덕분에 우리는 오랜만에 단백질을 섭취했다. 모닥불로 송어를 굽기도 하고 매운탕까지 끓여 라면에 길들여진 배를 채웠다. 송어는 자연산이라 그런지 살이 쫄깃했고 무척 맛이 있었다. 문득 올려다 본 차가운 밤하늘에는 우윳빛 은하수가 흐르고 있었고 수많은 별들이 영롱하게 빛나고 있다. '벼랑'이라는 뜻의 펠리세이드란 이름답게 하늘을 찌를 듯 날카로운 고봉들의 실루엣이 울타리처럼 밤하늘과 땅을 가르고 있다. 길은 사람과 산 사이에 늘 있었지만 높디 높은 펠리세이드 산군의 어디로 가야 할지 감이 잡히지 않았다. 산은 그냥 서있는 게 아니다. 시퍼런 날을 세우듯 지평선에 제멋대로 삐죽삐죽 솟아있

담백한 맛과 화려한 외모는 무지개 송어라는 애칭을 얻기에 충분하다.

다. 칼날처럼 예리한 능선은 차라리 선이었다.

이겸이 노출을 길게 잡아 밤하늘에 흐르는 별을 찍는다고 카메라를 설치해 놓고 모닥불 곁으로 돌아왔다. 황량한 산의 실루엣과 그 위를 흐르는 별들의 운행. 이겸의 예술적 끼가 아낌없이 나타났다.

"1996년 캄차카 반도에서 죽은 야생사진가가 있어요. 일본의 사진작가 호시노 미치오라는 사람인데요. 19세 때 알래스카의 자연에 매료된 그는 20여 년간 그곳에 머무르며 자연과 사람의 모습을 기록했지요. 오로라, 백야, 빙하, 툰트라를 이동하는 카리부 떼, 에스키모와 극한의 땅에서 조우한 자연의 아름다움을 〈알래스카, 바람 같은 이야기〉라는 책 속에 고스란히 담아냈어요."

존 뮤어 트레일을 따라 걸으면서 늘 생각하는 것은 눈앞의 풍경이 더욱 아름다우려면 누군가와 함께 그것을 봐야 한다는 것이다. 좋지? 좋군. 아주 좋은데요. 이렇듯 풍경에 대한 단상을 옆에 선 이와 함께 나누면 자연은 좀 더 참된 언어로 내게 다가온다는 것을 알 수 있었다.

"호시노 미치오 사진에서는 알래스카의 진면목이 살아 있어요. 가공되지 않은 날 것 그대로의 모습. 작가로서 그들과 함께 생활하며 육화된 그런 느낌을 사진에 담은 거죠. 이곳 인디언처럼 그곳 원주민들도 애초에 땅을 소유한다는 관념이 없었어요. 수렵 생활 속에서 먹을거리를 모두가 공유하는 네 것 내 것의 경계선이 없는 세계였죠."

그들은 한없이 넓은 알래스카의 땅을 개인이 소유한다는 것에 익숙하지 않았고, 문명세계에서 이주한 사람들이 긋는 경계에 커다란 불안감을 느끼기 시작했다. 하긴 풍경마저도 개인이 소유하려는 탐욕의 세상이 아니던가. 어찌 보면 인간의 삶도 하나의 풍경일 것이다. 무한한 자연의 일부로서 자신을 품은 그것을 지배하고 소유하려 할 때 우리 스스로 그 풍경 밖으로 걸어 나온 것은 아닐까? 풍경 밖으로 추방당한 삶은 외로운 법이다. 그 외로운 열등감에 더욱 모든 걸 지배하고 소유하려는 이기심이 커지는 것인지도 모른다.

"20여 년간 알래스카의 자연 속에 살다가 곰의 습격을 받아 죽은 호시노 미치오는 진정한 자연주의자였습니다. 알래스카의 광활한 자연을 한껏 받아들이고 감사할 줄 아는 그의 카메라는 존재하는 모든 것들에게서 아름다움과 당당함을 찾아냈지요. 나 역시 그런 사진을 찍고 싶어요."

"풍경도 좋지만 나를 좀 많이 찍어라. 인물사진도 풍경이니까."

이겸의 이야기를 듣던 하워드가 생뚱맞은 소리를 한다.

"맞아요. 사람이 빠지면 재미없어요. 호시노도 실제 자연의 풍경이 아니라 그 속에서 살아가는 사람들을 빗대어 이야기하려 한 건지도 몰라요. 우리도 그렇잖아요. 매일 자고 깨면 걷는 풍경속의 일상이지만 피부에 닿는 구체적인 우리 이야기가 빠지면 무엇인가 허전할 것 같아요."

사람들은 누구나 자연을 관조하는 스스로의 눈을 가지고 있다. 우리처럼 매일 접하는 바로 곁의 자연과 이겸의 이야기를 듣고 상상하는 먼 곳의 자연이다. 거기에 그런 풍경이 있다는 것만으로도 우리는 무엇인가를 상상할 수 있으므로 마음도 풍요로워지는 게 아닌가.

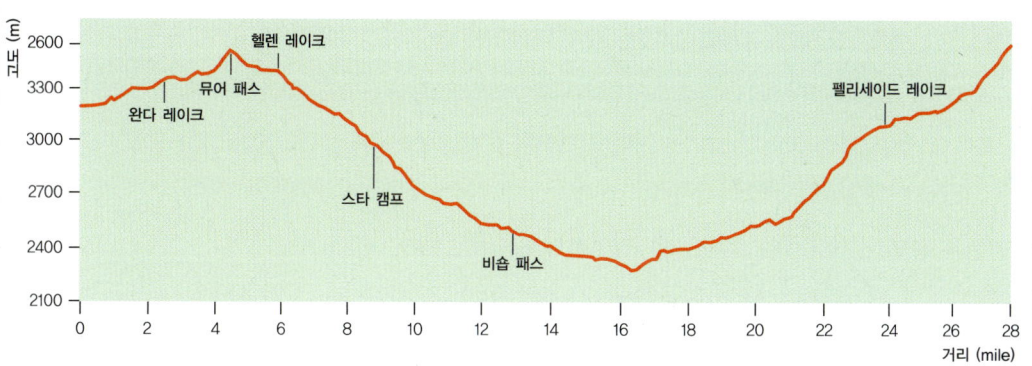

13

펠리세이드 레이크에서 달러 레이크까지

아침에 펠리세이드 레이크를 끼고 오르다보니 호수는 하나가 아니었다. 텐트를 친 밑에선 보이지 않았으나 바로 위에 그만한 크기의 또 다른 쌍둥이 호수가 있었다. 시원한 물줄기가 솟아지는 지류를 건너자 본격적인 오름길이다. 갑자기 길에 멧새가 나타나더니 앞에서 얼쩡거린다. 가만히 지켜보니 새끼들이 숨어 있었다. 그걸 내 시선에서 보호하기 위해 일부러 내 눈에 뜨인 것이다. 모성의 본능은 참 대단하다. 그러나 괜한 걱정이다. 나는 잡아놓은 송어 배도 못 가르는 사람이니까. 너희들이 하워드 눈에 안 걸린 게 다행이다. 나는 뒤에 따라 오는 하워드를 욕하며 슬그머니 웃었다. 하긴 하워드도 어미 멧새의 말은 들어줄 지 모른다. 고집불통 하워드는 다른 사람 말은 안 듣지만 김미란의 말은 고분고분하게 잘 듣는다. 그 이유를 물었더니 간단히 정의한다. 여자는 약하잖아. 그 후 하워드에게 어떤 걸 시킬 일이 있으면 김미란에게 우회로 부탁하는 요령을 알았다.

단단히 각오를 한 덕분일까. 아니면 재미있다, 재미있다, 엄청 재미있다, 하고 스스로 세뇌를 한 덕분일까. 힘든 걸 잊으려 주문을 외우다 보니

나도 태양도 하루씩 더 살았다. 그리고 그만큼 성숙한 모습으로 새로운 아침을 맞이한다.
참으로 고운 빛이 내려온다.

이제는 정말 재미있는 것도 같다. 한없이 이어지는 마서 패스는 힘들었으나 그렇게 올랐다. 어제 무리를 해놓은 효과를 본 셈이다. 그런데 김미란이 갑자기 설산을 배경으로 요가를 한다. 물구나무를 서서 몸을 꽈배기처럼 비비꼬는 모습이 내 눈에는 요가가 아니라 마술을 하는 것 같다. 문외한인 내 눈에도 상당한 고수처럼 보였다. 저 사람은 이렇게 아름다운 자연에서 요가를 하는 버릇이 있는가 싶었다. 이겸 역시 그 모습이 신기했는지 카메라를 요리조리 들여대고 있었다. 우리는 마서 고개 마루에서 믿을 수없는 풍광을 즐기며 그렇게 한참을 쉬었다.

갈증이 침조차 태워버릴 무렵 샘물을 만난다. 보석보다도 귀한 물이 반짝인다.

문득 사람이 걸을 수 없는 곳이 있기는 있는 걸까 하는 의문이 들었다. 그런 곳이 있다는 게 얼핏 상상이 안 간다. 수직의 암벽이나 빙벽 빼 놓곤 사람의 다리는 어디든 간다. 하지만 다리가 가는 모든 곳을 차는 달릴 수 없다. 길이 좁거나 평평하지 않은 곳으로 차는 가지 못한다. 바퀴는 구르도록 만들어 진 것이고, 거기에 맞게 만들어진 길 외에서는 무용지물이다. 거기에 비교하면 사람의 다리는 대단히 효율적인 구조다. 다리라고 하는 이동 수단의 주파성은 매우 높은 것이다. 어떤 험난한 산길도 가파른 샛길도 적어도 땅을 밟을 수 있으면 다리는 간다. 직립보행이 이럴 때 고맙다고 느껴진다.

걷는다는 건 단순한 운동이 아니다. 따지고 보면 장 자크 루소, 데이비드 소로우, 키에르 케르골, 니체 등 많은 철학자들이 걷기 예찬론자들이었고 거기에서 영감을 얻었다. 그들의 걷기 예찬론은 나름대로 타당성이 있다. 발로 땅을 딛는다는 실존적 느낌으로 그들은 많은 저서를 썼다. 숲길을 걸으며 생각을 자극하고 걷기의 가치와 소중함을 일깨웠다.

등산화와 양말을 벗고 때가 묻은 발에 통풍을 시켰다. 발은 지금까지 내 몸과 조화를 이루며 먼 길을 걸어왔다. 주위 환경에 따라 정확하게 몸을 지탱하며 여기까지 이동할 수 있었다. 내 다리와 발은 어떤 지형에서도 유용하게 쓰일 수 있도록 수백만 년을 완벽하게 진화해온 결과물이다. 인류 역사가 진보함에 따라 탈것이 더 많아져 앞으로 걷기가 어떻게 변화될지 모르나 생존에 가장 필요한 부분이 걷기라는 점에는 변함이 없을 것이다. 그런 고마움을 표시하기 위해 보너스로 양말까지 벗고 시원한 바람을 만나게 해 준 것이다.

이 고개에서 바라 본 내리막길이 앞으로의 여정. 나무 하나 없는 고원 길 사이에 어김없이 호수가 햇살에 반짝거리고 있다. 그 사이로 트레일이 실처럼 보인다. 하산을 시작하여 땡볕으로 나서니 무척 더웠다. 광활한 고원을 걸으며 멀리 보이는 숲이 얼마나 고마운지 생각했다. 숲엔 물이 흐르고 그늘이 있는 곳. 썬크림을 매일 발랐으나 이미 우리 일행은 모두 얼굴이 까맣게 탄 상태이다. 덥수룩한 수염과 벗겨진 얼굴 탓에 나는 마치 원시인처럼 변했다.

햇볕에 온몸이 빨갛게 익을 즈음 마침내 숲에 흐르는 시냇물에 도착해 점심도 먹고 빨래와 목욕도 했다. 빨래를 해서 배낭에 매달아 놓고 걸으면 시에라의 따가운 태양은 언제나 기분 좋게 젖은 옷을 말려 줬다.

고도 차가 급하게 변하지 않는 고원의 평탄한 길이지만 지루할 만큼 그늘이 없었다. 내려가기도 지겨운데 그런 길을 올라오는 남자와 소녀를 만났다. 인사를 나누고 보니 독일에서 온 부녀. 그들은 마서 패스에 대해 우리에게 물었는데, 비숍으로 빠질 계획이라고 했다. 이 트레일은 유럽에서도 소문난 곳이라고 했다. 그들에게 행운을 빈다는 인사를 하고 헤어진 뒤 우리는 길을 재촉해 핀쇼 패스Pinchot Pass, 3,697미터를 하나 더 넘기로 했다. 오늘도 역시 저녁 해거름까지 걷기로 했다. 그럴 자신이 있는 것이 가장 낮은 고도도 3,000미터 아래로 내려가지 않는다. 우리는 경사가 심하지 않은 초원을 가로지르며 빠른 속도로 나갔다. 이윽고 맑고 깨끗한 물이 흐르는 개울이 나타났고 길은 다시 오르막으로 바뀌었다. 이곳에는 세코이아 숲이 펼쳐졌다. 이미 우리는 세코이아 국립공원 깊숙이 들어와 있는 셈이었다.

세코이아 국립공원은 '이 지구상에서 가장 큰 생물체'라고 공인된 자이언트 셔먼 트리General Sherman Tree가 있다. 아마 사진으로도 많이 봤을 것이다. 세코이아는 은행나무와 함께 공룡이 살았던 화석시대부터 살아남은 아주 드문 나무다. 어느 나무는 밑동 내부를 파내어 어른 키 높이의 방을 만들었는데 어른 예닐곱 명이 충분히 몸을 누일만한 방도 만들 수 있다.

수령이 2,700여 년이나 된다는 거목들이 모여 있는 요세미티의 마리포사 그로브Meriposa Grove에서도 본 나무들이다. 물론 이 나무는 지금도 여전히 잘 자라고 있었지만 잃어버린 또 다른 세계가 그곳에 있었다. 길어야 백 년을 사는 인간으로서는 상상조차 할 수 없는 빙하기라는 시대를 지나온 나무들이 그 시대의 흔적을 몸에 지닌 채 살아가고 있는 것이다. 역사 이전의 시대부터 있었던 생명체. 그 아득한 세계를 견디어 온 눈앞에 나무를 보며 참 많은 상념에 빠졌다. 다 자라면 키가 120미터에 이르고 밑둥치가 8.5미터에 이른다는 거대한 나무들의 숲. 나무 하나에서 나오는 목재만으로도 수십 채의 주택을 지을 수 있다는 어마어마한 크기이다. 수령도 2,000년에서 3,000년 된 세코이아였다.

나는 그 거대한 나무 그늘에 앉아 한동안 거인들의 숲에 온 듯한 착각 속에서 숲의 풍경을 감상했다. 장대한 모습을 드러낸 채 하늘을 찌를 듯 서있는가 하면 여기저기 쓰러져 있는 나무들도 있었다. 쓰러져 있는 나무들의 곁에 선 후에야 그 나무들의 크기를 실감할 수 있었다. 부러져 있는 작은 나무줄기 하나도 굵기가 내 몸통의 서너 배는 돼 보였다. 트레일 길을 막고 넘어진 나무는 전기톱으로 반듯하게 잘라 놓았는데 나이테를 보면 깊이를 알 수 없는 수천 년 세월이 거기 머물러 있는 듯하였다. 그걸 쓰다듬자 아득한 시간의 무게가 온몸으로 전해졌다. 세코이아의 뾰족한 잎사귀를 흔드는 바람 소리였을까? 어디선가 이명처럼 속삭이는 소리가 들려왔다. 너의 삶이란 얼마나 가벼운 것이냐. 또한 얼마나 짧은 것이냐. 수천 년을 한자리에 서서 모진 폭풍과 눈보라, 산불을 모두 견뎌낸 나를 보며 너의 삶에 너무 아둥바둥하지 마라. 작은 것에 분노하고 아무것도 아닌 일에 절망하는 삶이란 기실 찰나에 지나는 않는 것이니 순간을 즐겁게 살아라. 후회하지 않도록 살아라. 침묵으로 살고 있어도 나는 지금도 여전히 잘 자라고 있지 않느냐?

이런 묵상을 주는 트레일은 그래서 행복한 길이기도 하다. 숲이 끝나자 산 정상부에 이르렀는데 찰랑거리는 호수가 나타났다. 호수는 나지막한 산등성이를 따라 휘어져 있다. 가만히 보니 반대편에도 호수가 보인다. 투명한 호수는 자신을 에워싼 모든 것을 모두 품었고, 물속에서도 우뚝한

여행을 할 땐 감당할 수 없는 짐은 미련 없이 버려야 한다.

산을 하워드 표현대로 클라이밍 송어가 떼를 지어 오르고 있다.

드디어 핀쇼 패스에 도달했다. 하루에 마서 패스와 핀쇼 패스 두 개를 넘은 것이다. 고개 마루 역시 나무가 없어 황량했다. 배낭을 벗고 앉아 쉬며 문득 이 고개 이름이 잘못 지어진 게 아닌가 하는 생각이 든다. 이 고개 이름은 기퍼드 핀쇼 Gifford Pinchot의 이름을 딴 것이다. 헤츠헤치 댐 건설에 반대한 존 뮤어에게 댐 건설의 타당성을 주장한 핀쇼 아닌가. 50년 논쟁 끝에 헤츠헤치 댐을 만든 장본인이라 할 수 있는데, 존 뮤어 트레일에 라이벌이라 할 그의 이름이 지명으로 들어가다니. 알 수 없는 게 미국이란 생각도 들었다.

마지막까지 움켜쥔다면 얼마나 추한 것인가?

존 뮤어의 동료이자 후배인 핀쇼는 나이 차이가 30년 가까이 난다. 둘은 처음에는 댐 건설 반대에 의견을 같이하며 가까워졌다. 핀쇼는 미국 산림청 청장이며 루즈벨트 대통령의 가까운 친구이자 조언자였다. 예일대학에서 산림학을 배운 다음 프랑스 산림학교로 유학한 전문가이기도 했다. 핀쇼는 자연환경이 개인의 이익을 위해 변형되는 것에 반대했다. 따라서 핀쇼도 헤츠헤치의 자연경관이 보존되어야 한다고 믿었다. 하지만 그는 1906년에 댐 건설을 찬성하고 나섰다. 왜 그랬을까? 정신적 스승 존 뮤어의 보전론에 반대하며 댐을 건설하자고 태도를 바꾼 이유는 무엇일까? 유치한 말이지만 모든 사건에는 배후가 있다.

1906년 샌프란시스코에 대지진이 났다. 진도 8.2도라는 전무후무한 지진과 화재로 샌프란시스코는 도시 대부분이 파괴되었다. 불과 몇 시간만에 자신들의 보금자리가 송두리째 파괴되는 것을 시민들은 속수무책으로 바라보고 있어야 했다.

"물만 있었더라면! 물만 충분했더라면!"

과연 물이 있었다면 불길을 잡을 수 있었을지는 의문이지만 물 탓으로 몰린 여론은 물 부족에 대한 악감정으로 끓어올랐다. 샌프란시스코의 주민, 의회, 언론, 당국자 모두 물을 달라고 외쳤다.

"물이 사철 넘치는 투올룸 강물을 사용하게 해 달라!"

그때까지만 하더라도 존 뮤어의 반대론이 우세한 시기였다. 지진이 나기 전인 1890년 헤츠헤치 계곡을 요세미티 국립공원에 편입시켜 버렸으니까. 따라서 댐 같은 대규모 토목공사는 거의 불가능하다. 그러나 만약 헤츠헤치에 댐이 있었고 그 물만 사용할 수 있었다면 화재를 신속히 진압할 수 있었다고 그들은 주장했다. 존 뮤어는 또 한 번 하늘의 버림을 받았다. 때마침 스프링 밸리 전기회사가 전기료를 올린 것이다. 댐 건설 쪽은 목소리를 높이기 시작했다. 댐에서 얻어지는 수력발전으로 전기료를 낮추고 질 좋은 식수를 공급하며 공업용수와 화재진압을 할 물도 확보된다고. 눈앞의 이익에 자연히 여론은 그쪽으로 쏠렸다.

견디다 못한 우리의 끈질기며 지칠 줄 모르는 자연주의자 존 뮤어는 1907년 루스벨트 대통령에게 친서를 보냈다. 루스벨트 대통령은 존 뮤어와 함께 요세미티에서 야영을 하며 자연경관의 보존을 위해 국립공원이 되어야 한다는 것에 인식을 같이하고 공원으로 지정한 사람이었다. 편지는 격렬했다. "온갖 이간질하는 사람들과 강도들이 모든 것을 황폐화시키려 하고 있다. 표를 먹고 사는 정치인들의 선동이나 그럴듯한 궤변으로 다수의 눈을 가리고 있다." 그런데 그 편지가 행정부에 공람되었는지 즉각 제임스 페런 행정부 장관이 답변을 해왔다. "샌프란시스코 40만 시민들은 물로 인해 고통을 받고 있는데 뮤어 씨는 헛소리만 하고 있다. 당장 심미적 신소리를 그쳐라." 지진 때문에 당장 먹을 물이 모자라는 상황에 자연이 어떻고, 미래가 어떻다는 헛소리 집어 치우라는 말이다.

당시 요세미티 계곡은 사람들의 거주지로부터 멀리 떨어져 있었다. 지금처럼 세세한 지도도 물론 없었다. 언론사들도 요세미티가 어디 있는지도 몰랐거니와 헤츠헤치는 그보다 더 멀리 떨어지고 접근이 힘든 거친 곳에 있었다. 건설론자들의 달콤한 말에 시민들이 들고 일어났다. 댐을 건설하자고. 대중의 요구에 언론들도 입맛을 맞춰줬다. 그런 분위기가 건설론자들에게 힘을 실어 줬고 결국 댐은 건설되었다. 그래서 시민들 판단은 중요하다. 결국 자신들의 세금으로 만든 헤츠헤치 댐을 다시 자신들의 세금으로 허물어야 할 처지이니까.

결과가 이렇게 나왔으니 우리의 친애하는 존 뮤어는 앞을 내다보는 훌륭한 환경보호론자고 변절한 핀쇼는 환경파괴자인가? 그렇지는 않다. 두 사람간의 대립은 훌륭한 환경이론의 분화가 되었다. 보호관리주의Conservation와 보전주의Preservation가 바로 그것이다. 핀쇼로 대변되는 보호관리주의는 소수의 특권적 단기적 이용보다는 최대 다수의 최대 선을 위해, 최장기적으로 자연자원을 사용해야 한다고 주장한다. 따라서 자연에 대한 체계적 관리와 지속가능한 이용을 말하고 있다. 반면 존 뮤어로 총칭되는 보전주의는 자연을 자연 그대로 놔두자고 주장한다.

핀쇼 같은 보호관리주의자들도 계곡을 보전하는 게 바람직하다고는 생

호수가 멈추자 시간도 멈춰 서고, 공간의 경계도 사라진다. 때론 무엇이 진실인지 알 수 없을 때가 있다. 어느 것 하나 먼저 이동할 때 실체는 드러난다.

각했다. 다만 '만일 그 밖의 아무 것도 문제가 되지 않는다면'이란 전제를 늘 붙였다. 그러나 이번 경우 압도적 다수의 시민들이 댐 건설을 요구하고 있었다. 그걸 수용해야 한다는 것이다. 즉 인간의 요구가 우선이며 가장 많은 사람들을 이롭게 하는 방향으로 자연을 이용해야 한다는 것이다.

뮤어를 비롯한 보전주의자들은 댐 건설을 반대한다. 우리에게 무한한 혜택을 주는 자연을 파괴하면서까지 댐을 만드는 이유가 물을 풍족하게 쓰고 전기를 생산하는데 있다면 이것은 인간이기주의에 다름 아니라는 것이다. 자연의 일부인 인간이 자연을 마치 인간 마음대로 개조하고 착취하는 것은 부당하다는 주장이었다. 자연은 단 하나의 선택이며 그것에 대한 착취는 공공의 이익에 반한다는 말이다. 어찌 보면 자연을 보전하자는 큰 틀은 같으나 내용의 공공이익은 그 의미가 달랐던 것이다. 요세미티에 대한 사랑은 같았으나 핀쇼는 인간을 이롭게 하는 문명화와 산림의 관리가 목적이었고 존 뮤어는 자연의 야생성과 그것의 보전이 목표였던 것이다.

더 쉽게 말한다면 존 뮤어는 "자연은 자연이 주인이다. 사람은 손님이다. 자연에 왔으면 손님답게 예의를 지켜라. 어디 감히 사려 깊은 주인의 허락도 없이 마음대로 개조하려 해!"라는 일갈이고, 핀쇼는 "자연보전 좋다. 그러나 인간이 먼저 아닌가. 최소한의 개조를 통해 인간도 이롭고 자연도 보전하는 상생의 길을 가자!" 이런 말이다.

요세미티 입구에 그런 말이 붙어 있었다. "당신들은 손님이고 이곳의 주인은 곰이다." 그 야생성과 수려한 경관 때문에 우리가 비행기 타고 태평양을 건너 먼 길 온 것이 아닌가. 댐 구경하러 이 고생을 하는 건 아니다.

그런 오지랖 넓은 생각 속에 일행을 기다렸다. 오랜 기다림 끝에 뒤에 쳐진 하워드와 김미란이 도착했고 우리는 하산을 시작했다. 어느새 날이 저물고 있었다. 길을 걸으며 텐트를 칠 막영지를 찾았는데 어느새 경험이 쌓여 그런지 조금 더 걷더라도 경치 좋은 곳을 선호했다. 그렇게 한참 내려가 어스름이 밀려올 즈음 계곡 가에서 기가 막힌 야영지를 발견했다. 계곡엔 작은 폭포가 쏟아지고 있었고 세코이아 나무가 병풍처럼 둘러싼 마당이었다. 사막이 아름다운 건 그 속에 우물을 숨겨 두었기 때문이라는 생택쥐베리의 말을 빌린다면 우리가 걷는 이 산은 호수와 계곡을 숨겨 두었기에 아름다운 것인가.

그날 머리를 감다가 물이 어찌나 차가운지 얼어 죽는 줄 알았다. 연료 없어진다고 구박을 주는 하워드의 눈치를 살피며 겨우겨우 한 코펠 따뜻한 물을 덥혀 놓았다. 샴푸를 칠한 뒤여서 중간에 그칠 수도 없는 상황. 그때 텐트 속에서 김미란과 나누는 하워드의 말소리가 들렸다.

"미란 씨, 커피 타드릴까요?"

"네, 고마워요."

"물을 많이 타 드릴까요? 조금 타드릴까요?"

"많이 타 주세요."

나는 하워드의 재롱에 웃다가 그만 코로 샴푸가 들어가 연신 재치기를 했다. 머리를 헹구려고 따뜻한 물을 찾았지만 물은 따뜻한 게 아니라 얼음장처럼 차가웠다. 하워드가 내가 데운 물로 커피를 탄 것이다. 별수 없이 찬물로라도 머리를 헹굴 수밖에 없었다. 나는 서둘러 모닥불을 피웠고 복수전을 시작했다.

"김미란 씨, 모닥불 피워놨어요. 밖으로 나오세요. 그런데 불을 작게 피워드릴까요? 크게 피워드릴까요?"

"크게 피워주세요."

"그런데 자리는 작게 잡아드릴까요? 크게 잡아드릴까요?"

모두 깔깔 웃는 가운데 곁에서 하워드가 멋쩍은 표정을 짓고 있다.

"내가 예전에 이렇게 여자에게 서비스가 좋았다면 실연의 아픔을 겪지도 않았을 거야. 다 끝나고 철든 거지."

결국 하워드도 따라 웃으면서 농담을 했다. 찬물 복수전은 성공적이었다. 우리는 곰통을 깔고 둘러앉아 이내 불빛의 따뜻함에 빠져 들었다. 어느 노래 가사처럼 인생은 연기 속에 재를 남기고 말없이 사라지는 모닥불 같은 것이라는 소싯적 낭만이 떠올랐다.

물끄러미 모닥불을 지켜보던 김미란이 말했다.

"이렇게 아름다운 풍경을 본 적이 없어요. 그리고 이렇게 힘든 산행도 처음이고요. 그런데 왜 아름다운 건 모두 고통 끝에 있는 걸까요?"

인간이 산속에서 상상할 수 있는 모든 걸 존 뮤어 트레일은 지니고 있다는 말인데, 아름다운 것은 고통 끝에 있다는 은유는 멋있는 비유였다.

"내가 찍은 사진보다 실물이 훨씬 멋있어요. 포토샵으로 아무리 색을 보정해도 진짜를 표현해 내기 힘들 거예요."

존 뮤어 트레일 칭찬에 지지 않겠다는 듯 이겸도 거들었다. 하워드는 그들의 감탄이 듣기 좋았던 모양인지 빙긋이 웃었다.

"미국에서 등산은 그다지 인기 없는 종목이야. 서핑이라든가 해양 레저 스포츠가 인기가 있지. 하워드 같은 인간들이나 산을 좋아하는 거지. 돈이 안 드니까."

또 내가 시비를 걸었다. 긴 밤을 보내는데 말싸움보다 즐거운 건 없다.

"맞아. 여기선 등산인구를 대략 500만 정도로 보는데 한국은 천만이라면서? 대단해. 미국 인구와 비교해볼 때 그렇다는 거지. 또 미국 등산인

동행이 있다는 것은 서로에게 큰 행운이며, 그것을 느끼는 사람은 현명한 이이다.

구의 대부분은 증명사진형 산악인이지. 휴가철이면 폼 나는 브랜드의 등산복을 걸치고 차를 운전하여 산에 올라 전망 좋은 데에서 사진이나 찍는 거야. 그거 빼면 얼마 안 돼."

그러니까 하워드 말은 차가 오를 수 있는 전망대까지 가서 한 바퀴 휘 돌아보고 사진을 찍고 그걸 산을 올랐다는 증거로 사용한다는 말이겠다. 우리나라로 치면 한계령 주차장에 차를 세우고 찍은 사진으로 설악산 갔다 왔다는 사람과 같은 셈.

"그러나 진짜 산을 좋아하는 사람들에게 존 뮤어 트레일은 언제나 꿈이야. 그런 사람들은 죽기 전에 단 한번이라도 이 트레일을 걸어보는 걸 소원하고 있고. 허가받기가 여간 어렵지 않은 걸 보면 그게 증명되는 거야."
 언제부터인가 하워드는 왼쪽 무릎에 압박 붕대를 감고 있었다. 배낭이 부담스러웠던 모양이었다. 그 모습에 마음이 짠해졌다. 오늘은 12시간 이상을 걸은 셈이다. 어둠이 짙어지는 가운데 건너편 계곡에서 들리는 폭포 소리만 정적을 깨고 있다. 태고적부터 이렇게 존재했을 자연 속에서 우리는 그저 지나가는 나그네라는 생각이 새삼스럽게 들었다.

 푸른 아침은 새소리와 함께 밝았다. 이제 우리 행정도 며칠 남지 않았다. 시작할 때는 언제 끝내나 했는데 참 사람의 걸음이 무섭다. 내일은 글렌 패스를 넘어야 하니 오늘 역시 거리를 많이 줄여 놓아야 한다. 길은 한없이 내리막길이다. 항상 마음이 앞서 실제 걸은 거리를 과대평가 할 때가 종종 있었다. 이 정도 걸었으면 여기쯤 왔을 거야 하고 생각하다가 지도를 보면 한참 못 미치는 걸 발견하곤 한숨을 쉬곤 했다. 어쩐지 보이지 않던 이정표가 그 후에 나타나 우리를 실망시키곤 했다. 그렇다고 걷는 게 싫증났다는 말은 아니다.
 우리가 미국으로 떠나 올 때 한국은 7월의 장맛비가 계속 내리고 있었다. 휴가철을 맞은 지금쯤 동해안 해수욕장은 목욕탕이 되어 있을 것이다. 그런데 우리는 긴 팔에 방풍의까지 입고도 쌀쌀하여 모닥불을 피우고 있다. 한여름인데도 침봉마다 하얀 잔설이 남은 시에라 산 속이기 때문이다. 우리 눈에 보이는 산 너머 또 다른 비경이 숨어 있을 것이다. 누구나 이 산맥 전체를 아울러 볼 수는 없다. 몹시 거칠고 황량한 이미지와 풍성한 초원이 교차하는 이 여름의 시에라네바다 산맥은 어디까지라고 가늠할 수 없는 눈부심이다.

호수의 노래를 마음에 담으며 산을 오른다. 더딘 걸음을 응원하는 빛이 분가루,마냥 날린다.

여름엔 좀처럼 비가 오지 않는 이곳도 겨울이면 상황이 달라진다. 태평양에서 불어오는 습기찬 바람 때문에 해마다 많은 눈이 내린다. 덕분에 시에라네바다 산맥은 계속해서 늘어나는 캘리포니아 사람들에게 물을 제공하는 분수계로서의 역할을 하게 되었다. 이 물은 관개수와 식수로 쓰일 뿐만 아니라 상류 여러 곳에 있는 수력발전소의 발전에도 이용된다. 지금 그 최상류에서 우리는 신선처럼 노닐고 있는 것이다. 존 뮤어가 이 산맥을 사랑한 이유처럼 세상 사람들이 동경하는 시에라 산맥의 여름 한가운데 우리가 존재하고 있다는 게 행복하다.

저녁 8시경 어둠이 밀려올 때까지 걸었는데 적당한 막영지가 나타나지 않았다. 아니, 그동안 눈높이가 한층 높아진 덕분에 그림 같은 곳이 아니면 텐트를 치지 않았다. 결국 어둠이 깔리는 시간에 이름도 특이한 달러 레이크$^{Dollar\ Lake,\ 달러\ 호수}$ 옆에서 여장을 풀었다. 상상력이 빈곤하여 돈으로 작명한 건가? 아니면 달러가 넘치는가. 호수와 호수를 연결하는 수로엔 창포 같은 수초가 자라고 있었고, 물속에는 헤엄치는 송어가 훤히 늘어다보인다. 수로를 따라 흡사 잘 자란 벼처럼 줄지어 빽빽한 수초가 대칭으로 물속에 드리우면서 마치 짙고 엷은 농담기법으로 그린 수묵화처럼 보인다. 송어들도 저녁 식사 때인지 벌레를 먹으려고 이곳저곳에서 물 위로 펄쩍뛰어 오른다. 밤이 깊어지고 온도가 내려가자 모기들도 철수했다. 우리뿐인 산속 적막한 분위기는 모닥불과 더불어 시간이 정지한 듯 보였다.

서서히 한기가 들고 사위가 어둠으로 덮여 올 때 일행들은 텐트로 들어갔지만 난 그대로 자리에 퍼질러 앉아 있었다. 3,000미터면 백두산보다도 한참 더 높은 고도였기에 사람 사는 동네보다는 좀 더 늦게 어둠이 올 것이었다. 나는 조용히 세상이 어둠의 장막으로, 연극 같이 지워지는 것을 보고 있었다. 해의 잔상이 어슴푸레 남아 있는 하늘엔 하나 둘 별이 돋아나기 시작했다. 그리고 어느 사이 별들이 무럭무럭 피어 나더니 곧 무수한 별빛 세상이 되었다.

이제 우리를 에워싸며 겹쳐진 산들은 음영의 윤곽으로만 남았다. 땅과 하늘 사이 가득 찬 적막 속에 갑자기 목이 칼칼해졌다. 술 한 잔 생각이 간절했다. 텅 빈 산정에 자꾸 깊어 가는 어둠 따위는 두려운 대상이 아니었다. 어두울수록 명료하게 빛나는 별빛을 볼 수 있으므로 오히려 그것은 고마운 현상이었다. 모닥불 곁에서 홀로 생각할 수 있는 시간을 누리는 것은 이 산길이 주는 또 다른 베풂이었다.

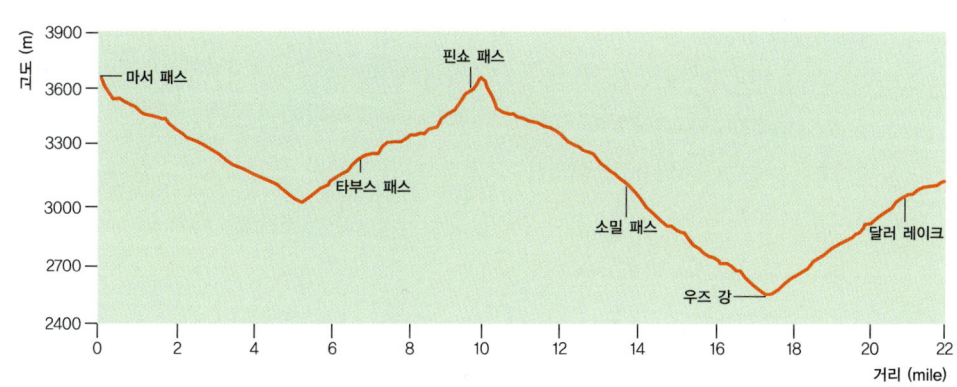

14

달러 레이크에서 틴데일 크릭까지

    이곳에 곰이 많다는 정보를 사전에 얻고 있었지만 다행히 지난밤에 곰은 찾아오지 않았다. 오늘은 글렌 패스Glen Pass, 글렌 고개를 넘어야 한다. 오늘 아침도 얼룩 하나 없는 감청색 하늘이다. 한가롭게 길을 가는 길손이 자연 속에 녹아드는 느낌보다 행복한 게 또 있을까.
    이른 아침 부지런히 걷다 보니 레이 레이크Rae Lake, 레이 호수기 나타났다. 호수엔 아침 물안개가 피어오르고 있다. 흡사 온천에서 김이라도 나듯 피어오르는 물안개가 자못 따뜻해 보인다. 커다란 호수 3개가 서로 연결되어 하나로 이루어진 이 호수는 특별한 모양새의 산봉우리에 에워싸여 있다. 촛대처럼 뾰족한 봉우리들이 물안개 피어나는 호수에 잠긴 모습을 바라보는 눈이 현란스럽다. 트레일은 그 호수와 위쪽 호수 사이 잘록하게 들어간 부분을 횡단하여 나 있다. 풍경을 감상하기 위하여 한참 주저앉아 있었다. 옥빛 물속에 가라앉은 나무는 썩지도 않는지 물속에서도 자라는 것처럼 그대로 보이고 그 사이로 송어 떼가 유유자적 헤엄을 치고 있다.
    걷다보니 대형 천막으로 된 레인저 스테이션이 보였다. 그곳에서 연기가 모락모락 나고 있는 걸 보니 나무를 태우는 것 같았다. 우리보고는 만 피트 넘으면 불을 못 피우게 하면서 레인저들은 무슨 특권이 있는 걸까? 그런 의문이 들었지만 우리 역시 이 법을 지키지 않기는 마찬가지였다. 고도 3천 미터 이상에서는 모닥불을 피우지 말라는 것은 이미 모닥불 중독에 걸린 우리에겐 지키기 힘든 규정이었다.

호숫가에 한참을 앉아 송어들의 모기 사냥 모습을 관찰했다. 송어는 수면을 박차고 치솟아 모기를 사냥했다. 마침 이겸이 왔기에 대단한 발견이라도 한 것처럼 말했다.

"저걸 찍어라. 특종이다. 쩍 벌린 입, 저 역동성, 둥글게 퍼지는 동심원. 무조건 작품이다."

"햇볕이 너무 강해 안 찍혀요."

흥분한 내 말과는 다르게 이겸은 시큰둥하다. 원래 공부 못하는 놈이 연필 핑계를 댄다더니 이 좋은 작품을 놓친 게 아쉬웠다.

호수와 호수 사이에는 절벽도 있고 물길이 이어지지 않았는데도 고기가 산다는 것이 놀라웠다. 나는 레인저들이 일부러 송어를 풀어 놓았다고 생각했는데 하워드의 말은 달랐다. 이곳에 존재하는 수천 수만 개의 호수에 송어를 일일이 풀어 놓을 수 없다는 것이다. 우기 때 물이 넘치면 송어가 스스로 연결된 물길을 따라 움직인다. 또한 절벽 위에 있는 호수에 사는 송어의 비밀은 물새에게 있었다. 송어 알을 먹으려 호수를 찾은 물새 다리에 송어 알이 붙어 호수로 옮겨진다는 것이다. 그 말이 그럴듯했다. 레이 레이크에는 멋진 캠프사이드가 있고 철제 곰통도 많이 보인다. 그리고 야영하는 사람들도 많았다.

호수의 잘록한 부분을 횡단하여 글렌 패스를 향해 오르기 시작했다. 돌무더기 바위산을 깎아 만든 것처럼 지그재그로 길이 나있다. 가파른 사면을 왔다갔다 하며 오르는 길에선 바로 위쪽이 정상처럼 보인다. 그러나 그곳에 도달하면 또 그 위쪽으로 정상이 있다. 끝없이 이어지는 길은 걷는 사람을 지치게 만들었다. 우리나라에서 은유적으로 말하는 아흔아홉 구비는 되어 보였다. 몇 번인가 쉬면서 내려다 본 호수는 여전히 아름다웠다. 몸은 힘들다고 아우성이지만 눈은 천국이다.

  힘들게 고개 정상에 오르니 이건 완전히 검은 바위로 이루어진 칼날 릿지다. 주변의 봉우리도 예리한 칼을 닮아 날카롭게 서있다. 고개 마루 반대편으로 다시 우리가 거쳐야 할 호수가 햇살에 반짝인다. 고개를 넘을 때마다 새로운 세상이 펼쳐졌고 한 번도 똑같은 풍경이 없다. 바위와 나무와 꽃과 호수의 조형이 완벽하게 어울린 자연 속을 걷는 기쁨은 누가 강요해서 얻어지는 것이 아니다. 인공의 흔적이 전혀 없는 자연 풍경은 사람이 존재하는 이유에 대한 성찰까지 하게 만든다. 더는 걸을 수 없을 듯이 기진맥진해도 이를 악물고 끝장을 봐야하는 환각제가 되는 것이 바로 이런 기대감이다. 가파른 산길을 내려서니 경사가 없는 민둥길이다. 나무 그늘이 없으니 태양은 뜨거웠지만 트레일은 순하여 속도가 났다.

  키 작은 야생화가 잔디처럼 깔린 호수에서 점심을 준비했다. 이런 곳을 천국의 화원이라고 불러야 할 것 같다. 형형색색 야생화가 만발한 초원에 텐트를 치고 며칠 머물렀으면 좋겠다.

  "형, 라면을 가루로 만들어 수제비 해 먹읍시다."

  이겸은 얼마나 라면에 질렸으면 그런 발상을 했을까. 그런데 아까부터 이상한 새 울음소리가 들렸다. 까마귀 울음소리처럼 깍깍거렸는데 그 새 소리는 아니었다. 저게 무슨 소리지? 내 물음에 즉시 하워드가 대답한다.

맹꽁이야. 여기에 맹꽁이가 어떻게 올라오니? 맞아, 맹꽁이. 그래 맹꽁이다. 하워드 특유의 고집이 또 나온다. 이럴 땐 져주는 게 상책이다. 멀리 사슴 한 마리가 거닐고 있다. 참 사람 눈은 간사하다. 너무 자주 봐 이젠 신기하지도 않다.

점심을 먹고 길을 나서는데 이겸이 하워드에게 말한다.

"형, 일주일에 한번은 쉽시다."

하워드가 즉시 핀잔을 준다.

"우리가 공무원이냐? 일주일마다 놀게."

"에이, 형, 공무원도 요즈음 주 5일 근무인데 우린 쉬지도 않고 너무 일만 하는 거 아네요?"

그 말도 맞다. 눈뜨면 걷고 어두워지면 자고. 끝없는 반복에 지칠 만도 하다.

그때 백인 노인 한 명이 나타났다. 말을 나눠보니 존 뮤어 트레일을 세 번째 종주하는 사람이다. 한 달 여정으로 천천히 걷고 있다고 한다. 거기에 비하면 우리의 17박 18일은 아주 빠른 편이다. 너덜거리는 모자와 낡은 카메라 가방을 메고 산길을 걷는 노인의 모습이 참 한가롭다. 좋은 여행되기를 바란다며 인사를 건네는 따뜻한 미소가 우리를 행복하게 했다. 산에서 만나는 사람끼리만 알 수 있는 따사로운 정이다.

우리가 넘어야할 다음 고개는 이 트레일에서 두 번째 높은 고도를 가지고 있는 포레스터 패스Forester Pass, 포레스터 고개였다. 아래에서 볼 때는 고개마루가 그리 멀지 않게 보였는데 가도 가도 길은 끝이 없다. 험한 바위산의 허리에 돌을 쌓아 만든 트레일은 끝없이 이어진 듯했다. 수목한계선을 장엄한 크기에 압도되기 보단 그 고요함에 숨죽이게 된다.
이웃들의 무게를 보듬어 조화를 이루는 레이 레이크를 흠모한다.

넘어선 이곳은 황량하기 그지없다. 마치 혹성탈출이란 영화 속의 한 장면처럼 느껴졌다. 포레스터 패스 바로 아래인 것 같은데도 집요하게 지그재그 길은 계속 되었다. 고개 정상이 가까워질수록 쉬는 횟수가 많아졌다. 정상이 가까워지는데 비례하여 더욱 등산로가 가팔라졌고 등짐의 무게는 고통으로 변했다.

간신히 오른 포레스터 패스의 마루는 좁았다. 힘들게 올라 선 고개 양쪽은 깎아지른 절벽에 겨우 트레일을 걸쳐 놓은 듯 보였다. 여태 지나 온 펑퍼짐한 고개가 아니었다. 그렇게 좁은 고개는 반대편으로 문을 열어 바로 아래 호수와 남쪽으로 건조한 평원을 슬쩍 보이고 있었다. 반대편 쪽에선 두 명이 흡사 개미처럼 꼬물거리며 올라오고 있는 것이 보였다.

포레스터 패스는 킹스 캐니언 국립공원과 세코이아 국립공원의 경계를 이루고 있었다. 나는 그 팻말 곁에 배낭을 벗고 앉았다. 우리 일행이나 반대편에서 오르고 있는 사람들이 도착하려면 아직 한참을 기다려야 할 것이다. 오늘따라 아프게 어깨를 짓눌렀던 그 배낭을 벗어 놓고 그 앞에 앉아 물끄러미 바라보았다. 그러고 보니 오늘의 배낭은 다른 의미를 가지고 다가서기 시작했다. 갑자기 이 배낭에 나는 무엇을 채워 넣었던가 하는 생각이 들었다.

가만히 생각해 보니 배낭 속엔 단순히 장비와 식량 등 물질적인 것들만 들어 있는 것이 아니었다. 버리고 떠난다고 큰소리쳤지만 그러지 못한 욕심, 더 많은 허울, 차마 버리지 못한 인연의 줄거리들로 이 배낭은 채워졌을지도 모른다는 생각이 들었다. 배낭은 본래 비어있고 그 비어있는 공간 때문에 필요한 것이겠다. 그것에 내 인생과 사랑을, 명예를, 자식들을, 돈을, 종교를, 철학을, 예술과 아픔을 채워 넣은 것이 아닌지. 그러고도 모자라 더 채우려는 욕심 때문에 세월이 갈수록 배낭은 무거워지는 것이 아닐까. 우리가 도달하고자 하는 정상은 세상 사람 모두가 찾고 있는 곳은 아닐 수도 있다. 그럴지라도 그 정상까지 내 배낭을 올려 줄 사람은 아무도 없는 것 아닌가. 땀 냄새가 배어 향기롭지 못한 배낭을 누구도 나 대신 짊어질 수 없다. 그러므로 인생이란 날이 갈수록 무거워지는 배낭이고 그 배낭의 무게만큼 인생의 무게가 힘겨워진다는 명료한 결론을 얻는다.

눈 아래 멀리 숲을 이루고 있는 계곡들과 반짝이는 호수가 보인다. 황량하게 느껴지는 회색빛 고원지대를 가르고 이어진 끝없는 길. 그 길 위의 풍경을 뒤로 밀어내며 인생이라는 배낭을 맨 채 걷는 것인지도 모른다. 그런 상념에 빠져 있는데 아까 보았던 반대편 사람 둘이 올라왔다. 힘이 들어서인지 얼굴이 발갛게 물든 백인 소년 둘이었다. 12학년인데 방학이라 레이 레이크로 낚시 여행을 온 것이라고 했다. 손에는 긴 낚시 대를 들고 있었다. 한국식으로 본다면 고교 3학년인데 입시지옥에 휘달리는 우리 학생들과 비교가 된다. 아름다운 자연 속에서 건강한 땀을 흘리는 모습이 보기 좋다. 한참을 지나자 우리 일행들도 느릿느릿 고개로 올라섰다. 누구랄 것도 없이 배낭을 벗고 털퍼덕 주저앉는다.

"우리는 모두 9개의 고개를 넘게 되는데, 다들 3,300미터가 넘어. 그중에 우리는 도나휴, 아일랜드, 실버, 뮤어, 마서, 핀쇼, 글렌 패스를 넘어 이제 포레스터 패스에 앉아 있는 거지. 이제 넘어야 할 고개는 마지막 휘트니 패스뿐이야."

하워드의 설명을 들으며 정말 사람의 다리는 무섭다는 생각이 새삼 들었다. 언제 끝날지 모르는 종주길이 드디어 끝나간다는 말이었다.

"주변 풍경이 거친 것 같으면서도 한편으로는 말랑거리는 수채화 같아

너덜 바위지대가 끝나는가 싶더니, 오르막이 계속 이어진다.
눈을 걷어내어 속살을 골라 목을 축인다. 포레스터 패스가 눈앞인데 거리가 좀처럼 줄지 않는다.

요. 하늘 좀 보세요. 꼭 가짜 같지 않아요? 비현실적으로 파란 하늘 말이에요. 이걸 찍어 보여주면 실력 없는 사진가가 포토샵으로 처리한 사진 소리듣기 십상인데요."

 이겸의 말을 듣고 우리는 하늘을 올려다보았다. 정말 너무도 파란 탓에 그의 말대로 가짜 같았다 아무리 건조한 사막 하늘이라지만 어떻게 그 흔한 구름 한 점 없는가.

 한참을 쉰 후 세코이아 국립공원 쪽으로 내려섰다. 거기서 보이는 풍경이 또한 장관이다. 밀가루 반죽을 질게 해서 손바닥으로 눌렀다 급하게 떼어내면 나타나는 형상들. 그랬다. 산맥은 그렇게 뾰족한 봉우리들이 어깨 걸고 펼쳐진 집합체였다. 여기에서는 대망의 휘트니 정상도 보였다. 그 모습을 폴에 기대어 바라보던 이겸이 소리를 지른다. "으아, 환장하겠구나!" 그 증세가 전염되었는지 "엄마!"하고 김미란이 반응했다. 목적지로 상징되는 휘트니를 본 느낌이겠지만 참 신기한 표현들이다.

 하산하는 산길이 만만치 않았다. 돌산 허리에 깨낸 돌을 쌓아 만든 좁은 트레일이 지그재그로 이어져 있는데, 가파른 길은 고도감이 느껴질 정도로 아슬아슬하다. 이 깊은 산속에 바위를 깨고 쇠파이프를 박아 등산로를 만든 누군가의 고생이 고맙고 놀랍다. 산을 내려와 고원의 황량한 길을 걸었다. 그 허허로움도 좋다. 아마 그런 느낌이 더 강하게 들었던 것은 바람 때문이었겠다. 고원에는 어디선가 만났을 것 같은 미풍이 끝없이 밀리고 있었다. 태평양을 건너고 사막을 거친 바람이라 그런지 습기도 향기도 없는 이국의 바람이었지만 그 느낌이 닮았다. 더 오를 곳이 없는 고원은 내리막길이었으므로 힘들었던 오르막길을 잊은 채 즐겁다며 또 교만

배낭에 낚싯대를 달고 다니는 것이 생경하긴 하지만 송어 시식을 할 때면 낚싯대에게 고마움을 전하게 될 것이다.

해진다. 몸은 기진했으나 펼쳐진 풍경은 그렇게 장쾌하면서도 사람을 끌어 당기는 흡인력이 있었다.

멀리 보였던 푸른 숲이 성큼 가까워졌다. 숲이 있는 곳엔 언제나 물이 있다. 존 뮤어의 말대로 야생대학에서 배운 공부였다. 여름의 긴 해가 기울어 가는 늦은 오후 우리는 틴데일 크릭Tyndale Creek, 틴데일 계곡을 만나 또 하루를 접기로 했다. 맑은 물이 흐르는 틴데일 크릭은 종주자들에게 사랑을 받을 만한 조건을 모두 갖췄다. 지금까지 많은 이들이 야영을 했는지 캠프장처럼 땅이 골라져 있었다. 오늘도 벌써 몇 팀이 텐트를 쳐 놓았다. 우리는 철재 베어 박스가 있는 야영장에서 가장 위쪽에 자리를 잡았다. 하워드의 버너 소음 때문이기도 했지만 모닥불을 피우기 위해서다.

그날 저녁 모닥불 곁에서 노래자랑이 벌어졌다. 어느덧 목적지가 가까워지니 모두들 기분이 좋은 모양이다. 이겸 차례가 되었는데 그가 부른 노래가 의외였다.

관타나메라 과히라 관타나메라
관타라메라 과히라 관타나메라

이겸은 그 노래를 끝까지 불렀다. 모닥불에 경쾌한 남미풍 멜로디가 흥겹게 어울렸다. 익히 아는 멜로디였기에 박수를 치며 후렴구를 따라 불렀다. 노래가 끝나자 나를 보고 묻는다.

"이 노래 아세요?"

"그거 한번 안 부르고 학교 다닌 사람이 있나. 멕시코인가? 아님 브라질인가. 여하튼 개다리 춤과 함께 누구나 한 번은 불러본 노래지."

"쿠바의 노랩니다. 관타나메라는 바로 '관타나모의 여인' 이란 뜻이에요. 구전되어 오던 쿠바 민요에 민족주의자 호세 마르티라는 시인이 작사를 한 거고요."

이겸은 쿠바의 여행기를 〈메구스타 쿠바〉라는 책으로 엮어 내기도 했다. 스페인어로 메구스타 쿠바는 '나는 쿠바를 좋아한다.' 라는 뜻인 걸 그 책을 통하여 알게 되었다. 그렇게 이겸은 쿠바를 잘 알고 있었다. 이겸은 눈을 감고 노래 가사를 낭송했다.

나는 종려나무 고장에서 자라난 순박하고 성실한 사내랍니다
내가 죽기 전에 내 영혼의 시를 여기에
사랑하는 사람들에게 바치고 싶습니다
내 시 구절들은 연둣빛이지만
늘 정열에 활활 타고 있는 진홍색이랍니다
나의 시는 상처 입고 산에서 은신처를 찾는 새끼 사슴 같습니다
7월이면 난 1월처럼 흰 장미를 키우겠어요
내게 손을 내민 성실한 친구를 위해
이 땅 위의 가난한 사람들과 내 행운을 나누고 싶습니다
산속의 냇물이 바다보다 더 큰 기쁨을 주는군요
관타나메라 과히라 관타나메라
관타라메라 관타나모의 농사짓는 아낙네여

이겸은 그 서정 넘치는 노래의 내용까지 기억하고 있었다.
"호세 마르티는 말했어요. 게으르지도 않고 성격이 고약한 것도 아닌데도 불구하고 가난한 사람이 있다면, 그곳은 불의가 있는 곳이다. 그의 절대적 영향을 받은 사람이 바로 체 게바라와 피델 카스트로죠."
사르트르가 '우리 세기에서 가장 성숙한 인간'이라 칭송했던, 얼음과 불의 혁명가 체 게바라가 그의 제자였다는 것이다. 쿠바에서 체 게바라는 '영원한 연인이자 임기 없는 대통령'으로 불린다고 이겸은 말한다.
"북회귀선 바로 아래 자리 잡은 섬나라 쿠바는 참 아름답습니다. 1492년

콜럼버스가 이 섬에 백인 최초로 도착했는데요, '이 섬은 지금까지 인간이 발견한 곳 가운데 가장 아름답다'라고 감탄했을 정도지요. 미국이 말려 죽이려 그렇게 온갖 제재를 해도 지금 쿠바는 가난한 유토피아로 남아 있어요."

우리에게 겨우 알려진 것은 헤밍웨이가 쿠바에서 20년간 머물면서 〈바다와 노인〉을 썼고 시가 담배가 유명하고 아바나 항 정도였다. 그중 노래에 나온 관타나모도 아주 낯선 지명은 아니었다.

"쿠바 혁명이 성공하기 전인 20세기 초반까지는 미국과 관계가 아주 좋았죠. 그러다 1959년 피델 카스트로와 체 게바라가 이끄는 게릴라들의 혁명이 성공하자 미국과 쿠바는 원수가 됩니다. 관타나모 기지엔 철책이 둘러쳐졌고요."

"이상한 일이네. 왜 남의 땅에 기지를 만들어? 쿠바가 가만히 있었어?"

쿠바와 미국과의 관계를 보면 언뜻 이해가 가지 않는다. 관타나모 해군기지는 미군의 해외기지 가운데 가장 오래되었으며 쿠바 섬 남동해안에 위치해 미 해병대가 관할하고 있다. 면적이 장장 48만 4천 평쯤 된다. 그 넓은 땅을 철조망으로 둘러쌓아 놓고 미군과 군속 가족 3천여 명이 살며 쿠바 속에서 쿠바와 대치하고 있다.

이 아름다운 쿠바는 콜럼버스 이후 스페인의 식민지가 되었다. 그러다 스페인과 미국이 전쟁을 벌였고 그 결과로 미국은 쿠바와 괌을 스페인으로부터 얻었다. 어찌되었던 그래도 미국은 스페인보다는 양심이 좀 있었을까? 쿠바가 독립하게 되자 1903년 루스벨트 대통령이 매년 금화 2천 개, 즉 당시 가치 약 4천 달러를 지급하는 조건으로 관타나모 기지를 쿠바로부터 빌린다. 이 기지는 현존하는 미군의 해외 기지 중 가장 오래된 것

스스로를 인정하고 용서하는 것은 대단히 중요하다.
길을 걷는 동안 자신을 향한 격려와 용서를 구하는 기회를 만든다면 더없는 행복을 얻게 될 것이다.

이기도 한데, 쿠바정부의 매년 "방 빼!"라고 요구하고 있지만 미국은 "못 빼!"하며 버티고 있는 중이다.

"왜 그래? 땅 주인이 나가라는데 못나간다고 버티는 건?"

무슨 코미디 같은 이야기를 듣다가 내가 물었다.

"계약 때문이지요. 불평등 계약. 매년 금화 이천 개에 상당하는 사용료를 지불하는 대신에 미국이 원할 때까지 그곳을 이용한다는 계약을 맺었기 때문이에요."

"원할 때까지? 순 날강도 아냐? 매달 그렇게 내도 거저인데 1년 사용료가 불과 4,000달러라니. 그냥 날로 먹는구먼."

"현재까지도 쿠바는 오랜 경제적 어려움을 겪고 있습니다. 내가 쿠바에서 느낀 것은 그래도 사람들이 낙천적으로 살고 있다는 겁니다. 물론 가난하지요. 피델 카스트로의 공산주의 정책뿐 아니라 미국과의 불편한 관계가 가난의 제일 큰 역할을 하고 있어요. 미국은 쿠바에 대해 50년 간 계속해서 경제제재를 해오고 있고 자국인의 쿠바 출국도 금하고 있지요."

그럼에도 쿠바를 찾는 관광객 중 가장 많은 숫자가 미국인들이다. 그들은 멕시코나 캐나다를 경유하는 수고를 아끼지 않으며 아름다운 적국 쿠바로 떠난다. 그러나 그게 어쨌단 말인가? 이곳은 그야말로 그런 세상과 아득하게 떨어져 있는 자연 속 아닌가. 역사는 골치 아프다. 그런 것 피해 우리가 산속으로 온 거 아닌가.

모두 텐트로 들어가고 홀로 남아 모닥불을 지키는 시에라네바다 산속의 밤은 서늘했다. 달이 둥실 떠올랐다. 누가 저렇게 환한 등불을 천공에 달아 놓았는가. 부드럽게 나를 어루만지는 달빛 때문이었을 것이다. 다정도 병이라더니 한국의 친구들이 생각났다. 이 시간이면 하루를 접는 해방감에 술 익는 마을을 찾아 헤매고 있겠지. 도로엔 늦은 퇴근에 차들이 붐비고 있을 거고. 그들이 문득 그리워진다. 사람과 부대껴야 하는 일상이 짜증스러울 때도 있었는데 이젠 그 사람들이 그리워진다.

텐트로 들어가며 올려다 본 밤하늘에 빠르게 떨어지는 유성이 보였다.

15

틴데일 크릭에서 기타 레이크까지

 아침은 빠르게 밝아왔다. 텐트 앞을 흐르는 물에 이겸이 세수하는 걸 지켜보던 하워드가 신기한 듯 물었다.
 "너는 얼굴이 어디까지야?"
 이겸은 젊은 나이임에도 머리털이 없었다. 그걸 의식해서인지는 몰라도 이겸은 머리를 스님처럼 빡빡 밀었다. 소위 대머리다. 그걸 놀리려 하워드가 질문을 던진 것이다.
 "세수할 때 물 묻는 곳까지가 얼굴이죠."
 이겸이 전혀 당황하지도 않고 즉각 말을 받아친다.
 "이겸, 내가 호를 하나 지어주지. 원래 돈 받고 지어주는데 아우니까 공짜로. 동모, 즉, 움직이는 털이란 말이다. 머리엔 털이 없는데 가슴엔 무성하니 동모지. 머리털이 움직여 가슴으로 내려 온 거니까. 흐흐."
 하워드는 자신이 한 말이 대견한 듯 흐흐 웃었다.
 "그거 멋진 별명이네요. 동모…… 빗 같은 건 필요없으니 편하겠네요."
 곁에 있던 김미란이 슬쩍 거든다.

"아예 입안의 혀 노릇을 하고 있구나. 두 사람은. 재미도 없는 유머에 서로 거들고."

"그게 거드는 거야? 옳은 말한 거지. 직무대행 미란 씨가 하는 말은 법이야. 무슨 이야기를 하던 절대 복종해라. 직무대행이 하는 말은 내 말과 같으니까."

"배고파 못 살겠다. 죽기 전에 대장 갈아치우자."

내가 주먹을 들며 외쳤는데 정말 직무대행 역할에 충실한 김미란이 즉시 반대한다.

"갈아 봤자 그놈이다. 있는 대장 잘 지키자."

대장은 하워드, 이겸은 보좌관, 나는 서열상 하나 밖에 없는 대원이 된 지 이미 오래. 우리도 결국 힘의 논리의 포로였다. 오늘도 아침은 변함없이 라면이었다.

"갈수록 휴지 사용양이 적어져요."

빈 그릇을 화장지로 닦으며 이겸이 스스로 대견한 듯 말했디. 휴지는 만능이다. 그릇을 닦으면 행주가 되고 텐트 바닥을 닦으면 걸레가 된다. 그 양이 학습요령 때문에 적어진다는 말이다. 과연 학습효과는 무섭다. 이겸은 설거지 당번이었는데, 그래서 '이설거사'라는 별명도 얻었다.

길고 길었던 종주길이 끝나간다는 해방감일까. 일행들 얼굴에 생기가 돌았다. 뉴욕에서 왔다는 아가씨 두 명이 아침 인사를 하곤 경쾌하게 앞으로 나간다. 쾌활한 그녀들의 인사가 정겹다. 휘트니가 가까워 그런지 이젠 사람들을 많이 만나게 된다. 최종 목적지가 가까워졌다. 시작할 땐 어느 세월에 358킬로미터를 걷나 걱정이었는데 벌써 종주가 끝나간다. 200인분 이상을 먹어 치운 것이다. 다리뿐 아니라 사람의 입도 무섭다.

이 거친 땅에 뿌리를 내리고 꽃대를
올리는 네가 참으로 대견하구나!
너와 나의 삶이 다르지 않으니, 한
판 즐겁게 살다 가자구나!

틴데일 크릭을 떠나 한 시간쯤 오르자 오른쪽으로 민둥산처럼 생긴 산이 나타났다. 민머리 산등성이는 대관령을 닮았다. 사막 같기도 하고 해변 같기도 한 광막한 고원 길이었다. 펑퍼짐한 산정에도 푸른 호수가 있었다. 해발 3,100미터에서 3,300미터를 오가며 굴곡이 심하지 않은 착한 길이었다. 그 길이 끝나자 세코이아 숲이 한동안 펼쳐졌다. 숲 그늘도 있고 더불어 마음의 여유도 생긴다. 여기서 휘트니까지 가는 길은 상대적으로 수월한 능선 길의 연속이고 이 정도라면 내일 계획한대로 대망의 휘트니를 오를 수 있겠다. 희망이 솟는다. 이정표엔 'Mt. Whitney 11.5 miles'라고 써 있다. 힘이 불끈 솟는다. 매일 고개를 넘는 것이 괴롭고 지겨웠는데 이제 하룻밤만 지나면 끝이다. 언제 끝날까 생각했던 여정은 이제 하루만 남겨 놓고 있다. 정말 지나고 보니 시간은 참으로 빠르다.

숲을 지나는데 웃통을 벗어 재낀 채 걸어오는 세 명의 백인 청년들이 보인다. 코 부근이 주근깨로 덮인 게 허클베리 핀에 나오는 장난꾸러기처럼 생겼다. 고교 동창인데 3박 4일의 구간 종주를 한다는 것이다. 존 뮤어 트레일 전 구간을 우리처럼 한 번에 걷는 사람들은 많지 않다. 대부분은 몇 달이나 몇 년에 걸쳐 구간을 나누어 종주를 하고 있다. 현지에선 우리를 가리켜 스루 하이커throug hiker로 부르고 구간을 가는 사람들을 섹션 하이커section hiker로 부르고 있다. 그야말로 누워 있는 길이라 그런지 김미란이 기운차게 치고 나간다. 배만 불렀으면 한없이 걷고 싶은 길이었다.

그동안 쌓인 노하우로 내일의 긴 여정을 위하여 가능한 휘트니 산 아래까지 가서 자기로 했다. 여기서 휘트니 산군은 손에 잡힐 듯 가까웠다. 해가 지고 있었다. 휘트니 서벽이 황혼 빛으로 물들어 간다. 크랩 트리 레인저 스테이션Crab Tree Ranger Station까지 4.4마일 남았다는 이정표가 보인다. 점점 우리의 종주가 끝나감을 실감한다.

크랩 트리 갈림길에 도착했을 때는 5시가 조금 넘은 시간이었다. 이곳에는 계곡 너머 레인저 스테이션이 있었는데, 우리가 가려하는 휘트니 쪽으로 안내문과 함께 비닐봉지가 쌓여있다. 설명문을 읽어 보니 이곳부터 휘트니 공원이니 큰 걸 보면 땅에 묻지 말고 봉지에 싸서 하산하라는 안

이방인을 맞이하려는 듯 휘트니 산이 잠들지 못하고 오래도록 깨어 있다.

내였다. 봉지는 이중으로 채울 수 있고 냄새가 나지 않게 하는 약품이 들어 있다고 했다.

아쉽게도 이곳부터는 편했던 길은 끝나고 다시 오르막길이 시작되었다. 마지막 오름길일 터였다. 오늘의 야영지 기타 레이크$^{\text{Guitar Lake, 기타 호수}}$에서 마지막 밤을 보내고 내일 아침 휘트니 산을 오르면 그대로 하산할 것이었다. 멀리 휘트니 봉이 저녁 햇살을 받아 황금빛으로 빛나고 있다. 내일은 우리가 저기에 올라있겠지.

힘차게 흘러내리는 계곡을 거슬러 앞서거니 뒷서거니 길을 걷는 우리 일행은 이제 온통 먹는 이야기뿐이다. 내려가면 스테이크를 먹고 싶다는 하워드, 순대볶음을 먹고 싶다는 이겸, 뽀얗게 우려낸 국물에 밥을 만 설렁탕에 깍두기가 최고라는 김미란. 그 말을 듣다보니 나도 노랗게 구운 통닭과 시원한 생맥주가 그리워졌다. 모두들 먹는데 한이 맺혔는지 좀처럼 그 이야기가 끝나지 않는다. 배는 고프지만 그 이야기를 듣다보니 입 안에 군침이 가득하다. 오늘밤에는 잘 익은 통닭과 시원한 맥주 꿈이라도 꾸었으면 좋겠다.

마지막 막영지는 휘트니 산 아래에 있는 기타 레이크로 잡았다. 송어들이 무수히 동심원을 만들어 내는 팀버라인 레이크를 지나 기타 레이크 바로 아래에 텐트를 쳤다. 기특하고, 황공하고, 고맙게도 하워드는 저녁으로 라면 6개를 끓일 용단을 내렸다. 평소보다 하나가 더 추가된 것이다. 저녁엔 마지막 쌀로 밥을 지어 김밥을 쌌다. 내일 휘트니 정상에서 점심으로 먹을 도시락 성찬이었다. 마치 소풍 전날 김밥을 싸는 엄마 곁에서 군침을 흘리듯 우리는 김미란이 김밥을 자르는 작업을 지켜봤다. 그녀가 꽁지를 하나씩 줄 때마다 감읍하는 마음으로 넙죽, 넙죽 받아먹었다.

김미란은 엄마 역할을 잘했다. 입안에서 사르르 녹는 김밥의 미각에 눈물이라도 날 것 같다. 김밥을 다 만들어 곰통에 넣었다. 우리도 못 먹은 김밥을 곰에게 털릴 수도 있으니까.

아침엔 사방에 서리가 내렸다. 고도가 높다는 증거다. 하워드가 언덕으로 올라가더니 대변을 보고 그것을 비닐 팩에 담아 가지고 내려온다.
"이거 말랑거리면서도 따뜻한데. 이럴 줄 알았으면 어제 저녁에 누웠을 때 침낭 속에 넣고 따뜻하게 잘 걸."
그 모습을 보며 김미란이 질겁한다. 이때를 내가 놓칠 리 없다.
"하워드, 김미란이 여자로 보이지 않냐? 왜 똥을 왜 가지고 내려와 쇼를 하느냐 말이다. 몰래 배낭에 넣던지. 어휴, 정말 양도 많네."
언덕을 바라보니 이겸도 볼일을 본 봉지를 들고 내려오고 있다.
"누나는 안 싸요?"
"직무대행 미란 씨는 이슬만 먹는 공주야. 아랫것들과 구조가 다르지."
하워드는 자신의 뱃속에서 이만큼이나 나왔다는 걸 자랑이라도 하듯 봉지를 흔들었다. 지저분하기 이를 데 없었지만 그런 행동은 고생이 끝나 간다는 여유였다. 가만히 일행을 바라보니 다들 그동안 많이 수척해졌다. 하워드는 뚱뚱했던 아랫배가 몰라보게 들어갔고 이겸도 많이 말랐다. 나 역시 체중이 빠져 팔목이 가늘어진 것을 확연히 느낄 수 있다.

이른 시각인데도 휘트니를 오르려는 사람들이 우리 텐트를 스쳐 지난다. 우리도 해가 휘트니 산을 넘어오기 전에 정상 능선에 오르는 것이 낫겠다는 생각이 들었다. 마지막으로 지겹지만 선택의 여지 없이 라면을 끓였다. 고픈 배를 참으며 많이 아낀 것이 딱 맞아 떨어졌다. 이제 먹을 거라고는 하나도 없다. 무조건 오늘 안에 휘트니 산을 넘어 사람 사는 휘트니 포털까지 내려가야 한다.

"우리가 가진 작은 물통 2개로 김밥을 먹기에는 부족할 게 분명해. 네가 5리터짜리 생수통에 물을 정수해 넣어 가지고 가라."

나는 군소리 없이 하워드의 지시에 따랐다. 하워드가 그 물통을 넣지도 않겠지만 그 녀석 뱃속에서 나온 것과 함께 배낭 속에서 물통이 부대끼는 게 싫었기 때문이다. 우리는 마지막 캠프를 걷고 휘트니 산 그림자 때문에 응달진 비탈길을 오르기 시작했다. 아침 햇살은 휘트니와 주변 봉우리들 뒤편에서 비치고 있었다. 아주 멋진 후광이었.

존 뮤어 트레일에는 휘트니 정상이 포함되지 않는다. 트레일은 정상과 갈림길인 트레일 크레스트^{Trail Crest, 4,108미터}에서 그대로 내리막길로 이어진다. 그러나 트레일에서 약 3.5킬로미터 거리에 있는 미 본토 최고봉을 그냥 지나칠 수는 없다. 그 고개에서 정상까지 300미터 고도를 오르게 되니 경사가 보통이 아니다. 우리는 천천히 걸었지만 걷는데 신수가 뇐 낫

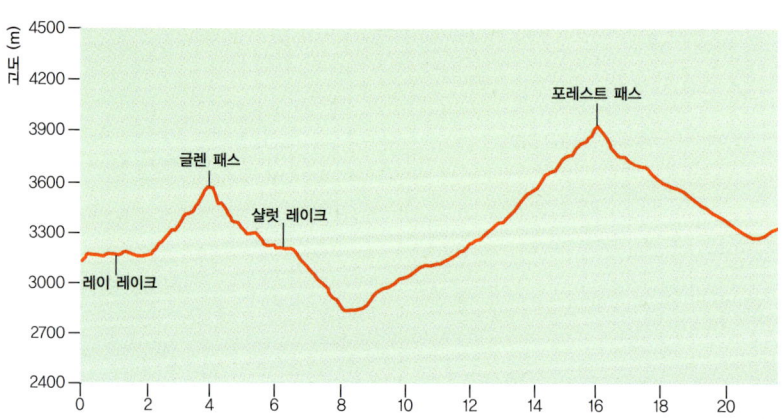

인지 앞서 있던 가족을 따라 잡을 수 있었다. 방학을 맞아 보스턴에서 온 가족 팀이었다. 중학교 수학선생인 존과 아내 바바라, 열두 살 난 아들 이워스와 아홉 살 난 딸 엘리자베스였다. 그들이 입은 옷도 우리처럼 누더기였다. 그러나 또한 우리처럼 밝은 표정이었다. 그들은 우리와 반대편인 PCT 트레일을 보름동안 걸어 휘트니를 오른다고 했다. 딸의 운동화는 바늘로 꿰맨 자국이 보였다.

"누가 꿰매주었니?"

"아빠가요."

내 질문에 엘리자베스는 수줍게 대답한다. 내가 생각했던 이상적인 가족상이다. 휘트니는 이들 가족도 첫 등정이란다. 미 본토 최고봉에 대한 이들의 기대도 큰 듯했다.

이야기를 나눈 후 인사를 하니 합창으로 "땡큐~" 대답한다. 그리고는 화강암이 병풍처럼 솟아오른 바윗길을 힘차게 오르기 시작했다. 그들을 보며 사랑은 아무리 무거운 짐이라도 가볍게 해준다는 말이 떠올랐다.

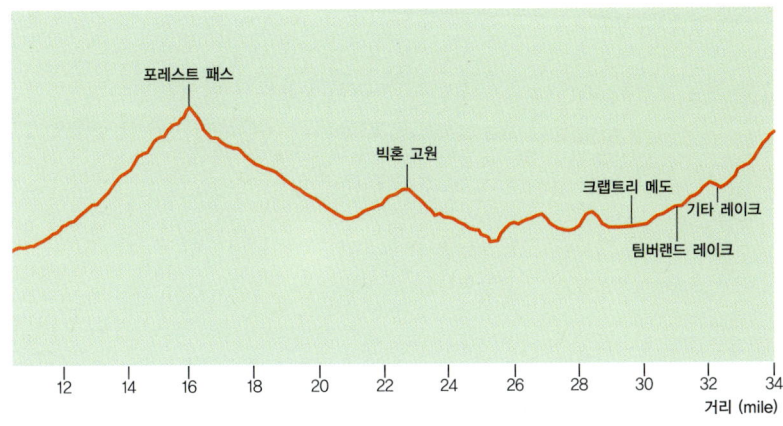

가족 캠핑은 가족 사랑을 깊게 한다

존 다니엘스(Jon Daniels, 54세, 미국) 가족

나 : 어떻게 트래킹을 나서게 되었나?

존 : 내가 교사이다 보니 여름 방학을 맞아 온 가족이 트래킹을 나섰다. 이번이 네 번째다. 아이가 자신의 감정을 자신의 생각과 힘으로 풀어나가도록 하는 방법 중에 가족 캠핑보다 더 훌륭한 교재는 없다. 부모로서의 역할은 아이들의 감정을 있는 그대로 수용하는 것이다. 그리고 이해하려는 노력이다. 보름동안 캠핑 여행을 하면서 아이들이 많이 성숙해진 걸 알 수 있었다.

나 : 동감이다. 아이들에게도 캠핑은 좋은 추억이 될 것이다.

존 : 문명의 발전이 가속화될수록 인간의 자연회귀본능 역시 강해진다. 밤하늘의 은하수를 볼 수 있고 깊고 푸른 공기를 호흡할 수 있는 대자연의 정취를 한껏 누릴 수 있는 것이 캠핑이 가진 가장 큰 매력 중 하나이다. 아이들에게 살아있는 그대로의 자연을 선물할 수 있으니 이 얼마나 고마운 일이냐?

나 : 다들 바쁜 현대사회에 가족이 함께 여행을 하는 모습이 보기 좋다.

존 : 고맙다. 그 말대로 요즘에는 맞벌이 부부가 많아 가족들이 함께 보낼 수 있는 시간이 적다. 많은 집에서 가족들이 함께 모일 수 있는 자리는 고작 아침 식사 시간 정도다. 그런 바쁜 일상에서 벗어나 함께 먹고, 자고, 걷는 트래킹은 우리 가족에게 무척 귀중한 시간이다.

나 : 아이들에게 즐거움뿐 아니라 좋은 경험도 줄 수 있을 듯하다.

존 : 아이들은 자연에서 배운다. 누가 가르치지 않아도 스스로 깨우치는 것이다. 야영생활을 하면 모든 게 풍요로울 수는 없다. 그래서 무엇을 어떻게 사용하고 아껴야하는지를 자기들 스스로가 안다. 부모가 일부러 가르치지 않아도 아이들이 자연스럽게 배우고 터득해 가는 것이다. 가족 트래킹의 매력 중 하나는 잔소리를 할 수도, 할 때도 없다는 점이다. (그가 이 말을 할 때 아내와 아이들이 웃었다) 무엇은 해도 되고 어떤 건 하면 안 된다는 말이 전혀 필요 없다. 자기들 스스로 터득하고 적응해 가는 것을 보면 대견하기 이를 데 없다.

나 : 여행을 통해 특히 얻은 점이 있다면?

존 : 트래킹을 통해 우리 가족은 대화시간이 길어졌으며 하루하루가 역동적이고 활력이 넘치게 되었다. 아이들은 스스로 삶을 개척하는 법을 배우고 익히며, 나와 아내는 작지만 소중한 행복을 만끽한다. 우리가 살던 보스턴이라는 대도시에선 볼 수도 느낄 수도 없었던 변화의 모습들이다. 다시 돌아가야 하겠지만 늘 이곳이 그리울 것이다.

바바라 : 이렇게 트래킹이 끝나면 자연의 기를 받아 우리 식구들은 모두 활력이 넘친다. 그리고 작은 것에 감사하는 마음이 된다. 캠핑을 통해서 또 하나 얻은 수확이라면 아이들의 글쓰기 실력이 는다는 점이다. 많은 체험을 했으니 글 쓸 소재도 넘친다.

나 : 맞는 말이다. 보름동안 야영을 하며 산길을 걸었다면 얼마나 하고 싶은 말이 많겠나?

바바라 : 어른들은 모르는 사이에 아이들의 감정을 부정하게 된다. 아이들이 산행 중 힘들어할 때 "왜 못 해?" 하고 어른 위주로 생각하면 안 된다. 그 힘든 감정을 그대로 인정해야 한다. 그리고 아이의 현재 감정 상태를 말해줌으로써 스스로 자신의 감정을 인식하도록 해야 한다. 그러면 아이들은 자신만의 해법을 찾게 된다.

나 : 아빠, 엄마랑 함께 하니 좋지?

엘리자베스 : (수줍은 미소를 지으며 작게 답했다) 네.

이워스 : 좋아요. 특히 엘리자베스가 자랑스러워요. 한 번도 다리 아프다고 투정부린 적이 없어요. 보스톤 집에 있으면 엄살장이인데 이젠 의젓해진걸요.

나 : 힘들었던 건 없니?

이워스 : 음, 모기가 성가셨어요.

나 : 남은 여행도 즐겁고 유쾌하길 빈다.

존 : 고맙다. 이렇게 여행을 통해 다른 이들과 만나는 것도 좋은 교육이다. 감사한다.

16

기타 레이크에서 휘트니 포털까지

    우리가 묵은 기타 레이크는 고도를 높이자 정말 기타처럼 보였는데 오르는 길은 결코 만만한 게 아니었다. 즐기자, 즐기자. 주문이 흘러나왔다. 그래도 우리 걸음이 빠른지 어느새 다니엘스 가족이 까마득하게 보인다. 끝이 없을 것 같은 길도 언제나처럼 끝이 있었다. 트레일 크레스트 패스에 서자 만감이 교차했다. 드디어 뮤어산이 코앞이다. 멀리 산 아래 마을이 보인다. 론 파인이다. 그곳엔 맥주가, 피자가, 따뜻한 욕조가 있다.
    태양은 중천에 떠오르고 바위산을 깎은 그 아슬아슬한 트레일 크레스트 고개엔 공간이 비좁도록 많은 사람들이 몰려있다. 우리가 내려 가야할 휘트니 포털 들머리로 올라 온 사람들이 자랑스럽게 허가증을 배낭에 달고 있다. 존 뮤어 트레일은 그대로 내려가는 길이지만 우리도 휘트니를 포기할 수는 없었다. 우리 중 누구도 정상을 포기하자는 말이 없다. 독한 사람들. 하지만 나 역시 미 본토 최고봉이라는 이곳을 지금 오르지 않는다면 무척 후회할 것은 틀림없으니까.
    우리도 다른 사람들처럼 고개 마루에 무거운 배낭을 내려놓고 간편한 차림으로 정상을 향했다. 정상을 향해 오르는 길은 삭막하다 못해 무슨 혹성을 걷는 기분이다. 주변의 산들이 삼각파도처럼 날카롭다. 수림한계선은 이미 지난 고도라 주위에는 온통 바위뿐인 자갈길이다. 공기도 서늘하다. 상어 이빨처럼 날카로운 바위 봉우리도 있었는데 반대편은 정말 아득한 단애의 절벽이었다. 그중 트레일 곁의 날카로운 봉우리가 뮤어 봉이라고 했다. 우리가 걸었던 존 뮤어의 이름을 붙인 산. 문득 휘트니 정상을 최초로 오르기 위하여 애썼던 사람이 생각났다. 기껏 성공하고도 실패한 인물. 우리가 오르려는 휘트니 봉에 얽힌 재미있는 일화이다.

시에라네바다 산맥의 최고봉 휘트니는 1864년 처음 측량되었다. 당시의 측량은 정확치 않았는데, 추정 표고는 약 4,570미터로 미합중국 최고봉이라고 알려졌다. 지금은 알래스카의 매킨리$^{Mt.\ Mckinley,\ 6,194미터}$에 이어 2위봉이지만 알래스카가 미국 땅이 되기 전인 1867년까지 최고봉의 지위를 누렸다.

당시 측량대 멤버였던 클라렌스 킹$^{Clarence\ King}$이 초등을 노렸지만 성공하지 못했다. 초등을 했다면 미국 역사에 기록될 중요한 사건이었을 터. 킹은 7년에 걸쳐 도전하여 마침내 1871년 이 산의 첫 등정자가 된다. 미국 최고봉을 정복한 킹은 증거로 자신의 이름을 쓴 지폐를 남겨 놓고 내려왔다. 이후 그는 미국 최고봉 초등자로서 단박에 유명인사가 되었다.

그러나 휘트니가 고작 3년간 미국 최고봉 자리를 지킨 것처럼 킹이 누린 휘트니 초등의 영광 역시 단 2년뿐이었다. 2년 후 측량이 정교해지자 킹이 오른 산은 휘트니가 아니라 다른 봉우리임이 밝혀졌다. 흔한 농담처럼 "이 산이 아닌가비여"였던 것이다. 갖은 고생하며 오른 산이 다른 것이라니, 얼마나 약이 올랐을까. 자신을 유명하게 만들어 준 신문들은 이제

미국 본토의 최고봉 휘트니 산의 정상을 향해 오른다. 사방으로 펼쳐진 시에라의 산군이 황홀한 절경을 연출한다. 지금까지의 여정만으로도 족하다.

안면을 싹 바꾸어 킹을 사기꾼 취급을 했다. 정확한 휘트니 산의 높이와 위치가 측량되자 뉴욕에서부터 먼 길을 온 킹은 다시 도전에 나섰다. 자손 대대로 물려줄 명예가 걸린 일. 킹은 죽을 고생 끝에 9월 17일 휘트니 정상에 정확히 이르렀다. 하지만 거기서 킹은 기절하고 만다. 힘들어서가 아니라 이미 정상에는 다른 사람의 친절한 편지가 기다리고 있었기 때문이다. 거의 7년에 걸친 킹의 노력이 사그라지는 순간이었다. 심지어 2등도 아니었다. 친절한 초등자의 메모와 두 번째 등정자가 쌓은 돌무더기와 세 번째 오른 사람의 마스코트도 보였다. 킹은 4등을 기록한 것이다. 그도 정상에 메모를 남겼다.

"1873년 9월 19일 뉴욕에서 온 지질학자인 클라렌스 킹과 동료 F. 플랜 두 명은 휘트니 정상에 올랐다. 나는 1871년 이곳 옆의 봉우리를 오른 적이 있다. 그 당시 구름과 폭풍우 때문에 주변을 잘 인식하지 못했다. 나는 그곳이 휘트니인 줄 알았다. 내가 오른 산 서쪽의 봉우리가 휘트니라는 걸 알고 재빨리 다시 이곳을 찾았다. 그런데 나는 실패했다. 나보다 먼저 이곳을 오른 사람들에게 찬사를 보낸다. 클라렌스 킹."

그 메모를 확인한 것은 바로 존 뮤어였다. 그 역시 처음에는 휘트니 정상을 잘못 찾아 고생했다. 존 뮤어도 킹처럼 정상과 비슷한 가짜 휘트니를 올랐는데, 추위와 눈 때문에 정상에 도달하기까지 엄청난 고생을 해야 했다. 그러나 정상에서 하산 후 자신의 실수를 안 뮤어는 며칠 후 다시 오르기 시작해 10월 21일 휘트니에 선다. 그때 킹의 메모를 발견했고 통상 휘트니 봉 5등을 기록한다. 그러나 운명의 신은 킹에게 가혹했지만 뮤어에게는 관대했다. 뮤어가 실수로 오른 봉우리는 독립 봉으로 인정되어 초등자의 이름을 따 뮤어 봉$^{Mt.\ Muir}$으로 명명되었으니까.

정상이 가까워지자 걷고 있는 사람들이 힘들어 한다. 흡사 물고기처럼 흐느적거리며 걷고 있다. 이곳에서 내려다보는 절벽 아래엔 여지없이 대지의 눈처럼 파란 호수가 하늘을 응시하고 있다. 오웬스 밸리Owen's Valley라는 산 아래 사막이 있고 그 너머로 인요 산맥도 보였다. 그 유명한 데스 밸리의 일부도 보인다. 죽음의 계곡 데스벨리는 골드러시 때 시에라네바다 산맥으로 오는 지름길이었다. 길을 찾던 사람들이 사막의 혹독한 더위 때문에 많이 죽어서 죽음의 계곡이 되었다. 그러나 이곳에서 내려다보면 저곳이 그리도 더울까 싶어 도무지 실감이 나지 않는다. 우리는 덥기는커녕 추웠으니까. 미국에서 제일 높은 곳 휘트니 산과 해발 기준보다 오히려 78미터가 더 낮은 데스벨리. 최고봉과 최저 지점을 한눈으로 보고 있자니 우리가 지금 어디에 와 있는지 비현실적인 생각이 든다.

문득 꽃 한 무더기가 보였다. 갈색의 바위 틈에 핀 파란 스카이 파일럿sky pilot. 나무도 없는 고산에서 몸을 낮추고 자란 작은 꽃을 바라보며 억척스러운 생명력에 숙연해진다. 정말 생명의 힘이 놀랍다. 4,400미터 고도라 고소증에 시달리고 힘이 들어 그런지 정상을 향하는 사람들의 걸음이 마치 슬로모션 같다. 급기야 몇 명의 사람들이 등정을 포기하고 되돌아선다. 그 사람들도 안타까운 표정을 지었지만 보는 나도 마음이 짠하다.

드디어 우리는 휘트니 정상에 섰다. 정상은 하프 돔의 매끈한 통 바위와는 달리 거대한 화강암 조각들로 이루어져 있다. 스미소니언박물관에서 박아 놓은 정상 표시 동판이 보인다. 그 곁에서 배낭을 벗고 우리는 말없이 굳게 포옹을 했다. 무언가 뜨거운 것이 치민다. 미국 땅 전부가 지금 내 발 아래 있다. 우리는 정말로 해낸 것이다.

미국 본토 최고봉답게 정말 거칠 것 없이 사방이 탁 트여 파노라마로

종착지가 가까워 올 때 아쉬움이 크다면 그 여정을 충분히 즐기지 못했기 때문이다. 매일 반복되는 일상도 그 날이 유일한 하루이다. 이미 사라진 별을 보며 아름답다고 하는 것처럼 사라진 후에도 향기는 빛난다. 내일 만날 휘트니를 바라보며.

풍경이 보인다. 우리가 17일간 걸어 온 방향을 보니 산맥이 회색빛으로 이어지고 있었다. 그러나 중첩된 산속에서 어디로 온 것인지 전혀 감을 잡을 수 없다. 저렇게 첩첩인 산 사이를 돌고 돌아 요세미티에서 이곳까지 발품 팔아 온 것인가? 우리는 하늘과 맞닿은 미국에서 가장 높은 바위에 둘러 앉아 왕이 된 기분으로 발 아래 둥글게 펼쳐진 경치를 즐겼다.

"좋은 울음터로다. 한바탕 울어볼 만하구나!"

연암 박지원의 〈열하일기〉 중 '도강록渡江錄' 편에서 나온 말이다. 연암이 중국을 가면서 요동벌판을 처음보고 보인 반응이 '통곡할 곳'이라는 거다. 기막힌 절경을 보며 울고 싶다니. 고등학교 때 배운 호곡장론好哭場論은 평생 잊지 않는 명문이라고 생각했는데, 왜 지금 그 말이 떠오를까? 그때 갑자기 눈발이 흩날렸다. 8월에 눈이라니! 땡볕의 여름날 하늘이 상서로운 서설을 내려 우리를 환영하는가 싶었다. 행복했다. 알 수 없는 느낌이 가슴속에 스멀거리며 차오르고 있었다. 그때, 나도 연암 박지원이 되었다. 8월의 눈이 날려 눈에 들어간 탓에 넘친 눈물인지도 모른다. 나는 소인이므로 통곡은 못하고 눈물이 조용히 흐르도록 놔뒀다.

"모두 신발 벗으세요. 자랑스러운 발을 한번 찍읍시다."

제멋대로 뻗어 나가는 상념을 즐기고 있는데 이겸이 엉뚱한 제안을 한다. 등산화를 벗고 구멍 난 양말까지 벗으니 까마귀가 삼촌! 하며 달려들겠다. 여자인 김미란도 그 모양이었는데 망설임 없이 벗는 걸보면 해냈다는 자신감이 부끄러움을 넘어 선 모양이다. 까맣게 때가 묻고 물집이 잡힌 발바닥까지 이겸은 사진작가의 상상력을 동원하여 열심히도 찍는다.

여기까지 오며 얼마나 기뻤고, 또 얼마나 힘들었던가. 야성 속 자연의 경이로움에 눈이 호사를 했다면 뱃속은 혹사를 당했다. 역경과 고달픔은 동료들의 웃음으로 한꺼번에 상쇄되었다. 우리가 감내한 인내와 흘린 땀방울에 휘트니 정상은 가치가 있는 것이다. 존 뮤어 트레일은 누가 대신 걸어가 줄 수도 없기에 우리 자신만이 해낼 수 있는 길이었다.
　우리 곁에서 많은 사람들이 정상 등정을 축하하고 있었다. 그래도 우리처럼 존 뮤어 트레일 종주를 하며 이곳에 오른 사람들은 없을 터였다. 해냈다는 느낌을 충분히 즐긴 다음 정상 바로 아래에 있는 대피소로 내려갔다. 그곳에서 스미소니언박물관에 보관된다는 방명록에 사인을 했다. 한국인 이름은 보이지 않는다. 사진을 몇 컷 찍고 나니 눈발이 더 거세진다. 춥기도 해 염치불구하고 무인 대피소로 들어섰다. 김밥은 얼진 않았지만 너무 차가웠다. 그래도 그동안 먹는데 한이 맺힌 듯 모두 잘 먹는다. 다만 날이 추워 그런지 내가 힘들게 지고 온 5리터의 물은 그대로 남았다. 그 무거운 물을 마지막 막영지부터 메고 힘들게 올라서게 만든 하워드에게

함께 정상에 선다는 것은 좋은 경험이다.

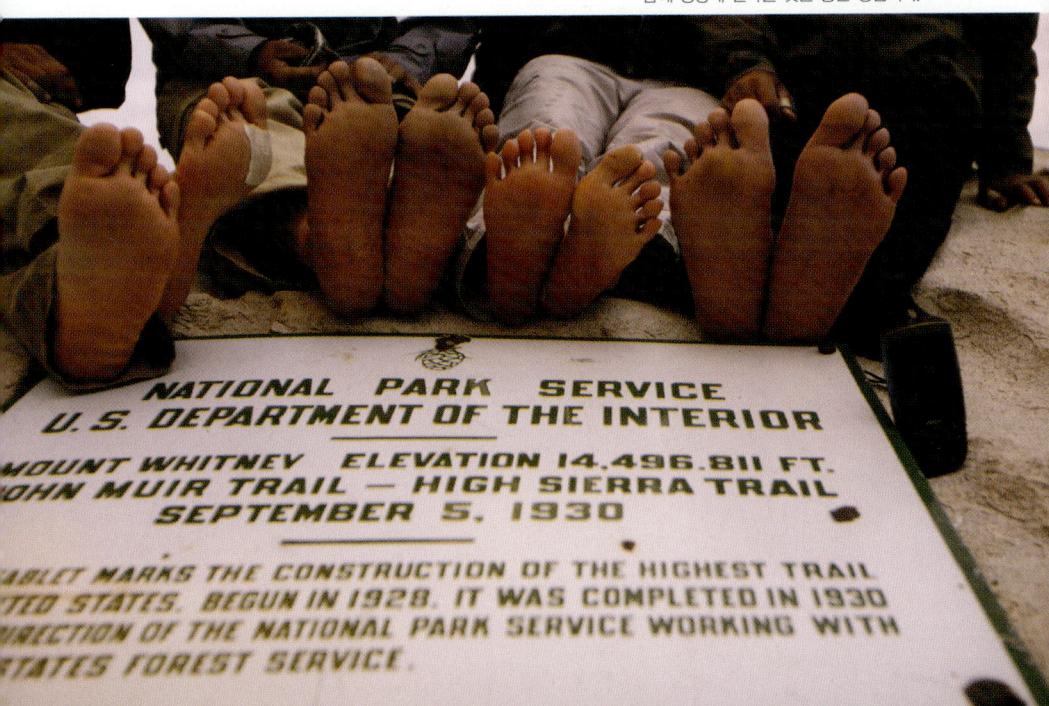

한마디 하려다 참았다. 왠지 그래선 안될 것 같았다. 마지막 김밥을 하워드에게 양보한 것은 정상 등정이 주는 여유일까?

우리는 눈발이 분분히 날리고 있는 정상을 뒤로 하고 하산을 재촉했다. 시에라네바다 산맥에서는 천둥, 벼락, 폭우 등 기상 이변이 종종 일어난다. 그러나 다행히 우리의 종주 시기엔 소나기 한번만 만났었다. 역시 내려가는 길은 쉽다. 다시 휘트니 패스로 돌아온 우리는 그곳에 벗어 놓은 배낭을 메었다. 식량도 떨어지고 연료도 없으니 좀 가벼워야 할 텐데 배낭 무게는 그대로인 것 같다.

휘트니 패스에서 내려가는 존 뮤어 트레일은 100개의 스위치백이라는 말처럼 지그재그로 이어지며 한없이 내려가고 있다. 앞선 사람들이 개미처럼 보인다. 길은 지겨웠지만 그대로 가는 것 외에 방법이 없는 건 식량도 연료도 없어 무조건 오늘 안으로 산행을 마쳐야 하기 때문이다. 드디어 가파른 사면을 다 내려왔다. 이쪽으로 휘트니를 오를 때 하룻밤을 보낸다는 트레일 캠프 장소가 있었고 그곳으로부터 다시 길은 좋아졌다.

나는 널찍한 바위에 드러누워 일행을 기다렸다. 그 자리에선 휘트니 정상이 빤히 올려다 보였다. 휘트니 정상은 독수리 부리처럼 오버행으로 날카롭게 튀어 나와 있다. 그 곁의 뮤어 봉도 상어 이빨처럼 날카롭게 보인다. 그 정상을 불과 몇 시간 전에 오른 게 꿈만 같다. 우리 일행이 지그재그 길을 내려오는 게 보인다. 저들은 지금 무슨 생각을 하고 있을까? 이제 사랑하는 사람 곁으로 간다고 모두 신바람이 났겠지. 그러나 그건 착각이었다. 그들을 기다렸다가 다시 트레일을 따라 걷고 있을 때였다.

"아직 멀었어요?"

절룩거리면서도 뒤를 충실하게 따르는 하워드에게 김미란이 하산이 언

커다란 돌덩어리 위에 집 한 채, 사방에 엎드린 낮은 산들, 그리고 오래 머물 수 없는 치열한 환경, 정상의 모습이다. 하여 정상을 끝끝내 유지하려 애쓸 필요는 없다.

제쯤 끝나느냐고 묻는다.

"한 시간쯤 내려가면 될 겁니다."

"아휴, 지겨워. 무슨 산이 이래요?"

"미안합니다."

갑자기 웃음이 터진다. 하워드가 휘트니 산을 만들기라도 했나? 길이 멀다고 하워드에게 투정부릴 일도 아니고 미안한 일은 더군다나 아니다. 17일을 걸어 온 여장부가 그깟 한 시간을 참지 못하는 것은 아닐 터. 아마도 끝나간다는 안도감에 조급한 마음이 들어 그럴 것이다. 김미란의 마음은 몸보다 앞장서 벌써 하산을 마쳤을 것이다. 나 역시 그랬으니까. 이제 길고도 힘했던 존 뮤어 트레일 종주가 끝나간다는 설렘 때문인지, 나도 조급증이 들었는지 15킬로미터쯤 되는 하산 길은 너무 멀었다.

전나무가 호수를 에워싼 미러 레이크$^{Mirror\ Lake,\ 거울\ 호수}$를 지나고 그 호수에서 흐르는 물길을 따라 아웃포스트^{Outpost} 캠프가 있는 초원을 횡단했다.

차를 탈 수 있는 휘트니 포털에는 슈퍼마켓이 있다는 생각이 들자 금세 머릿속은 시원한 맥주 생각으로 가득 찬다.

"야, 하워드. 아스팔트를 만나는 순간 나는 한 발자국도 걷지 않겠어. 차를 오라고 하던지, 맥주 마시고 뻗은 나를 네가 업고 내려 가."

"내가 먼저 취해야겠다. 네가 날 업어라. 이거 봐라. 배가 홀쭉해진 거 보이지? 예전처럼 아랫배를 맥주로 통통하게 채워 넣을 거야. 아까운 내 살."

"오히려 고마워해야지. 자연요법으로 똥배를 쏙 들어가게 해 줬는데."

하워드만이 아니다. 누구라 할 것 없이 다들 깡마르고 얼굴이 까맣게 탔다. 다리를 절룩이면서도 끝까지 견뎌준 하워드가 정말 고마웠다. 함께 걷고 있는 김미란과 이겸 역시 소중한 길동무였다. 함께 볼 수 있는 이가 곁에 있을 때 아름다운 풍경이 더 아름나운 것이라는 은유는 옳은 말이다. 산은 내게 있어서 종교도 아니고 거창한 철학도 아니다. 그러나 산은 그것을 넘어서는 쌍방향 소통으로서의 의미를 가진 건 확실하다.

다리가 아파오고 힘이 빠질 즈음 드디어 눈 아래 도로가 보이기 시작했다. 이제 긴 여정이 정말 끝나가는 것일까? 시에라네바다 속살을 헤집으며 걸었던 존 뮤어 트레일 종주가 이제 완성되는 건가? 나는 이 산길에서 무엇을 얻었을까? 그 생각에 피식 웃음이 나온다. 얻으려 온 게 아니다. 비우러 온 것이다. 휘트니 정상을 오를 때 보았던 스카이 파일럿 꽃이 생각났다. 꽃은 바라보는 사람이 없어도 혼자 여유롭다. 다른 꽃과 경쟁도 하지 않고 그저 혼자 피어있다. 한적한 곳에 혼자 피어 있는 의미는 무엇일까? 그것을 보며 외롭게 피었다거나 가엽다고 생각하는 것은 옳지 않다. 그건 인간이 기준이 된다는 내 사고가 그렇게 볼 뿐인 것이다. 인간도 자연이다. 이제 내려가면 좀 느리게 살자. 정지한 것처럼 이곳에 존재했던 모든 것의 의미는 숨 가쁘게 바삐 살아온 내게 그것을 일깨웠다.

가파른 암벽, 셀 수도 없던 폭포, 거대한 화강암 돔과 눈 덮인 봉우리, 눈물처럼 맑았던 호수와 그 곁에 서 있던 침엽수, 끝없던 소나무 숲과 흔들릴 때마다 시내 물소리를 내던 아스펜 나무들, 야생화가 천상화원을 이룬 초원과 고요히 흐르던 강, 밤하늘 무수한 별빛, 지구에서 가장 크고 가장 나이를 많이 먹었다는 세코이아 숲, 우리를 자명종처럼 아침마다 깨우던 새들, 모가지가 길어 슬픈 게 아니라 눈빛이 촉촉해 슬프게 보이던 사슴, 상수리나무 아래서 홀로 바쁘던 다람쥐, 무섭지만 꼭 만나고 싶었던 흑색 곰……. 모두 느리지만 여유롭게 살고 있었다.

정말 우리가 걷던 산속에는 곳곳에 숨은 그림들이 있었다. 눈으로 볼 수 없는 것들은 또한 얼마나 많았을까? 그 모든 것들은 손가락으로 북— 그으면 찢길 것 같이 구름 한 점 없는 맑고 파란 하늘 아래 존재했다. 과연 그들이 외로운 걸까? 아니면 군중 속에 살고 있는 사람이 외로운 건가.

이런 성찰은 시에라네바다 산맥에서 하산 중이기에 가능했다. 가만히 생각해보면 지나온 모든 날 중 단 하루도 소중하지 않은 날이 없었다. 고단하고 힘든 날까지도. 각기 사는 방식이 다른 우리는 한 텐트에서 자며 오랜 시간 서로 소통하고 이해해왔다. 그리고 닮아갔다. 산은 확실히 인간의 마음을 무애탕탕하게 열어놓는 능력이 있다.

그 이야기를 해야 한다. 거대한 산맥 속 우리는 개미처럼 작은 존재였

정상에서 내려오는 과정이 성숙의 기회를 제공한다. 천천히 충분히 즐기재

지만 그 개미의 다리는 큰 걸음을 떼었다. 첫걸음을 내딜 때 언제 끝날까 하던 두려움은 성공했다는 기쁨으로 나타났다. 이제 우리는 왜 존 뮤어 트레일을 가야 했고 얼마나 행복했는지를 이야기해야 한다. 그건 책상머리에서 나오는 미문이어서는 안 된다. 비록 까마귀를 닮았으나 자랑스러운 두 발과 머리 위에서 지글거리던 태양을 닮아 뜨거웠던 가슴에서부터 나와야 한다. 존 뮤어 트레일을 끝내며 누구나 살아 천국인 이곳을 올 수 있다는 희망을 이야기 할 수 있어야 한다.

드디어 우리는 휘트니 포털에 도착했다. 포장도로를 보니 눈물이 나올 것 같았고 또 웃음도 나온다. 들머리에 비치된 저울로 달아 보니 종주를 끝낸 하워드 배낭이 20킬로그램이다. 대단하다. 아마 곰 같은 하워드가 없었다면 우리 초보자들의 종주는 불가능했을 것이다.

론 파인에 차량을 부탁한 뒤 마켓에서 맥주를 잔뜩 샀다. 세코이아 나무 밑의 탁자에 앉아 우리는 종주 성공을 자축하는 건배를 했다.

"모두 고맙습니다. 이 트레일을 끝내며 알았어요. 저는 넘어진 곳에서 분명히 일어섰습니다."

오랜만에 마신 맥주 탓인지 이겸이 붉어진 얼굴로 말했다. 존 뮤어 트레일은 이겸이 감당하기 어려웠던 아픔과 상실감을 치유하고, 앞으로 더욱 열심히 살라는 희망을 돌려 준지도 모른다.

"믿을 수 없어요. 내가 종주를 끝까지 해냈다는 것이요. 모든 게 고맙고 감사하다는 생각뿐이에요. 이 맥주까지도. 고생한 덕분이겠죠."

사소한 것까지 김미란은 감사한다고 말한다. 앞으로 이 사람의 화폭에서 시에라네바다 산은 어떻게 표현될까?

"미란 씨, 미안해요. 하산 길이 너무 길어서."

하워드가 말했다. 하산길이 힘들었다는 게 마치 자신 때문이라는 듯이. 그 말은 하워드 특유의 농담이었으나 김미란의 반응은 달랐다.

"나…… 우는 거 절대로 안 보여 줄 거예요."

김미란이 다시 건배를 제의한다. 나는 그녀의 눈가에 물기가 번지는 것을 얼핏 보았다. 빈 속에 들어간 맥주의 짜르르한 느낌이 좋다. 참 좋구나……. 그런 말이 한동안 입안을 맴돌았다. 우리는 천상의 길을 함께 걸은 이 여름을 결코 잊지 못할 것이다. 몸은 지쳤으나 마음은 가벼웠고, 옷은 거지꼴이지만 가슴에는 충만감이 출렁거리며 차오른다.

구불거리는 산기슭을 따라 이어진 포장도로에 우리를 태우러 오는 차가 올라오고 있었다.

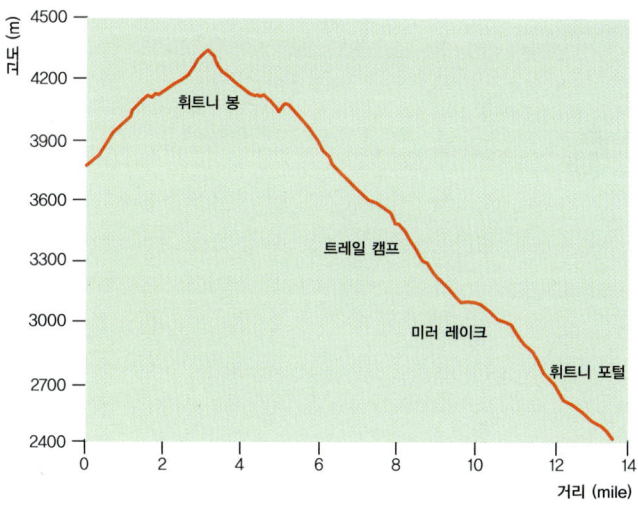

그 고운 살결이 다칠세라 거칠게 갑옷을 입었구나.
칼날 뒤에 숨어 있는 아름다움이 멀어져 간다. 시에라여, 고맙다!

글쓴이의 에필로그
세상에서 가장 아름다운 산길

존 뮤어 트레일은 감동이었다. 와이드 스크린 속 야성의 풍경을 매일 뒤로 밀어내며 걷던 산길은 그곳에서만 볼 수 있는 원초적 원시의 풍경이었다. 긴 여로는 이제 끝났지만 그 길에서 받은 감동이 희미해지지 않는 것은 무엇 때문일까? 우리가 길 위에서 보낸 시간이 그 만큼 눈물겹도록 아름답고 귀한 추억이었다는 말일 터.

끝없을 것 같았던 길을 가며 때로는 지쳤고 때로는 고통스러웠다. 그러나 누구도 포기하자는 말이 없었다. 저 언덕을 넘어서면 또 어떤 것이 있을까? 저 호수를 에돌아가면 어떤 풍경이 우리를 기다리고 있을까? 그런 기대가 에너지가 되었고, 새로운 풍경이 희망이 되었다. 그러기에 미친 듯 걸었고, 옷은 누더기가 되어가도 영혼만은 투명해졌다. 몸이 뜨거워지면 호수로 뛰어 들고 차가운 물속에서 송어와 함께 헤엄치며 행복이 멀리 있는 게 아니라는 깨달음을 얻었다.

높고 낮은 산의 중첩. 그 사이로 자리한 고요한 숲과 맑은 물이 흐르는 계곡. 대지의 파란 눈처럼 햇살을 튕겨 내던 맑은 호수. 사막은 그 품안에 오아시스를 숨겨 아름답다는 생텍쥐페리의 말처럼 존 뮤어 트레일은 호수와 호수를 연결시키는 길이었으므로 풍요로웠다. 그곳은 물이 넘치는 천국이었다.

"산에 올라라. 좋은 소식이 들려올 것이다. 햇빛이 나무 안으로 흘러드는 것처럼 자연의 평온이 당신 안으로 흘러들어올 것이다. 바람은 신선함을, 폭풍우는 에너지를 당신의 내면에 불어 넣어줄 것이고, 모든 걱정은 가을 나뭇잎처럼 떨어져 나갈 것이다. 조용히 아무 방향으로나 걸어가 보라. 발끝부터 영혼까지 온전한 자유를 맛보게 되리라."

존 뮤어의 말대로 가공되지 않은 평온과 여유로움은 우리를 반기던 물처럼 우리의 내면을 채우고 넘쳐흘렀다. 어쩌다 스치는 사람들의 미소 속에서 우리는 그것을 발견해 냈다. 그리고 백년을 앞서 이 자연을 지켜 낸 존 뮤어에 감사했다.

그가 만든 시에라클럽의 명성은 지금도 유효하다는 걸 직접 눈으로 확인할 수 있었다. 우리가 지나친 뮤어 캠프의 패티 할머니는 자신이 시에라클럽 회원이라는 사실을 자랑스러워하며 죽을 때까지 트레일을 지킬 것이라 말했다. 행복은 누가 주는 게 아니다. 그 할머니는 50년 이상 산속에서 봉사를 하면서 스스로 행복을 찾았다.

우리가 넘은 하이시에라 산맥은 시퍼런 날을 세우듯 하나의 선이었다. 제멋대로 삐죽삐죽 솟은 산은 그러나 길이 있었고 사람과 산 사이를 끝없이 이어주고 있었다. 사람과 산의 관계는 대립적이면서도 언제나 상호보완적인 기능을 한다. 사람은 말을 하지만 시에라 산군은 고요한 산속이다. 그러나 가만히 귀 기울이면 산속은 온갖 소리들로 꽉 차있었다. 바람소리, 나뭇잎 살랑대는 소리, 새소리, 계곡의 물소리, 그리고 우리의 거친 숨소리까지.

푸른 숲길을 걷다 어스름에 하루를 접을 때면 우리는 존 뮤어의 말대로 그윽하고도 깊은 평온에 잠겼다. 어느새 중독된 붉은 모닥불에선 알싸한 송진 냄새가 났다. 곰통을 깔고 앉아 들었던 풀벌레 소리와 불붙은 나뭇가지가 타다닥 튀는 소리. 어둠 속 산맥의 어스름한 실루엣을 보고 있노라면 어디선가 "아이야, 어둠 속 고요를 즐겨라" 하는 속삭임이 귓가에 들리는 듯했다.

미친 듯 사진을 찍어 대던 이겸의 세 번째 눈, 카메라에 비친 존 뮤어 트레일의 풍경은 어떤 것이었을까? 두 눈으로 보아도 양이 차지 않아 세 번째 눈으로 풍경을 담은 욕심쟁이 사진작가 이겸은 차안을 넘어 피안까지 잡아냈을까? 여류화가인 김미란은 자신의 두 눈으로, 두 발로 만끽한 존 뮤어 트레일을 어떻게 화폭에 되살릴까? 여행 내내 가장 무거운 짐을 지고 어리숙한 초보자들을 이끄는 리더의 역할을 감당한 하워드에게는 특히 고행길이었을 존 뮤어 트레일. 툭하면 견원지간 흉내를 내며 그와 말다툼을 했던 추억을 떠올리면 지금도 미소가 떠오른다. 산 밖으로 나가면 어떨지 몰라도 산속에서 본 하워드는 존 뮤어처럼 필연적으로 자연주의자인 것은 틀림없다.

혼자 보는 풍경보다 함께 보는 풍경이 더 아름답다. 산처럼 좋은 사람들과 그 속살을 헤집고 걸으면서 우리의 기쁨은 더 커졌다. 질투가 나도록 잘 보전된 존 뮤어 트레일과 시에라 산맥의 아름다움은 사람이 지켜낸 것이다. 가슴을 울리는 황홀한 풍경의 산길을 걸으며 우리나라 백두대간을 지켜야 할 이유를 깨달았다. 자연은 자연 그대로 놓아두었을 때 더 깊은 가치를 발한다는 무언의 호소에 우리는 귀 기울였다. 우리나라의 아름답고 풍부한 자연유산을 더욱 보존하고 지켜내야겠다는 결심 역시 이번 기행에서 얻은 또 하나의 성찰이었다.

여명이 밝아오고 하룻밤을 묵었던 둥지를 나서면 우리는 또 어딘가로 가기 위해 길을 나섰다. 그때 문득 깨달았다. 여기까지가 아니라 여기부터라는 것을. 가장 높은 하늘길을 걸으며 우리는 느꼈다. 일상이 팍팍해지면 언제라도 세상 밖으로 나서 다시금 길 없는 길을 찾아야 한다고. 고통스럽게 온 길을 돌아보면 기실 그건 환희에 젖은 산길이었다는 각성도 소중한 것이다. 걷기를 즐기며 사람과 자연을 성찰하는 사람이라면 누구나 그렇게 되리라.

존 뮤어 트레일과 함께 했던 여름은 진정으로 행복했다.

2009년 7월, 신영철

찍은이의 에필로그

또 다른 길을 꿈꾸는 자의 질문

    소중한 여행을 함께 한 일원으로서 아름다운 풍경을 사진으로 담아내고 그것에 대한 짧은 글을 쓰는 역할을 맡았습니다. 그리고 이제 대단원의 막이 내려지는 순간 이처럼 잠깐의 공간이 주어진 것을 소중하게 생각합니다. 이제 걷는 동안 지니고 다니며 발전시키고자 했던 질문들을 함께 나누고자 합니다. 어떠세요?

동행

    어느 순간이 되자 혼자 걷고 있는 것이 아니라는 것을 깨달았습니다. 저를 사랑하는 이들이 함께 걷고 있더군요. 가끔씩 사랑한다고 속삭이면서요. 저마다 은색 실을 이용해서 제 배낭을 들어 올려주는 느낌을 받은 저도 있었습니다. 그럴 땐 가볍게 산을 넘을 수 있었지요. 함께 걷는 이들은 현재 살아 있거나 그렇지 않거나 문제될 것이 없었습니다. 서로를 깊이 존경하고 사랑하는 이들은 강하게 연결되어 있다는 것을 알게 되었으니까요. 동행이란 물리적인 테두리를 넘어서는 것입니다. 지금, 어떤 이와 동행하고 계신가요?

관계

    상대방과의 관계는 어떤 상태와 조건이 되어야 끝이 날까요? 누구든 어떻게 하면 끝나는 것일까요? 필요에 의해서 또는 육체나 정신의 변화에 의해서 그리고 시간과 죽음에 의해서 관계가 끝나지는 않습니다. 서로의 죽음에 관해서는 경험해 보지 못했으니 그때의 관계는 호기심으로 남겠군요. 관계는 일방의 의사나 행위로 끝나지 않습니다. 어떤 대상을 사랑하거나 증오한다 해도 마찬가지입니다. 미움과 증오, 외면과 시샘의 관계 또는 사랑과 연민, 존경과 배려의 관계는 선택할 수 있습니다. 어떤 선택을 하시겠습니까?

표현

웃음이 터져 나올 때처럼 그렇게 화도 낼 수 있어야 합니다. 감정을 드러내지 않도록 하는 이 땅의 교육과 풍토는 개인과 사회를 건강하게 발전시키지 못합니다. 웃음을 참는 것보다 화를 참는 것이 더욱 해롭습니다. 화를 내는 올바른 방법과 기술을 배워야 합니다. 화는 자신의 상태를 나타내는 언어입니다. 언어를 잘 전달해야 상대방과 소통할 수 있습니다. 그러니 화를 통해서도 소통할 수 있겠지요. 화를 내며 단절의 신호를 보내는 것은 낮은 단계의 언어입니다. 수위와 속도를 정하고 화를 낸다면 자신의 현재 상태를 분명하게 전달하는 데 도움이 됩니다. 그렇게 할 수 있게 되면, 이미 화를 다스렸다는 것을 의미하겠지요. 다양하게 현재의 감정 상태를 표현하는 것은 건강한 것입니다. 몇 가지 감정과 몇 가지 언어를 사용하고 싶으신지요?

상실

무엇을 잃게 되면 당황하게 됩니다. 때론 그조차도 감지하지 못할 상황에 이르게 되지요. 준비되지 않았거나, 예견되지 않은 경우 더욱 깊은 상처와 상실감이 남습니다. 영영 치유되지 않을 것처럼 말입니다. 이때 애도의 시간이 필요합니다. 충분히 슬퍼할 수 있는 기회와 기간을 가져야 합니다. 슬픔에 빠진 나머지 당사자가 이를 인식하지 못하는 경우, 주위의 깊은 관심과 애정이 담긴 기다림이 있어야 합니다. 애도의 기회와 기간을 충분히 갖지 못한다면 상실감은 언제든 마음의 병을 키우기 시작할 것입니다. 그리곤 몸의 아픔으로 표출되게 됩니다. 애정이 있든 없든 슬픔을 빨리 벗어나라고 종용하는 것은 그의 기회를 뺏는 것입니다. 상실을 어떻게 넘기고 계신가요?

성숙

첫 번째, 무엇이 되려 하는가?

두 번째, 삶의 목표를 무엇으로 삼을 것인가?

세 번째, 어디까지 가려 하는가? 우리는 수없이 많은 사건과 단계를 거치며 나이 들어갑니다. 하지만 개인적인 성숙은 나이에 비례하지 않습니다. 저는 '어떤 상태까지 도달할 수 있는가?'가 궁금합니다. 저의 몸이 멈추게 되었을 때, 제가 어떤 상태까지 성숙되어 있을지 지켜보려 합니다.

목표를 향해 나아가는 것은 과정을 온전히 밟아 나간다는 조건이 있어야 합니다. 과정 자체가 성숙의 단계이니까요. '성숙'에는 한계 지점이 없습니다. 끝없이 나아갈 수 있고, 발전할 수도 있기 때문일 것입니다. 물론 순행할 수도 있고, 거꾸로 퇴보할 수도 있겠지요. 이제 어느 방향으로 가시겠습니까?

철제곰통 마냥 겉은 단단하지만 속은 풍성한 식량 같은 하워드 형님, 모닥불처럼 사람들을 모으고 온기를 전해준 신영철 형님, 텐트같이 자리를 지키며 모두에게 휴식을 선사한 김미란 누이께 깊은 고마움을 전합니다. 은행나무처럼 푸근하게 배려해준 주연선 대표님, 고맙습니다.

건강한 마음과 몸을 주신 부모님, 현명하고 풍요로운 땅 아내 임진미, 나의 두 딸 지오와 소윤, 스승 김정아님에게 한없는 사랑과 고마움을 전합니다.

2009년 7월 새벽, 온기 가득한 부평의 거실에서, 이겸

Tips for Hikers

1. 존 뮤어 트레일 산행 준비물

* 꼭 필요한 장비만 챙긴다

모든 산행 장비는 안전을 위해 검증 받은 물품을 가져가도록 한다. 그렇다고 꼭 비싼 장비를 준비할 필요는 없다. 튼튼하고 안전한 것이 중요하다. 만약 두 명 이상의 팀이 동반하는 경우 장비가 중복되지 않도록 미리 점검한다. 곰통은 입산 허가 조건에 포함되므로 반드시 준비하여야 한다. 구매하는 경우도 있고 레인저 스테이션에서 대여할 수도 있다. 대여한 곰통은 종주 후 다른 곳에 반납할 수 있다. 침낭은 여름용으로 충분하며 우비 겸용 오버트라우저는 반드시 상비해야한다. 스키폴은 걷는 데 유용하다.

배낭 무게는 장비와 음식물 구성에 따라 달라지는데 보통 15~20킬로그램 정도가 적당하다. 무게를 최소한으로 줄이는 것이 종주 성공의 첫걸음. 텐트, 침낭, 조리기구, 음식, 세면도구에 이르기까지 무게를 고려하여 준비한다.

지도의 경우 톰 해리슨(Tom Harrison)에서 발행한 13장의 얇은 종이 지도를 추천한다. 이정표가 잘 되어 있으므로 나침반은 그다지 사용하지 않는다.

* 무엇을 먹을 것인가?

가볍고 빨리 조리할 수 있는 인스턴트 식량을 권한다. 라면 등 국수류가 사용하기 편하며 연료 소모량을 줄일 수 있다. 누룽지를 말려 가는 것도 한 방법이다. 쌀을 이용한 식사는 열량을 많이 얻을 수 있어 좋지만 무게가 제법 나가므로 하루 한 끼 정도로 계산하는 것이 좋다. 이 외에 인스턴트 국 종류와 스프, 그리고 육포 등 마른 간식을 준비한다.

존 뮤어 트레일 전체에 항상 풍부한 양의 물이 넘쳐나므로 물 공급은 쉬운 편이다.

언제든 호수와 계곡물을 쉽게 접할 수 있다. 다만 그대로 마시기보다는 정수기를 사용하여 마시도록 권장하고 있다. 정수기와 약품은 미국에서 쉽게 구입할 수 있다.

* 상비약은 필수품이다
발바닥이나 손가락 물집에 이용할 연고나 태양 광선을 피하는 차단제, 고소증에 대비한 아스피린 등을 꼭 챙겨가도록 한다. 그 외에 진통제나 모기약도 가져가면 좋다.

* 중간 지점 이용하기
존 뮤어 트레일에는 음식이나 장비를 보급할 수 있는 곳이 세 곳 있다. 요세미티 투올롬 메도, 레즈 메도, 뮤어 트레일 랜치가 그것이다. 경우에 따라서는 에디슨 레이크의 버밀리온 밸리 리조트를 이용하기도 한다. 여행 전 미리 보급품을 원하는 곳에 보내두면 처음에 들고 갈 짐을 줄일 수 있으므로 현명하게 사용하면 좋다. 다만 곰통에 다 들어가지 못하는 음식은 어차피 가져갈 수 없으므로 적절한 양을 보내도록 한다.

* 수렵도 가능하다
캘리포니아 주 수렵법에 의거 사냥허가증이 있으면 국립공원을 벗어나 사냥이 허락된다. 사냥을 하려면 미리 허가를 받아두고, 필요한 장비를 챙겨가도록 한다. 특히 트레일 중에 자주 만나는 강과 호수마다 신선한 자연산 송어가 많이 살고 있어 낚시를 즐기는 것도 좋다.

2. 존 뮤어 트레일 산행 계획 짜기

* 산행 허가 받기
존 뮤어 트레일은 허가를 받기가 쉽지 않으므로 미리 서둘러야 한다. 존 뮤어 트레일 종주를 할 수 있는 인원수는 제한되어 있다. 자연을 보호하고 야성을 보존하기 위해 입장 인원수를 정해두기 때문이다. 미리 공원 당국이 정해 놓은 숫자의 트래커들만 입장할 수 있는데, 하루 입장객은 150명(당일 100명, 종주 50명)이다. 트레일 전 구간을 15일에서 20일에 걸쳐 완주하는 방법과 3일에서 10일 사이로 구간을 나누어 걷는 방법이 있으므로 원하는 일정을 선택하도록 한다. 트레일은 다양하므로 자신이 원하는 산길의 예약이 꽉 차면 다른 트레일을 선택할 수도 있다. 꼭 목표로 한 곳을 가고자 하면 가능한 날이 있는지 확인한다. 2월 15일 인터넷을 통해 허가 신청을 할 수 있다. 공원 당국은 온라인을 통하여 하루하루 산 속의 머무는 인원수를 파악하고 있다. 팀을 이룰 때는 15명 이하가 되어야 하는데 1년 간 총 입장객의 수는 약 600명 정도이다.

존 뮤어 트레일 종주 허가를 취급하는 관리사무소는 다음과 같다.

- Wilderness Management Office
Box 545
Yosemite national Park, CA 95389
Phone) 209-372-0740

- High Sierra Ranger District
P.O. Box 559
Prather, CA 93651
Phone) 559-855-5360

- Wilderness Permit Office
Inyo National Forest
351 Pacu Lane Suite 200
Bishop, CA 93514
Phone) 760-873-2483

- Inyo National Forest
Mammoth Mountain Ranger District
Box 148
Mammoth Lake, CA 93546
Phone) 760-924-5500

* 트래킹 규칙 확인하기

허가를 받은 후에는 지켜야할 까다로운 원칙을 확인하도록 한다. 위법 시 강제로 공원에서 퇴장당할 수도 있다. 산행은 도보가 원칙이지만 말을 타거나 장애인의 천국답게 휠체어도 사용할 수 있다. 하지만 길이 워낙 험해 사실상 쉽지 않다. 그밖에 자전거를 포함한 다른 탈것의 이용은 엄격하게 금지되어 있다.
트레일을 걸으면서 생기는 모든 쓰레기는 회수해야 하며, 한 줄로 걷도록 하고 있다. 배설물은 물가에서 100피트 이상 떨어진 곳에서 봐야 하며 15센티미터 이상 땅을 파서 묻어야 한다. 또 야생동물에게 먹이를 주다가 적발되면 벌금 5,000달러를 부과해야 하니 조심하도록 한다.

* 하루에 얼마나 걸을 것인가?

대부분 하루 17킬로미터를 표준으로 하는데, 이 경우 16박 17일이 걸린다. 이것은 사진을 찍거나 풍광을 충분히 즐기기에는 다소 모자라는 시간이다. 20일 정도를 잡는다면 넉넉한 여정을 될 것이다. 다만 이 경우 그만큼 식량을 늘어나게 되므로 여러 요소를 고려하여 정하도록 한다.

* 트래킹 루트 정하기

전체 일정과 하루에 걷는 평균거리를 정했다면 세부적인 트래킹 계획을 정한다. 존 뮤어 트레일은 북쪽보다 남쪽이 더 높다. 따라서 서서히 고도에 적응하기 위해 북쪽에서 남쪽으로 가는 루트를 택하길 권한다. 처음 산행을 시작할 때는 몸이 쉽게 지칠 수 있으므로 며칠은 하루에 걷는 거리를 너무 길게 잡지 않도록 한다. 또한 배낭도 무거울 때이므로 평균보다 짧은 거리를 걸으며 지치지 않도록 체력을 안배한다. 점차 배낭도 가벼워지고 걷는 데 익숙해지면 서서히 거리를 늘려간다.

여행을 할 때는 아침에 일찍 일어나서 출발하는 것이 좋다. 신선한 아침과 저녁 시간에 걷고 햇볕이 강한 오후에는 몸에 무리가 될 수 있으므로 적당히 휴식을 취한다. 또 트레일에서 가장 힘든 부분은 고개를 넘는 것인데, 거의 매일 한 개의 고개를 넘게 되므로 가능한 오전에 고개를 넘을 수 있도록 일정을 짜는 것이 좋다.

* 체력 준비하기

존 뮤어 트레일 종주는 거의 매일 고개를 하나씩 넘어야 한다. 따라서 출발 전 등산이나 달리기로 미리 체력을 길러둘 필요가 있다.

3. 존 뮤어 트레일 거리 및 고도표

지점	고도(m)	거리(mile)	거리(km)
Whitney Portal	2,548	0	0
Lone Pine Lake	3,036	1.6	2.576
Out Post Camp	3,230	3.4	5.474
Trail Camp	3,670	6	9.66
Trail Crest	4,145	8.2	13.202
Mt. Whitney	4,418	10.5	16.905
Mt. Whitney Trail	4,115	12.8	20.608
Creek to Guitar Lake	3,536	16.7	26.887
Crabtree Meadows Ranger Station	3,261	18.8	30.268
Wallace Creek	3,170	23.3	37.513
Wright Creek	3,289	24.4	39.284
Shephard Pass Trail	3,331	30.3	48.783
Lake South America Trail	3,042	31	49.91
Forester Pass	4,023	35.3	56.833
Center Basin Trail	3,200	38.8	62.468
Bubbs Creek Trail	2,926	42.3	68.103
Kearsarge Pass Trail	3,292	44.5	71.645
Glen Pass Lake	3,505	46	74.06
Glenn Pass	3,652	46.8	75.348
Sixty Lakes Basin Trail	3,216	48.8	78.568
Dragon Lake Trail	3,216	49.1	79.051
Rae Lakes	3,216	50.1	80.661
South Fork Trail	2,591	55.6	89.516

Location			
Twin Lakes	3,219	60.1	96.761
Pinchot Pass	3,688	63.2	101.752
Lake Marjorie	3,438	64.7	104.167
Bench Lake Trail	3,353	66.2	106.582
Taboose Pass Trail	3,048	67.3	108.353
Mather Pass	3,682	72.7	117.047
Palisade Lake	3,246	76.7	123.487
Deer Meadow	2,652	79.7	128.317
Palisade Creek	2,438	83.2	133.952
Grouse Meadows	2,499	84.2	135.562
Bishop Pass Trail	2,652	87.4	140.714
Little Pete Meadow	2,682	87.9	141.519
Helen Lake	3,534	93.7	150.857
Muir Pass	3,644	94.7	152.467
Evolution Creek	3,170	96.9	156.009
Evolution Lake	3,307	100.5	161.805
Colby Meadow	2,987	104	167.44
McClure Meadow	2,926	105	169.05
Evolution Meadow	2,804	107	172.27
Goddard Canyon Bridge	2,576	109	175.49
Bridge over South Fork, San Joachin River	2,545	109.8	176.778
Aspen Meadow	2,530	111.1	178.871
Piute Pass	2,454	112.6	181.286
Blayney Meadow Trail	2,377	114.3	184.023
Shortcut to Blayney Meadow	2,560	116	186.76
Senger Creek	2,957	118.1	190.141
Sally Keyes Lakes	3,109	120.3	193.683
Heart Lake	3,197	121.1	194.971
Selden Pass	3,313	121.8	196.098
Marie Lake	3,231	123.1	198.191
East Fork Lakes Trail	2,896	125.7	202.377
Italy Pass Trail	2,819	126.9	204.309

Beer Creek Trail	2,682	129.2	208.012
Beer Bridge	3,033	131.2	211.232
Mono Creek Bridge	2,347	135.9	218.799
Mono Pass Trail	2,530	137.5	221.375
North Fork of Mono Creek	2,713	138.9	223.629
Silver Pass Lake	3,155	141.9	228.459
Silver Pass	3,322	142.5	229.425
Goodale Pass Trail	3,139	144.1	232.001
Cascade Valley Trail	2,774	146.8	236.348
Tully Hole	2,896	148	238.28
Lake Virginia	3,139	150	241.5
Purple Lake	3,018	151.7	244.237
Dock Creek	3,078	154.1	248.101
Deer Creek	2,804	159.3	256.473
Mammoth Pass Trail #2	2,713	161.3	259.693
Crater Meadow	2,713	162.4	261.464
Mammoth Pass Trail #1	2,652	163.7	263.557
Red's Meadow	2,316	165.1	265.811
Devil's Postpile National Monument	2,301	165.8	266.938
Mammoth Trail	2,301	166.2	267.582
JohnstonMeadow	2,475	167.7	269.997
Lower Trinity Lake	2,798	169.7	273.217
Gladys Lake	2,926	171.5	276.115
Rosalie Lake	2,850	172.2	277.242
Shadow Creek Trail Bridge	2,667	173.2	278.852
Ediza Lake Trail	2,752	174.8	281.428
Garnet Lake	2,950	177.7	286.097
Thousand Island Lake	2,997	179.4	288.834
Island Pass	3,109	181.4	292.054
Rush Creek Trail	2,926	182.6	293.986
Marie Lake Trail	3,057	183.4	295.274
Donahue Pass	3,368	185.7	298.977

Lyell Headwaters	3,109	187.6	302.977
Lyell Fork Bridge	2,957	188.4	303.324
Lyell Fork Base Trail	2,743	189.6	305.256
Vogelsang Pass Trail	2,682	192.6	310.848
Rafferty Creek Trail	2,667	196.8	316.848
Parker Pass Trail	2,652	197.7	318.297
Tuolumne Meadows Ranger Station	2,652	198.5	319.585
Glen Aulin Trail	2,621	200.1	322.161
Tuolumne Meadows Trail	2,606	201.6	324.576
Cathedral Lake Trail	2,896	204.6	329.406
Cathedral Pass	2,957	206.7	332.787
Echo Creek Trail	2,880	207.7	334.397
Sunrise Camp	2,865	208.7	336.007
Forsyth Trail	2,484	213.7	344.057
Merced Lake Trail	2,469	213.8	344.218
Clouds Rest Trail	2,195	215.7	347.277
Half Dome Trail	2,134	216.2	348.082
Little Yosemite Valley	1,875	217.7	350.497
Panorama Trail	1,814	219.1	352.751
Mist Trail	1,387	221.4	356.454
Happy Isles	1,230	222.4	358.064

내 생애 가장 아름다운 여행 6
걷는자의 꿈, 존 뮤어 트레일

1판 1쇄 발행 2009년 8월 14일
1판 4쇄 발행 2016년 8월 30일

지은이 · 신영철
사진 · 이겸
펴낸이 · 주연선

편집 · 이진희 심하은 백다흠 강건모 이경란 윤이든 강승현
디자인 · 이승욱 김서영 권예진
마케팅 · 장병수 김한밀 정재은 김진영
관리 · 김두만 유효정 신민영

(주)은행나무
04035 서울특별시 마포구 양화로11길 54
전화 · 02)3143-0651~3 | 팩스 · 02)3143-0654
신고번호 · 제 1997-000168호(1997. 12. 12)
www.ehbook.co.kr
ehbook@ehbook.co.kr

잘못된 책은 바꿔드립니다.

ISBN 978-89-5660-307-0 03810